JN023511

コンフリクト・マネジメントの教科書

職場での対立を創造的に解決する

ピーター・T・コールマン
ロバート・ファーガソン ［著］

鈴木有香｜八代京子｜鈴木桂子 ［訳］

Making
Conflict
Work

東洋経済新報社

本書の紹介と使い方

コンフリクト・マネジメントの背景

　「コンフリクト」とは「対立」や「衝突」を意味する英語です。また、相手と意見が一致しない状態を意味します。そう聞くと、「和をもって尊し」とか「空気を読むこと」を良しとする人にとっては、ひたすら面倒に思ったり、やっかいなことと思われたりすることでしょう。

　しかし、日常生活を振り返ってみると、いつでも誰とでも意見が一致しているわけではありません。

　たとえば、社内でこんな声を聞いたことはありませんか。

　「専務たちが抵抗するから、オンライン化が進まないのですよ」

　「どうして、協力会社のスタッフの人たちはエラーに気づいていたのに、何も言わなかったのでしょうか」

　「えっ、育休延長するんですか。契約社員には産休も、ボーナスもないのに！」

　「ちょっと、ここは日本なんだから、しっかり報連相してよね」

　「へぇ、こちらでは男性社員がお茶を出してくれるんだね」

　「なぜ、部長はビジネスクラスで、私はエコノミークラスなのですか。それが日本の慣習なのですか」

　終身雇用を前提にした、「日本人」「男性」「正社員」がデフォルトであった昭和の職場では起こりえなかったような意見の違いが、現代の職場では頻発しています。

　同質性の高い組織では、価値観や常識が共有されているので、あえて口にせずとも前例に従い、組織の暗黙知に合わせていけば仕事ができま

した。また、高度経済成長の波に乗って業績も上がっていきました。

　しかし、今日の職場は多様性に満ちています。正社員、派遣社員、契約社員、嘱託など雇用契約が異なる人々がいます。世代格差、ジェンダー、身体障がいの有無などさまざまです。

　経済のグローバル化で労働力の移動は頻繁になり、外国人を雇用しているのは、大企業ばかりではなく、外国人労働者抜きでは稼働できない工場も少なくありません。オープンイノベーションや付加価値のある商品開発では、社内外の人々との協働プロジェクトも一般化しました。

　さらに、ワークを支えているのはライフです。ライフスタイルも多様化しています。独身、共働き、子育て中、介護しなければならない人など、それぞれの家庭事情を抱えた人々が職場に期待することは一様ではありません。さまざまな人がいるからこそ、意見が違うのです。

　つまり、コンフリクトは不可避なものであり、日常なのです。ならば、面倒だと避けるのではなく、意見の対立を効果的にマネジメントする力を持ちましょう。立場や意見の相違を克服し、危機をチャンスに変え、目的を達成していくリーダーシップを時代が求めています。

　コンフリクト・マネジメントは、グローバル化するビジネス環境に身を置くすべての人にとって必須の理論であり、実践です。本書では問題を抱える当事者同士が話し合いを通じて問題を解決していく「交渉」を主に取り扱っています。

　さらに、プロジェクトなどで複数の部門の代表者たちの意見を調整するときには、第三者として問題解決を支援する「ミディエーション」を用いる管理職の具体的な行動も示されています。

　コンフリクト・マネジメントが日本に紹介されたのは1990年頃で、大多数の日本企業においては「Win-Win」という言葉にもなじみがなく、むしろ意見の齟齬を恥と思い、「うちの会社に意見の違いなんてありませんよ」と答えることが普通とされていた時代でした。

　しかし今日では、大学、ビジネススクール、法科大学院などでコンフリクト・マネジメントの授業が行われています。社会の多様性が広がる

のはすでに必然であり、教育、地域社会、企業、官公庁を含め、コンフリクト・マネジメント研修のニーズが高まってきています。その中で本書は、職場における権力差の問題と刻々と変わる状況の中で、私たちが話し合いを通じて結果を出していくための実践的な7つの戦略と70の戦術を紹介しています。それは私たちの行動の選択肢を大いに広げてくれるものです。

本書の著者について

　本書の著者は、ピーター・T・コールマン氏とロバート・ファーガソン氏です。若き日の2人は俳優仲間でした。社会人が働きながら学ぶことがごく一般的である米国で、彼らはさまざまな職業を経験しながら、現在の地位を築いていきました。

　コールマン氏はコロンビア大学ティーチャーズ・カレッジでは『紛争解決の心理学』の著者であり、コンフリクト解決の大家である故モートン・ドイッチ名誉教授の下で学びました。現在、コンフリクト・マネジメントの分野では国際的に認められた専門家です。

　コロンビア大学ティーチャーズ・カレッジとアース・インスティテュートで心理学と教育学の教授を務め、モートン・ドイッチ記念協調的コンフリクト解決国際センター（The Morton Deutsch International Center for Cooperation and Conflict Resolution）と複雑系と協働のための先進コンソーシアム（The Advanced Consortium on Cooperation, Conflict, and Complexity）の所長でもあります。さらに、経験豊かなミディエーターであり、IBM、シティバンク、国際連合、世界銀行、米国国務省などにコンサルタントとして参画しています。

　ファーガソン氏は心理学者であり、エグゼクティブコーチ、コンサルタントとして米国の主要な企業にコンサルティング、コンフリクト・マネジメント、ミディエーション、リーダーシップの研修プログラムを提供しています。主なクライアントとして、クレディ・スイス米国支社、バンク・オブ・アメリカ（旧メリルリンチ）、エイゴン保険などがあり

ます。さらに、管理職が人間関係とストレスに対処し、ワークライフバランスに焦点を当てたキャリア形成と生活の質の向上にかかわる決断ができるように支援しています。

本書の中では、彼ら自身がさまざまな職場で経験した事例をも赤裸々に開示しています。なぜなら、コンフリクト・マネジメントは机上の理論ではなく、自分の人生経験を含めた実践に役立たなければ意味がないからです。コンフリクトは私たちの日常生活にあるのですから。

本書の評価

本書では、職場のコンフリクトをテーマに、従来の交渉学では正面から論じられてこなかった、権力差と感情ある人間の交渉行動を具体的なエピソードとともに紹介しています。

そして、本書は学術的にも高い評価を得ています。2016年に国際コンフリクト・マネジメント協会から最優秀図書賞を受賞しています。また、コンフリクト・マネジメントの専門家や実践者からも高い評価を受けています。

ハーバード・ビジネススクールの元教授であり、『交渉は創造である』(*The Art of Negotiation*) の著者のマイケル・ウィーラー氏は「対立を抑えようとする経営者は、事態を悪化させるだけでなく、創造的な問題解決の機会を狭めてしまう。本書は管理職全員にとって不可欠な読み物である」と述べています。

2011年のノーベル平和賞受賞者でリベリアの平和活動家リーマ・ボウイー氏は、「この本は必読書です。世界中の権力と紛争の裏表を乗り越えてきた者として言わせてもらいます。この本にはコンフリクトを真正面から捉え、うまく使いこなし、変革に結びつけるためのノウハウが詰まっています。非常に斬新な本です」と推薦しています。

本書の構成

本書はイントロダクションから第10章までで構成されていますが、

読む順序は読者の学習スタイルによります。

　理論的にじっくりと学びたい方は、イントロダクションから順番に読み進めていってください。実践からのほうが学べるという方はイントロダクションと第3章を読んでから、興味のある戦略をお読みいただき、理論に興味を持ったら、第1章、第2章へ戻って読んでいかれるとわかりやすいと思います。

　第4章以降では、7つの戦略と70の戦術を具体的に紹介しています。各章には、それらの戦略を読者自身が使えているか、読者の職場がその戦略に合う組織なのかを確認するための「自己診断」と「組織診断」がついていますので、試してみてください。

　また、各章の章末には各交渉のスキル習得チェックリストがついています。設問に答えていくことでご自身のマインドセットや日々の行動を振り返ることができます。

　そして、「話し合ってみよう！」という囲みがあります。そこにはコンフリクト・マネジメントのスキルとリーダーシップを育成するために、読者が信頼できる仲間と話し合うための設問が用意されています。仲間

[図表**0-1**] **本書の流れと読み方**

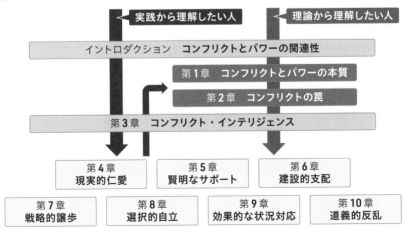

との対話は、あなたの内省を深め、新たな行動変容に誘ってくれることでしょう。

　7つの戦略が理解できたら、皆さんの現実のコンフリクトへの対応策を考えてみましょう。そのサポートのために、巻末付録に「コンフリクト・インテリジェンス　事前準備ワークシート」があります。ご自身の目標設定をしたうえで、現状を分析することで、どのように取り組むかの指針が得られることでしょう。

　訳者の鈴木有香は、2014年に本書にかかわる授業をコロンビア大学ティーチャーズ・カレッジで受講しました。状況を的確に読み取り、自分自身の目的を定めたうえで柔軟に対応することで、人生の選択の幅が広がっていく感覚を得ました。

　また、本書にある70の戦術は本当に多岐にわたっています。多様性の満ちあふれる職場という点では欧米は日本より先んじており、そのノウハウを蓄積しています。グローバル化し、変化が加速度的になってきた今日、そうした知識を日本人が持たなければ状況にのまれてしまうだろうという危惧も感じ、本書の翻訳を決意しました。

　2020年の今、新型コロナウイルスが世界に広がり、日本も未曾有の状態に置かれています。この危機の中で私たちは否応なく状況対応力を問われています。また、感染拡大阻止のためには、国際的な協調力も試されています。

　本書は状況を的確に読み取り、深く内省したうえで、他者と協力し、問題解決する指針を与えてくれるものと確信しています。本書を、読者の皆さんの日常生活に、さまざまな形でお役に立てていただければ、訳者として大変嬉しく思います。

　2020年7月

鈴木有香

八代京子

鈴木桂子

Part**I** 理論編
Chapter**1**

コンフリクトとパワーの本質 ────── **015**

Chapter**2**

コンフリクトの罠──感情とパワーの問題 ── **039**

Chapter **3**

コンフリクト・インテリジェンス

Part **II**　実践編

Chapter **4**

現実的仁愛

Chapter 5

賢明なサポート 129

Chapter 6

建設的支配 163

Chapter **7**

戦略的譲歩 **197**

Chapter **8**

選択的自立 **231**

Chapter **9**

効果的な状況対応 ··· **263**

Chapter**10**

道義的反乱 ··· **301**

Introduction
コンフリクトとパワーの関連性

上司とのコンフリクトにどのくらいうまく対応できますか？

他の上役に対してはどうですか？

または、管理しなければならない手強い部下にうまく対応できますか？

好戦的な上司、不機嫌な部下、文句が多く失礼な客、出世して上司になった元同僚、サイコパスなCEO。

年齢、勤続年数、参加したコンフリクト・マネジメントの研修回数、読んだビジネス書の数がどんなに多くても、このような性格の人とのかかわりは、疲労感と無力感を私たちにもたらします。

本書をまとめるにあたって、私たちは多くの人々にインタビューしました。

インタビューでは、プライバシーに関する懸念、同僚（または元同僚）に嫌な思いをさせること、相手側から報復される恐れについての声が頻繁に漏れました。また、職位にかかわらず、社の内部事情を口外することを制限するポリシーがあることも語られました。

そのため、多くのインタビュー協力者が匿名を条件に話をしてくれました。公式発表された数字以外は、秘密保護のために状況の詳細、登場人物名、組織名を変更しています。

職位の異なる人々が地位やパワー（権力）についての思い込みで、コンフリクトへの対応が失敗した例をいくつか紹介しましょう。

【事例1】元同僚が昇進した場合

　友人のスーザンが勤務先のNGOのスーパーバイザーになったとき、タミーはつぶやきました。

　「彼女は今や、ヤツらの一員だ」

　タミーは、権力者はみんな権力を好み、権力を濫用するようになると信じていました。

　スーザンは何度もタミーと協力しようとしましたが、タミーは彼女を裏切者として扱いました。タミーのこうした行動は、倫理的問題と不服従にあたり、結局、スーザンはタミーを解雇せざるをえなくなりました。

　タミーはスーザンを対立的で懲罰を与える存在に追いやり、権力者に関する彼女自身のバイアスを強化する結果となりました。

【事例2】権限委譲しすぎたリーダーの場合

　カルロスは3億ドル規模の繊維会社の新しいCEOに就任しました。多くの経営者と同様、グローバル事業への展開には「移転価格モデル」、つまり、税負担を最小限に抑える利益配分モデルへの変革が必要だということを彼は知っていました。現行の移転価格システムの設定は、個々の製造拠点に恩恵をもたらすことが多かったのですが、実際には海外販売を圧迫する結果となりました。

　カルロスは移転価格の大幅な変更をしなければなりませんでしたが、それは強い抵抗に遭うことを意味しました。彼は最初、CFO（最高財務責任者）のトニーに、他者からも意見を求めながら移転価格モデルを設計するように依頼しました。

　トニーは頭脳明晰で、知識も豊富で、すぐに優れたモデルを開発しました。

　緊急事態と考えたトニーは誰にも相談せずに、新価格モデルを導入

しました。間もなく、経営陣が細部をめぐって口論を繰り広げ、コンフリクトの泥沼に陥りました。予想よりもはるかに、大きな抵抗があったのです。カルロスはトニーに、モデルの開発に参加型のプロセスを用いるよう要請したものの、強くは主張していませんでした。

「私のリーダーシップが弱かったので、結局、やり直しをする羽目になったのです。トニーと私は何年も対等な関係でした。彼は非常に頭が切れて意志が強い人なので、私は彼に命令を下すことを躊躇していました。ですから、トニーが自分一人でつくったモデルを発表するのを静観していました。それは素晴らしいモデルでしたが、手順が間違っていることは早い段階で気づいていました。今回は私が彼に強く指示すべきでした。トニーが主導権を取るにしても、彼はもっと協調的な行動を取るべきでした」とカルロスは振り返りました。

【事例3】独善的なリーダーの場合

リチャードは大手通信技術会社の部門長に就任しました。彼の抑圧的なアプローチはイノベーションや問題解決を損なうばかりでなく、率直に意見を述べることはキャリアの断絶につながると部下たちはすぐに悟りました。

アーニーは物静かで思慮深い若い会計士で、すぐに要点をつかみました。リチャードは彼を「何でも言って委員会」に参加するように促しました。これは、トップリーダーが組織のあらゆるレベルのさまざまな職務の従業員の意見を聞くための場として特別に設定されたものです。職位に関係なくすべての意見が同等に扱われ、オープンで安全な環境といわれていました。

アーニーが話し合いの初めに、予算編成について無邪気な質問をしたとき、リチャードは「なぜ、それが馬鹿げた質問なのかを教えてあげよう」と割り込んできました。それ以来、アーニーはリチャードに質問することはありませんでした。

リチャードのこのような抑圧的な言い方は、参加者の率直で建設的なフィードバックを封じ込めてしまいました。それにもかかわらず、リチャード自身は素晴らしいリーダーシップを発揮していると思い込み、「われわれは一致団結している」と断言しました。

　　このリチャードの妄想は、製品開発の新たなアイディアが枯渇し、売上が激減するまで続きました。

　本書はコンフリクト、権力、変化について書かれたものです。私たちはさまざまな人々にインタビューし、権威ある人（上司、役員、規制当局、警察官、教授、親など）とのコンフリクトのエピソードを引き出し、その課題と解決の可能性を提供します。昇進して同僚を監督する立場になったり、部下が自分の上司になったりすることは、最近では少なくありません。こうした権力の変化によるコンフリクトについて、どうすればよいかを論じます。

　コンフリクトは炎に似ています。

　炎は、すぐに燃え広がり、焼き尽くし、回復不能なダメージを私たちに与えます。コンフリクトは、機会や関係性を混乱させ、時には破壊します。不安が募り、対応を誤り、状況を悪化させてしまうこともあります。さらに、時間の浪費、チームワークや士気の低下、盗みや妨害行為などの非生産的な行動が増加し、従業員の心身を害する恐れもあります。コンフリクトは炎上します。

　パワーはエネルギーによくたとえられます。物理学者はエネルギーを働く力と定義します。権力を手に入れようとする努力の過程には、罠や制約、否定的な波及効果、誤解があります。

　多くの場合、権力や権威があることは、大きな期待、要求、義務、責任が伴い、驚くほど不自由なものです。初めて親や部門長やCEOになった人に聞いてみてください。地位があっても実質的な権力がないということは、さらに不利な状況に陥るということです。

コンフリクトとパワーは連動しています。人々はコンフリクトに直面すると、ほぼ自動的に相手との力関係を意識します。

①自分のほうが強いと思っていれば、「おい、お前は俺のために働いているんだから、でしゃばるな！」と言えるでしょう。
②自分のほうが強いと思ったのに、実は相手が強い場合、「うわー、彼に『黙れ！』って言っちゃったけれど、彼はマジ、ヤバい人だ」と思うかもしれません。
③自分が弱くても、他のリソースが使えれば、「もう、一言でも言ったら、弁護士団を集めて、あなたを一生後悔させてやる」と言って立場を逆転させることも可能です。

　上記のセリフのように、コンフリクトはパワーの違いに焦点を当てるのです。

　同様に、パワーの違いと変化も、コンフリクトの種になります。階級間コンフリクト、民族間コンフリクト、ジェンダー・コンフリクト、世代間のコンフリクトなど、集団間のコンフリクトは、本質的にパワーに関するものです。不利な立場に置かれたマイノリティ集団が、自分たちの権利を要求するために団結するとき、それはパワーになります。
　たとえば、労働組合のストライキは、権力を求めて行われます。職場での降格処分はコンフリクトを生みます。昇進もまた、妬みや怒りを買って、遅かれ早かれコンフリクトとして現れることが多いです。
　効果的なコンフリクト・マネジメントには、どのようにコンフリクトとパワーが影響し合うかを理解することが重要です。しかし、パワーの違いについて率直に話し合えない組織やコミュニティも多くあるのが現実です。
　多くの職場では、コンフリクトは対等な関係で起きているわけではありません。パワーダイナミクスを無視することはできないのに、職場や

交渉の準備段階のみならず、コンフリクト・マネジメント研修の場です
ら、権力について言及されることは、ほとんどありません。

　権力の問題に正面から向き合っていない職場環境では、管理職の時間
の25〜40%が、不満を抱えた取締役、上司、顧客、同僚、部下とのコ
ンフリクトに費やされ、生産性を大きく蝕んでいます。[1]
　世界中の組織でパワーの問題がタブー視されています。以下の国連で
のエピソードは、組織に所属する多くの人々の典型的な対応を示してい
ます。

【事例4】上下関係が崩せない組織の悲劇

　国際協力と平和を促進するという使命を果たすために、国連のリー
ダーとスタッフは、建設的なコンフリクト・マネジメント方法を理解
して実践することが必要でした。国連の人事部は、コロンビア大学の
国際協力・コンフリクト解決センター（ICCCR）に連絡を取り、創設
者のモートン・ドイッチが開発した協調的交渉モデルに基づいた職員
研修を開発するよう要請しました。
　この研修では、スキル構築のためにロールプレイが採用され、参加
者は3つの交渉ロールプレイをしました。ダイバーシティに富むメン
バーとの合意形成と同僚間での交渉には問題がありませんでした。し
かし、どの職場でもありがちな上司と部下のロールプレイは機能しま
せんでした。
　上司を演じる参加者は、すぐに指揮・命令モードになり、権威と名
誉を守り、意志を押しつけようとしました。彼らは傾聴も共感もでき
ませんでした。交渉は競合的な権力争いに転じました。
　部下を演じる参加者は、権力が弱まるのを防ぐために、無力で従順
に振る舞うのですが、妥当な解決策が提案されても反射的に拒否する
という矛盾した行動を取りました。

上司も部下も上下関係にとらわれ、その立ち位置に固執するだけだったのです。もちろん、上司が「勝つ」までそれが続きました。

　これは権力関係においてよく起こることです。国連職員の上司役はあからさまに支配しようとはしませんでした。上司役は部下の苦情を聞くことだけに90％の時間を費やしましたが、最終的には「何をするべきか」を優先して、部下の要求を却下しました。

　世界各地で高度な交渉に臨んでいる専門家でさえも、自分の組織の上下関係にかかわるコンフリクトには無力でした。最も熟練した研修参加者も例外なく協調的スキルを使いこなせませんでした。しかし、国連の人事部はこれを見落としていて、対処しようともしませんでした。

　これは国連のみならず、どの組織にも共通する問題です。研究によれば、権力の強い側は、支配的で搾取的な方法を取る傾向があります。

　【事例3】のリチャードの例では、ミーティングで意見の相違がなかったことは、自分の優れたリーダーシップのエビデンスにすぎないと彼自身は信じていました。

　米国の貿易交渉担当者を対象としたさまざまな研究、MBAの学生を対象とした実験、マネジャーやスーパーバイザーを対象とした調査において、権力を有する側は、紛争や交渉において、指揮・命令をし、「要求をのむか、さもなくば、痛い目に遭うか」といったアプローチを好むことが明らかになっています。[2]

　対照的に、コンフリクトにおいて権力の弱い者は、イデオロギー的な攻撃的行動といった反支配的戦略を取る傾向があります。たとえば、極端な忖度、巧妙な回避、過激な行動などがあります。

　そして、【事例1】のタミーのように、関係性の中で権力の変化が起きると、関係者全員にとって、ひどく不安定な状況になりかねません。

　効果的なコンフリクト・マネジメントの性質を根本的に変えるのは、当事者間の権力と権威の違いなのです。

統合的なWin-Winアプローチの交渉、ゼロサム的な駆け引き型交渉、問題解決、ミディエーションなどは、建設的なコンフリクト・マネジメント方法です。これらは同僚や仲間とのコンフリクトに直面した際に非常に有効です。

　本書に関連する書籍としては、『ハーバード流交渉術』(Fisher, Ury, and Patton)、『クルーシャル・カンバセーション』(Patterson, Grenny, McMillan, and Switzler)、『言いにくいことをうまく伝える会話術』(Stone, Patton, and Heen) などがあります。欧米ではベストセラーになったのでお読みになった方もいらっしゃるでしょう。[3)]

　しかし、指揮・命令系統にある上下関係でのコンフリクトは、全く違うゲームです。ルールが変わると、戦略や戦術も変わってきます。コンフリクトが起こりやすい職業的環境や政治的ネットワークでは、リーダー、管理職、従業員がコンフリクト・マネジメントのための幅広い戦略や戦術を持ち、効果的に活用できる必要があります。これが本書で紹介する「コンフリクト・インテリジェンス」と呼ばれるものです。

　職場でのコンフリクトには、必ず感情的な側面があります。現場のマネジャーや従業員はよくわかっていますが、コンサルタントや研修講師には見落とされがちな問題です。「計算された戦略ゲーム」は、依然として人間的な側面を含んでいます。組織の合理的な世界でも、感情が論理を打ち破ることが少なくありません。

　権力が弱い人々は、やる気を失い、時には微妙な報復や妨害行為に駆り立てられることがあります。感情や人間関係に細心の注意を払っていないことが、今日のコンフリクトの理解を困難にしているのです。

　本書は、あなたの人生の本質的な目的達成のための教科書です。権力差を乗り越え、コンフリクトに効果的に対応し、組織内の権力闘争に注がれるエネルギーをあなた自身の目的達成に使いましょう。本書は、コロンビア大学で15年以上にわたって実施され、世界中の組織で試され

た実証研究に基づいています。

　私たちは、厳格な学説と現場の見識を組み合わせ、職場のコンフリクトを危機からチャンスに変えるための考え方、プロセス、スキル構築のための基盤を提供します。

　職場のコンフリクトに関する研究は、おおむね暗い物語です。しかし、コンフリクトはまた、効果的で創造的で革新的な組織を作り出すのにも役立ちます。[4]

　コンフリクトの建設的な交渉は、組織内のリーダーシップ、意思決定、リソース、リスク管理の質を改善します。さらに、利益をあげ、より強固な人間関係を築くこともできます。それでは、職場のコンフリクトが、不満や燃え尽き症候群、自殺を引き起こしているのはなぜでしょうか。これは、飲食店、学校、医療現場、多国籍企業の規模にかかわらず、他者とともに働いた経験のある人々にとって、大きな課題です。

　筆者の目的は、あなたがコンフリクトをうまく機能させるために何ができるかを示すことです。我慢に我慢を重ねる習慣を取り除き、職場でのコンフリクトに対処するための適応力を学びます。適応できても生産的な解決策が得られない場合の対処法も解説します。

　職場の権力者とのコンフリクトでは、仕事を続けるために、あなたはただ働き、黙従、譲歩するなどの行動を取る傾向があるでしょう。もう1つやっかいなのは、部下との間の論争や意見の相違です。権力の強い側も負けることがあります。部下の不満に耳を傾けすぎてエネルギーを使い果たしてしまいます。競合状態のままで価値を創造することができずに。

　そして結局、上司は権力を使ってしまうのです。競合時のデフォルトへの対応は、要求と支配です。これは、真のリーダーシップではありません。

　しかし、コンフリクト・インテリジェンスを習得した管理職と従業員は異なる対応ができます。以下は、コンフリクト・インテリジェンスを

身につけたリーダーの事例です。

【事例5】組織変革を導いたリーダー

　初めて私立小学校の校長になったとき、ルースはやる気に満ちあふれていました。彼女の夢は児童に寄り添った学校で働くことでした。学校の教育理念、カリキュラム、組織運営に関するすべてのことが、幼い子どもたちの心理と学習のニーズに焦点を当てていると思っていました。

　仕事を始めて数週間後、彼女は自分の認識が間違っていることに気づきました。学校のアプローチは表向きは児童に寄り添ったものでしたが、教職員の基本的な権力の前提は、教師がすべての答えを持っており、教師の指導に児童が疑問を持つことは許されませんでした。専門知識を押しつけることが、児童への愛情と思い込んでいる教師があまりにも多かったのです。

　「すべての教師は生徒を愛している、ゆえに、生徒は教師に従うべきである」

　それが多くの教員の戒めなのです。

　こうした信念のため、教師は保護者、事務職員、児童より権力がありました。

　ルースは就任当初からこの戒めに立ち向かいました。

　「もちろん、児童中心の学校とは、子どもに判断を任せるわけではありませんが、われわれ教育者は新しい教授方法をしっかり理解し、実践していかなければなりません」と、職員会議で発言しました。「言行不一致はいけません」とルースはよく言います。

　ルースは強硬な抵抗に遭いましたが、意見の対立に怖気づくことはありませんでした。彼女は議論し、傾聴し、教育し、泣き落とし、魅了し、協力し、時には強制もしました。

　彼女は単に教師から権力を奪おうとしていたのではありません。教

師の権力の質を変化させたのです。教師たちの頑固な抵抗を、協力というパワーに置き換えました。教師間の協力は新しい専門知識を広げ、効果的な教育方法を開発し、成果を出したのです。ルースは学校の権力構造を根本的に変えました。

　数年かけて、ルースは教職員からの信頼と尊敬を得ていきました。ルースのリーダーシップを批判する人はもういません。

　世界の偉大な指導者の一人であるネルソン・マンデラは、一見矛盾するような戦略を使い、能力を発揮しました。会議の議長をし、ボクサーでもあり、非暴力の活動家にして暴力的な武装軍人、能力を高めた囚人にして戦い続けた大統領となりました。アパルトヘイトに対する数十年の戦いを経て、多民族である南アフリカを統一し、民主的な国家を築きました。彼の生き様を見てみましょう。

【事例6】絶え間ない変化に対応した気高いリーダー

　村長の息子として生まれた彼は、権威を常に尊重するようになりました。しかし、彼は何十年にもわたって、南アフリカのアパルトヘイト推進派の国家当局と戦ってきました。

　マンデラの合意に基づく意思決定のモデルは、彼の父ガドラ・ヘンリー・ムファカニシュワでした。彼は王国の地方の首長であり議員にもなりました。耳を傾け、支援し、協力し、団結することをマンデラは父親から学びました。

　ボクサーや弁護士としての訓練を受けたマンデラも、粘り強いファイターとしても成長し、毎日何時間も身体と心を鍛えて、強く、規律正しく、圧倒的なパワーを持つようになりました。

　数年後、マンデラはアフリカ民族会議（ANC）の指導者となり、非暴力の中核的価値を共有しました。彼は非協力と市民的不服従の方法を習得し、全国規模の大行進と在宅抗議を何度も組織しました。し

かし、政府軍からの激しい暴力によって、これらの戦略が失敗すると、彼は地下に潜り、武装組織を立ち上げるために軍事戦略、軍需品、破壊工作、ゲリラ戦について、2年間猛勉強しました。

マンデラは人間ではなく、物を破壊するという先見的な暴力行使戦略を使いました。すなわち、電線、橋梁、通信施設など国家を統治不能にしかねないものを破壊したのです。対人暴力ではなかったので、南アフリカ人と国際社会からあまり反発を受けませんでした。

その後、マンデラはロベン島などで27年間政治犯として拘留されました。獄中、彼はジュウジュツ（柔術）の戦術を発展させ、権力の弱い立場でありながら、当局のルールや法律を使って相手を倒すことを学びました。「柔よく剛を制す」です。彼は刑務所のハンドブックを研究し、規則を頭に入れました。暴力的な警備員の行動を阻止するために、規則を引用しました。

マンデラはまた、多くの看守と人間関係を目立たないように築き、彼らの個人的な事情や子どもの名前を覚えるようにしました。釈放条件をめぐる交渉を扇動したアフリカーナ政権から最終的にアプローチされたとき、マンデラは粘り強く交渉を続けました。

政府はANCの敵のインカタ自由党に武器を提供して、戦闘させようとしました。それに気づいたマンデラは、交渉の席にとどまり続けました。

その後、1994年に南アフリカの大統領に選出されたとき、マンデラは、打ちのめされ、傷ついた南アフリカ国民すべてを統合しようと、真に偉大な人間の思いやり、気高さ、そして生まれながらの仁愛を示したのです。

マンデラの人生は変化の連続でした。さまざまな状況に適応し、世界をより良く変えるために、多様な戦略を道具として使いこなしました。オバマ元大統領がマンデラの追悼式で述べたように、「彼の成し遂げたことはいずれも必然ではなかった」のです。

では、あなたがビジネススクールを卒業してから、父親くらいの年齢の現場の叩き上げの従業員の上司になったら、どうしますか。

【事例7】 年下の女性上司がやってきた

　会社再編に伴い、新しい上司が30歳も年下の女性になると聞いて、サムはオフィスに戻って、くよくよしていました。上司になるイザベラは好感が持て、尊敬もできる人でしたが、叩き上げのサムの痛みは、彼だけに限るものではありませんでした。十数年かけて、サムは製造業の現場から今の地位を築くまで大変な努力をしてきました。

　それなのに今、サムはMBAプログラムを出て数年しか経っていないイザベラから指示を受けています。サムはイザベラとの接触を避け、意見の違いがあると感じたら、すぐに彼女の意見に合わせました。結果的にそれが、両者の業務上の関係を耐えがたいものにしたのです。

　もし、あなたがイザベラならどうしますか？　イザベラは次のようにしました。

　イザベラは、変革がサムにとってどれほど困難であるかを理解するにつれて、サムに手を差し伸べ、チーム全体の成功のためには彼の知識と経験が必要だと語りかけたのです。彼女は、サムに指示や命令を出す代わりに、注意深く耳を傾け、多くの問題について2人でじっくり話し合いをしました。

　サムはそうしたイザベラの態度を嬉しく思いました。サムが40年にわたって蓄積した業務上の知識とビジネスのノウハウをイザベラに教えました。それはイザベラにとっての重要なリソースになり、彼女は非常に感謝しました。イザベラは、サムが専門知識に見合っただけの給料を得ているかを確認しました。実際、2人は偉大なチームワークを発揮し、社内で表彰されました。

リーダーが従業員に、より高い目標や価値を掲げて変革をめざし、多くの企業が、より「フラットな組織」を構築しようとしている時代です。

　しかし実際のところ、誠実さも創造性もなく、従業員が不満を溜め込んでいるのに、経営幹部が「一致団結している」と思い込んでしまうような組織は少なくはありません。そのような職場でのコンフリクトは、情報の流れ、問題解決、イノベーション、組織の適応力、士気、さらにはサバイバル能力を損ないます。

　今日、ほとんどの組織は、急速に変化する環境に柔軟に対応しなければなりません。そのためには、ボトムアップとトップダウンで意見やアイディアを共有することが必要です。そうすることで、信頼と創造性のある企業文化を作ります。それには状況適応力を必要とします。

　本書は、あらゆるレベルのリーダーの苦境に対して解答を出すものです。私たちは権力に関するコンフリクトにうまく対応するための地図を用意しました。その地図には、調査・研究で明らかになったさまざまなパワーとコンフリクトの罠を描きました。

　職場でのパワー（権力）とコンフリクトは、時として信じがたいほど燃え盛ります。その炎をポジティブなエネルギーに変え、サバイバルできるように7つの基本的な戦略を示しました。それは、「仁愛」「サポート」「支配」「譲歩」「自立」「状況対応」「反乱」です。

　この7つの戦略を習得するためには、コンフリクトの渦中のあなた自身の反応と行動を自覚できる能力を向上させることです。複雑で扱いにくいトピックを理解・分析するための自己評価ツール、演習問題、チェックリスト、要約を提供しています。

　本書が、対人関係を扱うプロフェッショナルの皆さんのお役に立てれば幸いです。

Chapter 1

コンフリクトと
パワーの本質

この章では、コンフリクト（対立）とパワー（権力）の基本的な考え方と多面性について、以下の分類に沿って紹介します。

- 2つのタイプのコンフリクト（建設的、破壊的）
- 3つのレベルのコンフリクト・マネジメント（強度、構造、透明性）
- パワーに対する4つのアプローチ（支配、共有、独立、服従）
- 2つのパワーの源（ハードパワー、ソフトパワー）
- パワーのレベル（1次レベル、2次レベル）

これらを統合すると、職場で遭遇するたいていのコンフリクトを建設的にマネジメントする準備となる一連の選択肢を得ることができます。

1 | コンフリクトの捉え方

コンフリクト（conflict）は対立を意味します。相手と自分の利益、主張、好み、信念、感情、価値観、アイディア、真実などが衝突している状態です。コンフリクトに直面していると、不安になり、極端なリアクションをしてしまうことがあります。たとえば、四六時中何かに執着していたり、相手との対立を恐れて何がなんでも避けようとしたりします。

しかし、コンフリクトは本質的に悪いことではありません。私たちの生活の中でごく普通に起こる自然なことです。

コンフリクトへの対応も、人それぞれです。形式に従って厳格にコンフリクトに対処しなければならないと思う人もいれば、いい加減に対応する人もいます。できるだけ速やかにコンフリクトを終わらせたいと考える人もいる一方で、過去にやられた理不尽な扱いを忘れられず、その怒りを手放せない人もいます。

あるいは、コンフリクトはゲームのようなものであり、戦略的に賢く対処すべきと考える人もいるでしょう。その一方で、非常に個人的な深い感情の経験と考える人もいます。

信じられないかもしれませんが、適切な状況下では、コンフリクトは機能的でポジティブなものになります。コンフリクトにうまく対応できると、関係者は満足し、学びやイノベーションをもたらし、結果として人々の絆を強めてくれるのです。

一方、コンフリクトは破壊的で、人々を分断することもあります。うまくマネジメントできなければ、不満を抱き、いら立ち、不当な扱いを受けたと感じ、憤慨し、疎外されたと思うこともあるでしょう。職場では仕事やチームに対する満足度を下げ、思考を硬直化させ、精神疾患、燃え尽き症候群の人を増やすでしょう。[1]

結婚生活では、コンフリクトは免疫システムに打撃を与え、心臓疾患のリスクを高めたり、傷などの治癒を遅らせることが報告されています。[2]

コンフリクトが激化し、解決できないと思うと、私たちは非常に惨めな気持ちになります。

「なぜ、あるコンフリクトはひどくなり、あるコンフリクトはうまくいくのか」──この問いは、孔子、アリストテレス、マルクス、フロイト、クルト・レヴィン、メアリー・P・フォレット、ガンジー、マーティン・ルーサー・キング牧師、ネルソン・マンデラ、モートン・ドイッチといった歴史上の偉人たちが一生を懸けて考え続けてきたものです。

大まかに言えば、その答えは「人」と「状況」の組合せです。

人にかかわることとしては、人格、歴史、感受性、気質、ジェンダー、トレーニング、文化、言語、衝動をコントロールする能力などのさまざまな特性があります。これらの特性が結びついて、私たちのコンフリクトへの反応の仕方に影響を与えます。

特定の状況を作り上げている環境的要素の例をいくつか挙げてみます。

- 文化的規範と規則
- 法律
- 権威や第三者の存在
- 暴力の蔓延度
- 使用可能な武器
- 名誉の基準
- 場の熱気

上記の要素から構成される状況は、コンフリクトがどのように展開していくのかに影響を与えます。しかし、本当に重要なのは「人に関すること」と「状況に関すること」が相互に作用するということです。

考えてみてください。私たちは地元を巡回する交通係の警察官とのコンフリクトにどのように反応しますか。それに対して、紛争地帯であるパレスチナのヨルダン川西岸のチェックポイントにおける国境警備隊員とのコンフリクトではどう反応するでしょうか。

また、そうした場面で、私たち自身より衝動的で暴力的な人はどう対応するでしょうか。同じ状況下でも異なる反応を示すでしょう。

コンフリクトの方向性を決定するのは、人の性質と特定状況との相互作用なのです。

2 │ コンフリクトのプロセスと結果に影響を与える3つの要素

人と状況の相互作用とコンフリクトの結果はどう関連するのでしょうか。筆者は「コンフリクト・マネジメントの戦略と結果に影響を与える重要な点は何であるか」という調査を149名のミディエーター（mediator、調停人）の協力を得て行いました。[3]

ミディエーターたちの回答を分析した結果、コンフリクトのプロセスと結果に影響を与える主な要素を見つけました。それは以下の3点です。

①コンフリクトの強度

専門的には、「強度（intensity）」はコンフリクトに取り組むために必要とするエネルギーのレベルを示します。コンフリクトには簡単に許容、対処できるレベルから、対処不可能に思えるレベルまでの範囲があります。

コンフリクトの強度を決定づける要因はさまざまあり、それらが関連し合っています。たとえば、当事者の人間関係の経緯・歴史、感情レベル、コンフリクトの継続期間と複雑さ、懸念事項の重要性、そのコンフリクトが当事者のアイデンティティ（人種、階級、ジェンダーなど）に関与しているかどうかなどです。

コンフリクトの強度が低ければ、不安感、非合理的な考え方、極端な行動が減少し、当事者間の激しい論争的態度が軽減することが証明されています。つまり、コンフリクト解決には多くのエネルギーを必要とし

ないといえます。

②コンフリクトの構造

　これは当事者が認識している目的ではなく、コンフリクトに関連する事実に基づく客観的目的を指します。この目的の範囲は完全に協調的な目的、Win-Win、あるいは統合的目的と呼ばれるレベルから完全に競合的な目的、Win-Lose、あるいはゼロサムとして知られる目的のレベルまでであります。

　完全に協調的な目的というのは、当事者同士が同じ根本的なインタレスト、ニーズ（関心）を共有しているという意味です。たとえば、父親と母親が高校生の息子の門限について意見が対立しているとしても、基本的には2人とも息子の健康と安全のためという関心を共有しています。

　完全に競合的な目的というのは、当事者Aが自分の目的を達成するためには当事者Bを打ち負かすことしか方法がないという意味です。たとえば、離婚しようとしている夫婦が共有財産の分配で争っているとしたら、彼らのコンフリクトの目的はより競合的になります。

　コンフリクトが競合的になると、当事者はより強引で、論争的で、支配的な態度を示す傾向があり、簡単にコンフリクトが拡大していくスパイラルにはまります。そして破壊的、有害な結果をもたらす確率が高まります。

③コンフリクトの透明性

　これは意見の対立が人前でどれだけ明らかにされるかの問題です。隠し事のある人間関係や業務上の取引は、コンフリクトの原因になります。

　一般にコンフリクトの透明性が高く、意見の相違が表明されるほど、より建設的に議論、交渉、ミディエーション[A]（mediation、調停）に取り組むことができます。

　しかし、特定の状況下では透明性のメリットは少なくなることもあります。たとえば、当事者自身が自分の悩みや不満をはっきりわかってい

ない場合、自分の懸念事項を相手と共有するタイミングが悪い場合、そしてコンフリクトを表明することで社会的、経済的に窮地に追い込まれるような場合です。

3 │ 3つの要素がコンフリクトに与える影響

そして、調査から以下のことが明らかになりました。

- コンフリクトの強度は、当事者の行動のタイプを予測する判断材料になる。強度が高いほど、相手を尊重せず、敵意ある行動が増える。
- 当事者同士が目的を共有するレベルが高ければ、合意に達する可能性が高まる。
- 話し合いで問題点が明確になればなるほど、当事者はミディエーション（調停）のプロセスを公平であると見なし、解決案を見つける可能性が高まる。
- コンフリクトの強度レベルが低く、協調的で、意見の相違が明確に表明されるほど、ポジティブな結果をもたらす可能性がある。

ですから、コンフリクトに効果的に対応するために、コンフリクトの強度を低め、協調的なゴールを持ち、意見がオープンに表明されるような方法を探索し、実践していくことが私たちの目的になります。
　具体的には、以下のような行動が挙げられます。

- **コンフリクトを表面化する**……相手と意見が異なっても、とりあえず自分の意見を述べ、話し合いをしていくことです。そのプロセス

A　ミディエーションとは、第三者が介入して当事者間の問題解決、関係性の修復などのための話し合いを支援する方法。

の中で、あなたと相手の相互理解が促進されます。たとえば、何が問題であるか、お互いが誤解している点、共通の基盤、妥協の可能性などがあるでしょう。

- **自己の内省力を高める**……どんなリスクがあり、お互いの優先事項が何であり、相手の取る言動の背後の理由について意識できるようになります。
- **他者志向と丁寧な問いかけ**……意識を相手に向け、丁寧に問いかけていくことで、言語化されていない相手のニーズを推測し、相手が本音を隠したい理由を知ることができます。
- **時間を置く**……落ち着いて良識ある判断力を回復させる効果があります。コンフリクトの強度が高いときは、脅威、恐れ、不安、衝動的な反応が生じやすくなります。しかし、論争の場からいったん離れて、時間を置くと、コンフリクトの強度が低くなることがよくあります。感情が整理されて、可能性、希望、合理的な判断力が回復してくるのです。

このような具体的行動をしていくことで、当事者は共有できるインタレストやニーズを認識し、建設的にコンフリクトに取り組もうとする段階にダイナミックに移行できるのです。

第4章〜第10章では、コンフリクトの強度レベルを下げたり、上げたりするさまざまな方法を紹介していきます。

4 │ 競合的から協調的なコンフリクトへ

長年にわたるコンフリクトの体系的な研究からわかった重要なことは、些細なコンフリクトであっても、私たちの心に忘れられない影響を残すことです。

今、私たちは自分自身や相手をどう感じるでしょうか。コンフリクト

が起きた場所についてはどうでしょうか。

　そうした気持ちは、コンフリクト当時と同じものでしょうか。コンフリクトについてのあなたの考え方や感じ方は、時間の経過とともに絶えず変化していくものなのです。

　コンフリクト研究分野の創始者の１人であるモートン・ドイッチは、約40年前にボードゲームを使った実験から、ある条件下において、特定な行動と結果が生じやすいことを見出しました。

　ゲームの参加者が協調的な状態で参加し、建設的に問題解決に取り組み、Win-Winの結果を出す可能性が高まるのは以下の４つの条件が揃ったときでした。

- 目的の共有
- 類似した背景（生い立ち、経歴など）
- 率直なコミュニケーション
- 過去に当事者同士が協力関係にあったという関係性の経緯

　一方で競合的な条件下では、人は競合的にコンフリクトに取り組むため、対立がさらに拡大する傾向があります。結果は一方が勝ち、もう一方が負けるか（Win-Lose）、手詰まり（Lose-Lose）になる確率が高まりました。

　つまり、「協調的状況は協調を生み出し、競合的状況は競争を生み出す」という法則性があるのです。ドイッチはこれを「社会関係についての自然な法則」と呼びました。

　このことはまた、当初のコンフリクトへの取り組み方と解決方法が、現時点だけでなく、将来にも影響を与えるということを意味します。

　結論はシンプルです。私たちは破壊的なコンフリクトを最小限にし、建設的なコンフリクトを最大限にしたいのです。なお、破壊的なコンフリクトとは、「一方、あるいは双方が不満足な状況」を示し、建設的なコンフリクトとは「すべての当事者が十分に満足するか、少なくとも不

満を感じてはいない状況」のことです。

　そんな理屈は何百回も聞いてきたよ。でも、現実の問題は、実際の人間関係のコンフリクトでどう応用できるかなのだ！　とあなたは思うかもしれません。

5 ｜ 権力とパワーの問題

　冷酷な上司、気難しい部下、注文の多い客、横柄な経営陣、闘争心に燃えた組合の代表と職場で対処しなければならないすべての不幸な人々。職場には、さまざまな人間関係があります。こうした職場でのコンフリクトを建設的な方向に持っていくにはどうしたらよいのでしょうか。私たちは各国の政府、多国籍組織、企業、大学、軍隊などで研修をし、さまざまな階層や職位の人々から、何年も同じようなことを聞き続けてきました。

　おそらく職場のコンフリクトのダイナミックスを悪化させ、紛糾させる一番の要素は「パワー」[B] なのです。

> 権力を持つ　　権力を持たない　　権力を貯め込む　　人に権力を
> 与えすぎる　　権力を授ける　　権力を濫用する　　権力をめぐっ
> て戦う　　自分の権力に悩む　　権力とつながる　　他の人たちを
> 権力に近づけるように働きかける　　権力を振りかざす

B　英語の「power」には日本語の「力」と同様に幅広い意味があるが、特に「他者を支配する力、強制力」という意味では、「権力」と訳されることが多いようである。本書もそれにならうが、一方、本書で紹介される「パワー（power）」の概念は非常に幅広いものである。そこで、多義的なニュアンスのものには「パワー」を使用するが、文脈に応じて「権力」や「権限」などの用語も併用する。

権力差はコンフリクトの共通の原因であり、コンフリクトによって人々はパワーの異なりがあることに鋭く気づくのです。実際のところ、コンフリクト研究やそのトレーニング分野では「パワー」の問題は無視されてきました。

　多くのコンフリクトが権力、権威、階級に差がある人々や集団の間で起きていることを思えば、この状態は見過ごすことはできません。皆さんがパワーについて理解を深め、パワーをより効果的に活用し、建設的なコンフリクト・マネジメントが行えるために、私たちは本書を執筆することにしました。

　人によってパワーは異なる意味を持ちます。一般に権力というと、相手を支配し、強制することで影響力を行使するといった意味で捉えられていることが多いですが、そうした従来型の視点を覆したのがメアリー・P・フォレット[C]というコンフリクト研究の先駆者であり実践者です。

　彼女は組織におけるパワーを「何か事を起こす力（パワー）」とシンプルに定義しました。この定義を基礎として、私たちはパワーを「行動を起こす、あるいは行動を妨げる能力であり、何か事を起こす能力、そして自分が行動するか、しないかを決める自由」であると定義します。

　コンフリクトにおいては、「相対的なパワー」がカギになります。私たちが何か事を起こしたり、妨害することができる能力は相手となるステークホルダー（利害関係者）の能力と関係しているからです。

　あなたは私の目的や望みを拒否したり、妨害することができますか。あなたは私の目的達成を支援し、障害となるものを取り除いてくれますか。そして次に、私は同じことをあなたにしてあげられるでしょうか。

C　フォレットはアメリカ人で、本業はソーシャルワーカーだったが、彼女はコンフリクト解決とマネジメント理論の偉大な影のヒーローの1人。1920年代、ビジネスや産業界で労使紛争を扱う仕事をしていた彼女はセオドア・ルーズベルト大統領のアドバイザーであり、ロンドン・スクール・オブ・エコノミックスで講演することを依頼された最初の女性の1人でもある。交渉学における「オレンジの話」の創案者でもある。

6 ｜ パワーについての暗黙理論──思い込み

　私たち1人1人が自分、他人、周囲に対して、明確には述べられていない自分の信念や思い込みを暗黙理論（implicit theory）と呼びます。

- リーダーシップ
- フォロワーシップ
- 知性
- パワー

　上記の4つの概念を自分の言葉で説明できますか。いや、そんなことは真剣に考えたことがないという方もいるかもしれません。それでも、私たちはなんとなく、それはこういうものだと思っていることがあります。それがあなたの暗黙理論です。

　そして、この4つについてのあなたの暗黙理論が、あなたの対人関係や仕事の成果に影響を与えています。また、職場で起こるすべてのことの中心に、この4つの概念があるのですが、職場の人それぞれが異なる暗黙理論を持っています。

　これらの異なりが人々の態度、気持ち、行動に影響を与えています。私たちすべての人間は世の中を理解しようとするとき、パワーのような概念に関する無意識の思い込みや理屈づけを積極的にやっています。このように個々人に内在する暗黙理論が、出来事、自分と相手に関する情報の理解や処理の方法を左右するのです。

　パワーに関する暗黙理論の代表的なものには「リソースは限られている」や「リソースが不足している」とパワーを固定的に見なす固定理論と、リソースは「増大させることができるもの」と見なす増加理論があります。

7 | パワーについての固定理論と増加理論

多くの管理職が職場のパワーについて持つ基本的な思い込みは、「権力や権限は限られている」とか、「相手に権力を譲れば、私は支配力とコントロールを失ってしまう」というものです。

このような固定理論に基づくと、上司と部下（さらには同僚同士）の間で権力闘争を自動的に引き起こしてしまうことが研究からわかりました。

固定理論は「一方が何かを得れば、もう一方は何かを失わなければならない」というWin-Loseの視点です。多くの政治活動、権力を自分側に集中させること、支配的な戦略に頼ることなどは、このようなゼロサム的な視点から導き出されます。そして、部下を常に監視し、コントロールしようというニーズを増幅させます。つまり、パワーを「権力」という狭い意味で捉えているともいえます。

他方で増加理論は、パワーを支配や強制力以上の広い意味で考えています。他者と協力することでパワーを育成し、増大させることができると無意識に考える管理職もいます。部下たちと一緒に働くことで、全員がより大きなパワーと影響力を得られると信じています。これは、より協調的であり、パワーを増加理論で捉えています。

パワーの増加理論と管理職の行動は関連しています。増加理論を持つ管理職は、パワーと情報を部下と共有し、部下をエンパワー[D]し、主導権を取らせようとすることが私たちの調査から判明しています。

あなたはパワーについて、どちらの理論を信じていますか。パワーを限定的に見ますか。それとも、増大していくものと見ますか。どちらとも、少しずつ信じているのでしょうか。

コンフリクトでパワーの差が生じると、あなたが持つ基本的な思い込

D　エンパワー（empower）とは、組織の各メンバーを力づけるという意味。経営学的には組織のパフォーマンスを最大化させるために、現場の人々に権限を委譲し、従業員の自律性を促進し、主体的な行動を引き出すための支援活動を示す。

みが問題になります。パワーの固定理論に強く固執するほど、コンフリクトやパワーポリティクスにおいて競合的なアプローチを取る可能性が高くなります。パワーの増加理論を信じるほど、同僚や部下を力づけ、自分のパワーやリソースを共有しようとする可能性が高くなります。そして、適切であれば、より協調的なWin-Winアプローチを取ろうとします。

　私たちにとっての大きな問題は、パワーやコンフリクトに対しての自分自身の思い込みに気づいていないことなのです。パワーを強め、コンフリクトをコントロールしたいのであれば、それぞれの人々が抱く思い込みの違いに対してマインドフル（判断や評価をせずに今起きていることに意識を傾けていること）であることです。

8 ｜ パワーの源、タイプ、手段

　パワーの源、パワーのタイプ、パワーを得る手段は、形が定まったものではありません。勝利のための方法は、私たちの想像を超えているかもしれません。

　1974年にモハメッド・アリがボクシングのチャンピオン戦に登場するまで、こんな勝ち方があるとは誰も考えつきませんでした。それは「ロープ・ア・ドープ戦術」と呼ばれるものです。観客の前で相手をあおり続け、対戦相手が疲れ果てて殴れなくなるまで、相手に自分を殴らせるのです。

　アフリカの女性たちが取った戦術は、戦争が終わるまで、兵士である夫や恋人とのセックスを拒むことでした。2011年のノーベル平和賞受賞者の1人であるリーマ・ボウイーは「民族的、宗教的な境界線を越えて女性たちを組織し」、セックス拒否ストライキによって、リベリアの内戦終結に貢献しました。

　州知事選挙に勝つ方法は、ガバナンスに全く興味も知識もないマンガ

の主人公に自分を見立てて宣伝することでしょうか。これは1998年にミネソタ州知事になった元プロレスラーのジェシー・ベンチュラが取った戦略です。

もう、おわかりですね。

パワーは至るところにあるのです。パワーを見つけ、創造し、使うのはあなたなのです。コンフリクトにおいて、効果的にパワーを行使するために考慮すべき3つの要因を紹介しましょう。

- パワーへのアプローチ
- パワーをもたらすリソース
- 使用されるパワーのレベル

9 │ パワーへのアプローチ

コンフリクトが起きているとき、私たちのパワーへの取組みとして、次の4つのアプローチがあります。

アプローチのそれぞれに、独自の価値、デメリット、もたらされる結果があり、それらを理解し、応用して私たちの生活に役立てましょう。

①支配アプローチ

権力は「人がやろうともしなかった何かをさせる能力(さもなければ、やらせた能力)」に関係すると、米国の政治学者ロバート・ダールは主張しています。

これを私たちは「支配(power over)」と呼んでいます。支配とは、抵抗する相手に勝つ能力に関連しています。秩序、権威、能率を維持するメカニズムと考えられ、コントロールするといった強制的な側面が強調されます。そして、権力の濫用は問題であるとされます。支配を理解することは非常に重要です。

管理職には、職場での秩序と能率を維持する能力が要求されています。ある程度の強制力は必要であり、実践的なツールになります。たとえば、職場の中の不公平さと戦わなければならない、鈍感な人々と議論しなければならない、生意気な部下やモチベーションの低い部下に対応しなければならない状況に自分が置かれていると思うとき、支配は有効なアプローチになりえます（詳細は、第6章で紹介します）。

　しかしながら、職場における圧倒的な支配アプローチは、否定的な影響ももたらします。それは支配される人々に疎外感と抵抗が生じるからです。そうすると、あなたが信頼に基づく異なるパワーのタイプを使う能力を狭めます。

　その結果、さらに部下への監視と規制を強めることになります。あなたの目的が部下の仕事に対するコミットメントとコンプライアンス意識を高めることならば、パワーの支配的アプローチだけに頼ると、多くの犠牲を伴うことでしょう。

②共有アプローチ

　1920年代の米国での職場組織では権力の支配的アプローチが一般的でしたが、組織マネジメントの先駆者メアリー・P・フォレットは他者とパワーを共有する（power with）アプローチを発展させることも可能だと主張しました。[4] フォレットは非強制的で協働することで発展していくパワーを心に描いていました。

　共有アプローチは、パワーの増加理論に基づいています。この考え方ではパワーは増やすことができるもので、すべての人に建設的で満足のいく結果をもたらすことができるリソースとして捉えています。

　ここでは、パワーを幅広く捉えています。たとえば、個々人が持つ能力、知識、才能も増やせるリソースであり、パワーともいえます。しかし、すべての人が自分や他人の持つリソースを自覚しているわけではありません。共有アプローチを取る人は、自分や人々が持つリソースを探り出し、活用し、貢献してくれたことに感謝したいと考えます。また、

問題解決のためには、関係者それぞれが持つリソースを交換することが効果的であることを知っています。[5]

　ご想像のとおり、このアプローチは、「支配」とは全く異なった場の雰囲気と人々の反応をもたらします。

　職場での強制的権力の使用を抑制する最も効果的な方法は、寛容な心を養い、アイディアを創出し、パワーを共有できる条件を広げていくことだとフォレットは提案しています。これによって、部下と上司の間のコンフリクト・マネジメントの新たな選択肢が与えられます。

　この方法で、フォレットは1920年代の米国での経営陣と労働組合とのすさまじい権力闘争をいくつも解決してきたのです。労使双方が共に働く価値を見出し、職場という共通の状況の改善をすることを促し、激しい労使紛争を克服したのです。

　協調とパワーに関する研究の多くも、フォレットの思想を支持しています。上司と部下の双方が、課題、報酬、成果目標を共有している、あるいは協力可能であると捉えるとき、上下関係におけるパワーの建設的な使用の可能性が高まります。

　競合する目的や独立した目的と比較して、協調できる目的がある上司と部下の関係では、相手に助けを求めやすくなり、また、相手を助けたいという気持ちが高まり、説得することが増え、押しつけが減ります。そして、信頼と友好的な態度がさらに醸成されていくことがわかっています（このアプローチからの戦術は、第4章・第5章で紹介します）。[6]

　組織内におけるパワーの共有アプローチにも問題があります。共有アプローチに依存しすぎると、いわゆる夢物語に終わってしまうでしょう。共有アプローチを批判する立場の人は、理想主義者の絵に描いた餅だといいます。この非情な生存競争の厳しいビジネス環境と企業内での競争にさらされて、協調的にパワーを共有し、互恵的にパワーを拡大させることには限界があるという批判です。

　共有アプローチを極端な形で職場に応用してしまうと、非効率で無責任なリーダーシップ、長時間にわたるコンセンサス作り、身内びいきを

もたらすという批判もあります。[7)]

③独立アプローチ

第3の独立アプローチは、「他者のパワーや影響力から距離を置く（power apart from）」という意味です。これは他者に依存せず、自立していることから生じる力のことです。自分で何かを起こす力です。

青年期のお子さんがいる方は、よくおわかりかと思います。彼らは両親と喧嘩したとき、この戦略をよく使います。つまり、バタンとドアを閉め、自分の部屋にカギをかけて引きこもるか、親の発する警告、助言、すべての言葉を巧妙に無視します。

独立アプローチは、ビジネスの交渉でよく使われる戦略です。たとえば、交渉状態での権力の依存理論として、「Aの権力がBを支配することは、BがAに依存することと同じであり、そして、支配はそれに基づいている」というものがあります。[8)]

つまり、「もし、君が私を必要としなければしないほど、交渉で君がより大きな力を手にする」という意味です。

実験では、以下のモデルが広く支持されています。すなわち、より魅力的なBATNA（代替案、Best Alternatives To a Negotiated Agreement)[9)] を持つか、相手が自分に依存するように仕向けられる交渉者は、相手への依存度が減るので、相対的に大きな力を持つことができる[10)] というモデルです。BATNAというのは最良の代替案、あるいは代替できる手段を通じて、自分の望む結果をもたらす可能性のことを示します。

交渉時には相手に依存せず、自立すればするほど、より多くのオプションやレバレッジを得ることができます。その結果、他人のパワーから距離を置くことができるのです。このアプローチについては、第8章の選択的自立の説明で詳しく論じます。

しかし、前述した2つのアプローチと異なって、「独立アプローチ」が有効な仕事やビジネス状況は限られています。つまり、人と一緒に働いたり、人を介して働くという必要性がほとんどないという条件があっ

てこそになります。

　こうした状況は、今日の職場や世界では非常に少なくなってきました。今日の私たちの世界では、相互依存が急速に広がっていることは明らかです。また、「独立アプローチ」は集団主義やチームワークに価値を置く文化では特に疑わしい戦術になるでしょう。それでも、適切なタイミングで使えるように、このアプローチを見えないところに隠しておくとよいでしょう。

④服従アプローチ

　米国では、恐れられ、めったに紹介されないアプローチとして、他者の支配下に置かれる「服従アプローチ（power under）」があります。パワーに対するこのアプローチは、相互依存した関係において生じやすく、援助やサポートを他者から得ることを含みます。[11]第5章と第7章では、サポートと譲歩に触れ、立場の弱いほうが相手のパワーを「借りる」さまざまな戦術を概説します。

　依存関係は立場が弱い側のニーズに応えることができますが、良き師弟関係のような支援的なタイプから独裁的なリーダーに従わなければならない抑圧・虐待的なタイプまでさまざまなバリエーションがあります。虐待されている子どもたちは、大人により長期的に肉体的・心理的にネガティブな影響を受け、無力な状態に置かれています。これもまた、依存関係といえるのです。

　こうした悲惨な依存関係では、弱者に対して、強者は頑固になり、批判的になり、支配しようという傾向が強まってくることが明らかになっています。そして、最終的には理性が働かなくなり、暴力へ発展していきます。[12]

10 パワーの源泉

パワーに対して、上記のような「支配」「共有」「独立」「服従」のどのアプローチを取ろうとも、ハードにもソフトにも使える2つの基本的なパワーの源泉（リソース）があります。

ハーバード大学教授のジョセフ・ナイは米国の外交、貿易交渉の領域におけるハードパワーとソフトパワーの区別を説明しています。

ハードパワー戦術は、典型的には相手の意思に反することを罰則や報酬を与えることを通じて、相手に何かをさせることです。軍事的であれ、経済的であれ、技術的なことであれ、法的なことであれ、本質的には強制するかインセンティブを与えるという方法です。したがって、一般に「支配アプローチ」と関連します。

反対にソフトパワー戦術は、暴力や強制ではなく、むしろ自らの持つ文化的資源、道徳的資源、社会的資源、インスピレーションを引き出すことで、人を引きつけ、味方にしていく能力を意味しています。つまり、人々からの理解、支持、共感を得ることで、信頼や発言力といったパワーを獲得できるのです。

ナイは「誘惑は強制よりも常に効果的だ。民主主義、人権、個人のチャンスのような価値観はとても魅力的だ」と書いています。[13]

職場における典型的なハードパワーとしては、正式な地位に基づく権力、雇ったり解雇したりする権限、報酬を与えるか罰を与えるかの裁量権などがあります。さらには、意見が対立したとき、相手を脅したり、傷つけることもハードパワーといえます。

一方、自分自身の評判を高めることで、あなたは、たくさんのソフトパワーを獲得できます。たとえば、問題解決の達人、IT技術の達人、高いEQや思いやりがある人、道徳的な指針を明確に出せる人といった評判によってあなたの味方を増やし、影響力を高められます。

それによって、コンフリクトを予防し、鎮静化し、解決することができます。ソフトパワーの源泉としては、信頼、インスピレーション、説

得力、効果的に話し合える人間関係などがあります。

　望む結果を出すためにハードパワーとソフトパワーを戦略的に組み合わせることがスマートパワーです。[14]　チェスター・クロッカー元国務次官補は国際問題の領域において、スマートパワーは「外交手腕、説得力、能力強化と、費用対効果があり社会・政治的に合法な方法でのパワーの投影と影響力を含んでいる」と記しています。[15]

　ところが、スマートパワーをどのように作り出すかという方法や理論については、ほとんど研究されてきませんでした。ビジネス、産業界、非営利組織におけるコンフリクト・マネジメントの現場でも議論にのぼることはあまりありませんでした。

ソフトパワーの例

　2018年9月8日、テニスの全米オープン表彰式の最中、審判に対するブーイングが広がっていました。

　そのとき、憧れのセリーナ・ウィリアムズを下してチャンピオンになった大坂なおみ選手は、「ちょっと、質問の答えじゃないことを語ります。みんながセリーナを応援していることは知っています。こんな終わり方で残念です。ただ試合を見てくれてありがとうございました」とインタビューに答えました。

　一瞬で会場のブーイングは止まり、客席は固まりました。その後、大坂選手はウィリアムズ選手に「プレーしてくれてありがとう」と言ってお辞儀をしました。

　彼女の行為は会場にいる人々を味方につけただけでなく、海外の多くのメディアからも審判のせいではなく、大坂選手の実力で勝利したと正当に評価されました。

パワーのレベル

　コンフリクトにおいてのパワーは、自分と相手との相互作用によって

絶えず変化するダイナミックス（動態）です。

　コンフリクトでのパワーダイナミックスは、2つのレベルで作用していると考えられます。1つはコンフリクトの場の性質を決定づける1次的なパワー、もう1つはその場での当事者同士の相互作用の性質を決定する2次的なパワーというものです。[16]

　2次的なパワーは、権力行使の伝統的な考え方で、その場にいる相手に影響を与えようとして使われる多くの戦略と戦術を意味します。特定の人間関係において自分の目的達成をする能力とも言い換えられます。1次的なパワーは、権力の深層構造で広く普及している何かを意味します。たとえば、何が良くて何が悪いか、何が重要であるのかないのか、などを決める感覚や判断に影響を与える力です。

　上司Aと部下Bの職場でのコンフリクトについて考えてみましょう。

　交渉する場としての職場は、上司Aに有利であり、中立とはいえない

[図表**1-1**]　**1次的パワーと2次的パワー**

のではないでしょうか。これは上司Aと部下Bの関係におけるパワーへのアプローチ（支配、共有、独立、服従）の問題だけではありません。実は、上司Aと部下Bの関係性はすでに過去において確立されたルールや規範を前提としています。

上司の役割は命令を出すことだという概念は、歴史的に確立してきたものだからこそ、上司は命令を出し、部下に命令に従ってもらうことを期待することができるのです。このような概念が1次的なパワーにあたります。一方、部下が仕事へよりコミットするように、上司が働きかけるさまざまな戦略は2次的なパワーの1つの形です。そして、2次的なパワーとしての戦略の前提に1次的なパワーがあります。

さらに、1次的なパワーは、話し合いの場を作る基本的な要素に影響を与える力になります。基本的な要素としては、法律、イデオロギー、道徳性、象徴的意味合い、メディア、政治、協議事項、意思決定のプロセスなどがあります。

1次的なパワーと2次的なパワーの区別は重要です。特に急進的な変化や革命が望まれる状況では、戦略を決めるときに直接的な役割を果たします。

11 ｜ 本章のまとめ

この時点で、あなたは以下のポイントを正しく理解しているはずです。

- 2つのタイプのコンフリクト（機能的、破壊的）
- コンフリクト・マネジメントの3つのレベル（強度、構造、透明性）
- パワーに対する4つのアプローチ（支配、共有、独立、服従）
- 2つのパワーの源（ハードとソフト）
- パワーのレベル（1次的、2次的）

これらを統合すると、職場で遭遇するコンフリクトを建設的にマネジメントする準備となる選択肢を得ることができます。次の章からは、これらの区分を使って、職場のコンフリクトとパワーを扱うための7つの戦略に関して、より徹底的に詳しく説明していきます。

　現時点では、職場でのコンフリクトにおけるパワーについての結論は単純です。コンフリクトのときは、可能な限りいつでも、効果的なパワーの使用を最大化するということです。効果的なパワーとは、自分の起こしたいことを起こす力です。

　世界中のあらゆるリソースを持ち、影響を及ぼす高尚な戦略を知り、勝負する場を決める力を持っていたとしても、必ずしも効果的なパワーを持っているというわけではありません。

　歴史の中では、パワーを効果的に使えず、溜め込み、悪用したり、浪費したりしてきた集団や個人がたくさんいます。効果的にパワーを用いるためのカギは、状況に応じたパワーのタイプと大きさが適切であるように、判断力をよく働かせてパワーに取り組むことです。[17] そうすることで職場のコンフリクトの根底にある感情に直接影響を与えるのです。

Chapter **2**
コンフリクトの罠
──感情とパワーの問題

「コンフリクトの風景」というのは家庭、学校、職場という日常生活の場で経験する感情と人間関係の世界です。そこにコンフリクトとパワーの罠が落とし穴として存在しています。この章では、以下の分類に沿って、感情の問題、パワーの違いによって陥ってしまう罠を紹介します。

- コンフリクトと貯蔵される感情
- 相対的パワーの強い者が陥る罠
- 相対的パワーの弱い者が陥る罠
- 対等なパワー関係で陥る罠

1 | コンフリクトと感情

　私たちが直面するコンフリクトの大部分は、一度かかわっただけの見知らぬ人とではなく、継続的な関係のある人との間で起きます。

　このような人間関係にかかわる感情は、私たちのコンフリクト経験の性質を大きく左右します。たとえば、対立する相手への感情がポジティブか、ネガティブか、あるいは両方が入り混じった感情かということが、影響を与えています。[1]

　交渉時に重要なことを分類し、整理した研究[2]から4つの最重要ポイントが指摘されています。

- 当事者それぞれが交渉結果に対して持つ感情
- 交渉中、当事者たちが自分自身に対して持つ感情
- 交渉プロセスに対して当事者それぞれが持つ感情
- 交渉相手との関係性に対する自分たちの感情

　要するに、感情が交渉を支配するのです。

　この研究結果は、既存の交渉学分野の前提に対する挑戦でした。従来、欧米の交渉学ではコンフリクト・マネジメントの手段としての交渉は、合理的で感情的な行動を取らないことで成し遂げるものだったからです。感情を排して、ロボットのように戦略的で、純粋な経済的動機に基づく相互作用がベストプラクティスであるという前提です。[A]

　コンフリクト・マネジメントの実践的なテクニックでは、「紛争中に感情的になったら、行動する前に気持ちが収まるまで待て！」とか、「感情に負けないで、状況に関する合理的な見解を得よう！」といった

A　1950年代のノーベル賞受賞者のハーバート・サイモンとジェームズ・マーチの初期の作品には、人間があまり合理的な意思決定者ではないと書いてあるのにもかかわらず、交渉学では合理的モデルに長いこと執着してきた。

ことが紹介されています。

　交渉中、感情が一時的に不利に働くならば、こうしたテクニックは有効でしょうが、コンフリクトの原因が感情であるとき、人は合理的ではないので、役には立ちません。人間は感情を持たない理性だけの存在ではないからです。

　コンフリクトにおける感情の役割は根源的なものです。感情は、私たちの経験と理解の基礎を作っています。感情がコンフリクトのお膳立てをしており、多くの場合、感情が理性に勝っていることが、最近のさまざまなコンフリクト研究から明確になっています。

　「結婚と離婚に関するコンフリクト研究」「産業／ビジネスの戦略チーム内でのコンフリクト研究」「ポジティブな感情と精神生理学の研究」「モラルコンフリクト研究」「複雑なコンフリクト研究」においても、感情が理性に勝ることが示唆されています。[B] これらの研究から明らかになった重要なポイントが3つあります。

①否定感情は必ずしも悪いものではない

　コンフリクトでは肯定感情は良いもので、否定感情は悪いものだという研究結果が多いのにもかかわらず、実際は否定的な感情があってもコンフリクトに遭遇することは良いことで、必要であることが最近わかってきました。

　適切な状況下において、たとえば、恋愛関係、同僚間、他のうまくい

B　ワシントン州にある「愛の研究室」で結婚と離婚に関するコンフリクトを研究しているジョン・ゴットマン、ミシガン大学のキャプチャー研究室でビジネスや産業の戦略チーム内でのコンフリクトを研究しているマーシャル・ロサダ、ノースカロライナ大学のチャペルヒルの研究室で ポジティブな感情と精神生理学の研究をしているバーバラ・フレドリックソンからも同様の研究結果が出されている。さらに、モラル・コンフリクトを研究しているドイツ、ミュンヘンのルートヴィヒ・マクシミリアン大学コンフリクト研究所とニューヨークのコロンビア大学の複雑なコンフリクト研究室のカタリーナ・クグラーとピーター・T・コールマンは数値的にも、多くの場合、感情が理性に勝ることを示唆した。

っていない人間関係での否定的な相互作用であっても、実際のところ、相手について大切なことを知り、自分自身についての理解を深める学びの場になりうるのです（たとえ、相手がどうしようもない人間とわかることでも意味がありますよね）。

②ネガティブな経験と否定感情の影響

これは否定性が持つ影響と呼べるものです。ポジティブな経験に比べて、ネガティブな経験とそれに伴う否定感情は、かなり強くて永続的なもので、人々に多大な影響を与えます。

③貯蔵される感情

私たちはそれぞれに「感情の貯蔵庫（emotions pool）」を持っています。

人間関係あるいは特定な状況下で経験した感情は、時間の経過とともに脳神経学的には記憶として貯蔵されます。肯定感情の貯蔵庫と否定感情の貯蔵庫の2つがあるようなものです。

そして、記憶は変化します。これは「脳の神経可塑性」と称されるものです。プラスティックが熱を加えられると形が変わっていくように、脳の神経回路は人や場所との繰り返される相互作用によって再配線され、変化していくことがあります。ですから、時の経過の中で、ある経験での否定感情と肯定感情の割合の捉え方も変わってくるのです。[3]

昔のことを思い出してみてください。たとえば、初めて配偶者に出会ったバー、バスケットボールの決勝戦で最後の2秒でフリースローを失敗してしまった体育館、高校時代に友人とたむろして隠れてタバコを吸った地元のコンビニの裏などの場所に、今戻ったらどんな気持ちになるでしょうか。そのような場所は情緒的な記憶を呼び起こします。

また、ある経験をしたときの人々に、今、出会ったら、どうでしょうか。肯定的な感情が呼び起こされますか。それとも、否定的な感情でしょうか……。通常は、どちらか一方か両方の感情が伴います。私たちは、

そうした感情を貯蔵しているのです。コンフリクトにおいて、この感情の貯蔵庫は忘れてはいけない考慮事項です。

貯蔵された感情は、私たちの解釈が破壊的または建設的になるかに影響を与えます。さらに、相手との相互作用にも影響を与えます。

たとえば、あなたが仕事帰りに居酒屋に立ち寄ったとき、同僚たちがあなたの陰口をたたいているのを偶然耳にしたら、どんな反応をしますか？　そのときの状況や、相手とあなたの過去の関係性にもよりますね。もし、過去に相手と共有した経験が温かく、フレンドリーなものだったらどうでしょうか？　それとも、相手に騙されたり、裏切られた経験があったとしたら？　あなたの取る反応は違いますね。

あなたの過去の経験があなたの反応に影響をもたらします。実際、重度の脳障害に苦しんでいる患者の感情や意思決定に関する研究では、人が感情を経験する能力を失うと、重要な意思決定や評価をする能力も失われることがわかってきました。[4] 感情は、コンフリクトのときの意思決定に影響を与えるだけでなく、意思決定の基礎にもなっているものなのです。

重要なことは、人間関係において肯定感情が十分に貯蔵されているならば、コンフリクトのときに生じた否定感情を緩和し、コンフリクトに対処しやすい状態になれます。つまり、人間関係における肯定感情と否定感情の比率がわかれば、コンフリクトがどの程度難しくなるのかが予想しやすくなるのです。

ロサダの研究によれば、職場の優れた作業チームの否定感情と肯定感情の比率は1：4でした。[5] 一方、夫婦関係では1：5の比率ならば円満で安定した結婚生活が予測できるとゴットマンは示唆しています。

これは結婚生活がほとんどの場合、仕事での関係性よりも感情や情緒的なものであることを示しています。[6]

職場では、避けられないコンフリクトが常にあります。ですから、将来直面するコンフリクトに対応しやすくするためには、同僚に嫌なこと

を1回されるたびに、ポジティブなことを4回経験する必要があるということになります。

　結婚の場合なら、何かネガティブなことが1つあったら、5つのポジティブな出来事が必要だということです。もし、ネガティブな出来事とポジティブな出来事の比率が2：1で、ポジティブな割合が少ない場合、ネガティブな行為の持つ力が関係性を暗雲で覆い、関係を破壊していきます。

　つまり、時間の経過とともに、否定感情が増幅し、肯定感情の貯蔵量がなくなってしまいます。すると、関係の修復が困難なレベルに陥ってしまいます。その段階では、ちょっとした一言だけで、全面戦争になる可能性もあります。簡単に火に油が注がれるようになるのです。

　コンフリクトを分析し、交渉計画を立て、戦略的に統合的Win-Winの問題解決をするといったプロセスを軽んじるつもりはありません。それも大切です。しかし、それだけに焦点を当てることは間違いです。感情は私たちの認知的情報処理のための土台となるものなのです。合理的な組織の世界でさえ、コンフリクトの最中は、感情が理性に勝るのです。コンフリクトが長期にわたるほど、感情が問題となります。

　コンフリクトへの感情の罠に陥ってしまうか否かは、人それぞれの性格やその人の持つ地雷によって違います。それでも、私たちが直面するコンフリクトの場の状況と、相手との相対的なパワー関係が大きな原因になっていることが、研究からわかってきました。

2 ｜ コンフリクトとパワー／権力の罠

　巨大なパワーを持つ人々の失敗は、庶民の失敗より大きく取り上げられます（米国の大統領、日本の首相、政府の官僚が判断を誤ったら、全国民がそれを知ることになります）。ただし、権力者だけがその罠に陥るわけではありません。それは、食物連鎖のように、重役から管理職へ、

管理職から平社員へ、そしてより序列の低い者へと、全員がコンフリクトの罠に直面するのです。

パワーが強い者が陥りやすい罠

さまざまな形のパワーを持つことは非常に有利なことで、コンフリクトのときはないより、あるほうがずっと良いことではあります。しかし、巨大なパワーは本人の知覚、価値観、道徳、行動に影響を与え、人々を極端な形に追いやってしまうことが知られています。ここではパワーが強い者が陥りやすい7つの罠をご紹介します。

①歪んだ心理プロセスの罠

裸の王様は、自分が裸であっても素晴らしい衣装を身につけていると本気で思っていました。第2次世界大戦中、ナチスはユダヤ民族を絶滅させることでアーリア人の優位性が保たれると信じ、実行しました。わが子を跡継ぎにしようと思った晩年の豊臣秀吉は、甥の一族を根絶やしにしました。

2017年、「メキシコとの国境沿いに壁を建設する」と宣言したトランプ大統領は壁の建設費用が含まれない連邦予算を承認することを拒否しました。結果、連邦政府機関が閉鎖に追い込まれ、80万人以上の国家公務員の給料の未払いが続き、その家族が食事にも困っているという事態が起こりました。

時として強大なパワーを握っている人の発想や行動は、一般の人々の想像を超えていることがあります。権力は人を狂わせます。権力者がしばしば「やりすぎ」たり、極端な言動に走ってしまうメカニズムは何でしょうか。

パワーが弱い者よりもパワーが強い者は、世界について非常に異なる心理的経験をしていることが研究からわかってきました。パワーが強い者は抽象的な情報処理をし、相手を一個人でなくモノ扱いするような言葉で知覚します。たとえば、個人として認識するなら、「○○さん」と

個人名で呼びますが、「その仕事は派遣社員にやらせればいいよ」というような認識です。

　また、権力者は目的にフォーカスを置き、自信に満ちており、あまり自分を抑制しません。さらに、権力を振るうことは認知プロセスに影響を及ぼすことがわかりました。たとえば、権力者は複雑な社会を推論する能力が減少し、道徳的判断が狭まり、ステレオタイプの適用が増えることが証明されています。[7]

　ある特筆すべき心理学実験が行われました。

　実験参加者は「自分が権力を持っていたときのことを考えなさい」と言われました。そして、対象相手を見て身体の大きさを述べるように指示されました。相手と対面しようが、写真であろうが、対象相手の身体の大きさは一貫して過小評価されました。[8] パワーが強い者の経験は、現実に見ているものを歪めてしまうのです。

　この罠の意味は、コンフリクト・マネジメントにおいて、パワーが強い者は自分の目を信じてはいけないということです。コンフリクトの状況を読み取るとき、ものの見方にバイアスがかかり、自分の見たい見方で現状を歪んで認識する確率が高いのです。

　したがって、もしあなたが重要な意思決定をするときは、物事や他者を正しく理解しているのか、自分の認識をしっかり確認することが大切なのです。

②自分だけは大丈夫だという罠

　さらに、パワーの差が自分の行動にもたらす結果に無頓着になっていくプロセスが研究で明らかになっています。

　元ナスダック会長で実業家であり、米国史上最大の巨額詐欺事件を起こしたバーナード・L・マドフをご存じでしょうか。

　彼は1960年にスプリンクラーの設置工事をして稼いだ5000ドルを元手に小さな証券会社を立ち上げました。そして、義理の父親から5万ドルを借りてウォール街にバーナード・マドフ証券投資会社を設立しま

した。

　義父のネットワークを紹介してもらいながら、マドフはビジネスを徐々に拡大させていきました。それは合法的な投資事業として始まりましたが、1990年代には腐敗したポンジスキームと呼ばれる自転車操業的な金融詐欺に発展したとマドフは証言しています。

　マドフの会社は何度も不正行為に関する捜査を受けており、明らかに疑念を抱く人々もウォール街には少なくなかったのにもかかわらず、マドフは何千もの投資家から何千億ドルもの金額を詐取し続けていたのです。これは米国史上最大の金融詐欺事件でした。現在、マドフは連邦刑務所で150年の刑に服しています。

　これは、学者が「超楽観主義」と呼ぶパワーが強い者のダイナミクスです。法を犯そうとも、自分の衝動や必要に応じて、言いたい放題、やりたい放題にしてもよいと感じ、実際やってしまう誇大妄想や傲慢の一形態です。

　権力者は自分は捕まったり、罰せられることはないと信じ、時間の経過とともに、より甚大な違法行為に手を染めていきます。不正行為をしても、たいした罰則も受けないのであれば、自分の衝動やニーズを満たすことのほうが大きな達成感になります。そして、権力者の行動は強化されていくのです。

　コンフリクトにおいて、「自分だけは大丈夫」という罠は、自分と仲間に危害をもたらす恐れのある不必要なリスクといえます。

③弱者が見えない罠

　人間関係において、パワーが強い者は弱い者にあまり注意を払いません。[9] 交渉において、交渉相手の感情的なサインに反応を示さないのは、パワーが強い者のほうです。弱者に比べて、強者は他者の視点や背景的知識を受け入れたり、採用することも少なく、相手の表情を正確に読み取る能力も劣っている傾向があります。さらに、強者は部下についての正確な情報を思い出したり、個々人の固有な性質を区別する能力が低い

ことがわかっています。

　権力者が配下の者にはあまり注意を払わない3つの理由を紹介した研究があります。[10]

- 配下の者は、自分にほとんど影響を与えられないと考えているので、権力者は彼らに注意を向ける必要はないと考えているから。
- 権力者には多くの責任が集中し、追加されていくため、他者への注意力が低下する可能性が生じるから。
- 自分たちが恵まれたものであるという認識からくる罪悪感や恥から、恵まれない人々に注意を向けたくないとする歪んだ気持ちから。

　他人より大きなパワーを保持することは、他者のものの見方、考え方、感じ方を認識する能力を損なうともいえるでしょう。パワーが強い者にとって、弱者の存在が目に入らなくなり、彼らの声が聴き取れなくなることがあります。それが、士気や肯定感の低下というリスクとなり、コンフリクトを悪化させる可能性となります。

　こうしたことは組織でよく起こることです。たとえば、配下の人たちから重要な情報、専門知識、およびフィードバックが提出されているのに、上層部の人たちが無視するというケースです。それがまさに、組織への高い代償となって跳ね返ってくるのです。

④相手の力を見誤る罠

　権力があり、Win-Lose型の交渉（bargain）をしようとする者は、相手の保持している利用可能なレバレッジやリソースを見積もったり、分析することが非常に下手です。

　貿易、援助、資源の問題に関するハイレベルの国際交渉の研究では、強国側の交渉者が相手国との力の差を通常は無視していることがわかっています。[11]

　強国側は交渉に勝つのに十分な総合力が自分たちにあるという思い込

みにとらわれ、相手側が取るであろう具体的なレバレッジについて注意を払わないことがよくあります。弱者と思われる相手は、見かけよりはるかに強力です。そして、強いと思われる側は、自分が思っているほど強くはありません。交渉相手との総合力の比較は、交渉結果の予測にはほとんど役立たないのです。

⑤規則など、どうでもよいという罠

　権力のある者は、時間は自分のためにあるという考えに酔っていて、自分の遅刻や締切を破ることに無頓着なことがあります。その考え方は「規則を守るのは間抜けな奴だけだ」と信じていることに似ています。これは特に政治の世界でよくあることです。

　国政に乗り出したいと考えている市長がいました。その市長は市の条例を守らず、市議会の承認なしに、自分のために市の職員を使っていました。職員たちは何らかの恩恵を期待しているかもしれませんが、法令違反に問われる可能性があります。「嫌なら、辞めてくれてもいいんだよ」と市長が言ったのは1回どころではありません。

　しかし、市長本人は決して問題の渦中にいることはありませんでした。市長は市に低賃金で雇われている人々を自分の農場で働かせ、自分の邸宅の引越しを手伝わせ、立派な机を作らせ、ワシントンDCのオフィスに置いたのです。そう、彼はついに下院議員に選出されたのです。

　その後、地元のストリップクラブが利益の何パーセントかを彼に上納することを断ると、彼はそのクラブを閉鎖させると脅しました。まるで地元の選挙区の資源は彼自身の所有物であると本気で思っているかのようです。そして、その権利を当然のものとしていたのです。

　カリフォルニア州立大学バークレー校から興味深くもあり、恐ろしくもある研究結果が発表されています。それは富裕層のほうが規則を守らず、法律を破る傾向があるということです。[12]

　たとえば、安価な自動車のドライバーより高価な自動車（BMWやベンツなど）のドライバーのほうが、横断歩道を渡ろうとする歩行者のた

めに停止しない可能性が3〜4倍高いのです。

　また、ある調査によると、子どもたちのために用意したキャンディー
を富裕層の参加者のほうが2倍多く取りました。そして賭け事では、4
倍以上の確率で富裕層がイカサマをしていました。

　富裕層は、交渉中に嘘をつく可能性や職場での盗みをするような非倫
理的行動を平気でする傾向が他の階層よりも非常に高いのです。この傾
向は、米国全域のリベラル派と保守派の両方を含む数千人を対象とした
30件以上の研究結果でも一貫しています。

　さらに、一時的に貧しさを感じるようになった裕福な人々は、より寛
大で利他的になる一方で、一時的に裕福になったと感じるようになった
貧しい人々は、より自己中心的になることがわかりました。豊かさから
生まれるイデオロギーは、「人々に施しをすることは間抜けのやること
だ」という考え方のようです。

　この罠は諸刃の剣です。他の人を無視して、ルールを破り自己中心的
であることは、明らかに論争している相手に害を及ぼしますが、自分自
身にも害を及ぼします。つまり、論争相手が抵抗する最大の舞台を用意
する結果にもなるからです。この点は第10章で解説していきます。

⑥支配欲の罠

　パワーが強い人々は、横暴で専制的な姿勢を取ることを心地良く思い、
支配的なコンフリクト解決のスタイルを取る傾向があります。そして
往々にして、それ以外のやり方で対応する能力を失っていきます。より
パワーがある者が容易に支配的になることは、研究で常に証明されてい
ます。

　交渉でパワーを持っていることは、順番を気にせずに話し出し、話す
時間を独占することと大きく関連しています。[13] 同様に、より大きなパ
ワーを持つ者は、個人的な見解、本音、偽らざる態度をより多く表明し
がちです。そして、交渉相手が表明している態度や説得から影響を受け
ることがあまりありません。[14]

国際交渉のケーススタディでは、より強大なパワーを持つ国は2つの戦略のうちの1つを必ず採用することがわかっています。それは「受け入れるか、放置するか」、あるいは、「受け入れるか、苦しむか」です。

　研究者たちは次のように書いています。

　「自分たちはより強大な権力を持っているからこそ、他の人たちより重要なやるべきことが多くあると権力者側は考えている。もちろん、彼らは双務的な関係に価値を置いてはいる。しかし、弱者側の利害関係や懸念事項は取るに足らないものと考えているため、弱者が何かを主張すると、いら立つことがよくある。弱者に対して特別な恩恵や寛大さを示す人はいない」[15)]

　結局のところ、権力のある側の交渉者の多くは、柔軟に対応して価値を生み出すことができないために、良い結果を導けないことがよくあります。

　権力のある側が常に自分たちが正しいと感じ始めると、おそらく、そうではない結果になるのです。

⑦盲目的野心の罠

　パワーが強い者はますます自分自身の選択に楽観的かつ自信を持ち、より行動志向になる傾向があります。パワーが弱い者に比べて、楽観主義的傾向が強まるため、リスクを好み、ハイリスクな選択をし、リスクのある決断を下します。[16)]

　パワーが強い者は、積極的かつ精力的に自分の目標を達成しようとします。ですから、弱者に対しては、遠慮や共感を示すことはほとんどありません。

　パワーはライセンスを持ったような感覚を作り出します。盲目的野心に取りつかれ、自分の周囲で何が起こっているのかに気づきません。パワーがある者は自分に酔い、他者の感情、反応、関心などを見落とします。彼らは、自分に利益をもたらすことのみにしか関心がありません。そんなことをするのはリーダー層だけではありません。

全米大学体育協会（NCAA）のバスケットボールのスター選手たちは、何か問題を起こすと処罰されるので、大学周辺に住んでいる「地元の若者たち」との喧嘩をしないように指導されていました。

NBA（北米男子プロバスケットボールリーグ）のドラフト会議のわずか数カ月前のことでした。その大学の有力なOBが、大学に行っていない「地元の若者」の両親に電話をして、脅迫しました。「お前の子どもにうちの学生に手を出すなと言っておけ、さもないと後悔することになるぞ」と。明らかに愚かな行為ですが、パワーと盲目的な野心が結びつくと、過激な戦術になることを示しています。

昨今の日本でも勝利至上主義から、明らかな反則行為を選手に命令したり、特定の選手に練習場を使わせないような権力のある指導者たちの問題が報道されていますね。

権力の竜巻──すべてを巻き込み、拡大する

最終的には、パワーに関する心理的、社会的、あるいは行動的な要素が相互作用して、組織のトップダウン的な支配の潮流を作ってしまい、それを覆すのが大変難しいということが研究から明らかになっています。[17)]

これが恐るべき権力の罠です。権力を持つ人々は一般の人々とは異なる心理的体験をしています。そのため、他人が大切にしている資源を支配することが当然であると思い続けてしまいます。このことは、職場で高い地位にあれば、職場の重要なリソースにいつでもアクセスできることが保証されていると思ってしまうことと同じです。

このような状況は、権力を持たない人々や、組織をより柔軟で分権的なものに変えようとしている人々にとっては、非常に扱いにくいことになるでしょう。

パワーが弱い者が陥りやすい罠

すでに議論してきたように、パワーは絶対的な資質や資産ではありません。パワーはある状況下において相対的なものです。同一人物でも、

ある状況ではパワーが強い側になり、別の状況ではパワーが弱い側になることもあります。

　電話1本で100万ドルを動かし、人々の生活に影響を与える社長でも、混んでいる会議場ではトイレの順番を待つ行列に並ぶ必要もあります。パワーがない経験を多くする人もいますが、ほとんどの人は人生のどこかで弱者になる経験をします。

　人間は力の弱い立場に長期間、置かれていると、特定の感情的なコンフリクトの罠の影響を受けやすくなります。ここでは、一般的にパワーが弱い側が陥りやすいコンフリクトの罠を6つほど簡単に紹介します。

①頭を下げ続ける罠

　父親が25年以上も働いている工場で、エドも12年間働きました。彼らは工場で多くの監督とマネジャーを見てきました。立派な人たちも何人かはいました。エドも父親も、上層部から何を言われ、何を求められているのかは問題視しませんでした。

　安全ルールに従い、時間どおりに出勤し、休憩時間をごまかさず、生産枠を満たしていれば、彼らの給料はきちんと支払われていました。エドは職場で何かを変えようと思っていましたが、限界がありました。

　だから、新任の上司から従業員の求めるものは何かと聞かれたとき、エドは残業時間を増やし、換気を改善し、休憩時間を長くしたいと答えました。福利厚生、研修を受ける機会、利益分配、現場監督への昇進のチャンスについてなど、エドは考慮すらしませんでした。彼はゴールを「実現可能なもの」にしておくことを好んだのです。

　パワーが弱い人々は、期待値が低く多くを望まない傾向があり、物事を短期的に考え、計画をします。そして、より多くの社会的、物質的な脅威にさらされています。特に、地位の高い人からの恩恵を失うことを恐れて、自分の行動を制約していることを強く認識していることが研究からも明らかになっています。[18]

　また、自分たちのパワーの弱さから否定的なものの見方をしがちです。

たとえば、上司の一言を脅迫や懲罰と受け止めたり、他人の足を踏みつけないために相手の利益やニーズに過剰に気を配り、自分の立場を超えないように慎重に情報処理をし、抑制した社会的行動を取ってしまうのです。

部下が自分たちの状況を改善するために、明らかなボトムアップの行動を取り、権力の差を縮めようとしても、自分たちの声はあたかも耳の不自由な人に訴えているかのように、上司たちには聞かれることはないと思ってしまうのです。

交渉において、最初に提案ができ、交渉の主導権を握ったほうが、多くのリソースの確保を確実にし、より大きな力を手に入れることができるのにもかかわらず、パワーの弱い者は、自分から交渉を始めたり、最初に提案をすることが少ない傾向にあります。

たとえば、次のような研究結果が出ています。米国の大学の卒業者で初任給の金額を交渉した人はしなかった人に比べて、平均で5000ドルが年収に加算されています。[19]

5000ドルはそんなに大きな金額のようには思えないかもしれませんが、毎年3%の昇給と利息の両方で、交渉した者は60歳までには、さらに56万8834ドルを多く受け取ることになるのです！

②上司からの低い期待値による負担の罠

古典的な心理学の研究「教室でのピグマリオン」が1968年に実施されました。まず、教師たちはクラスの特定の生徒たちが学期中にIQが非常に伸びるという情報を信じ込まされました。その後、実際にその生徒たちのIQの平均増加率は、他の生徒の2倍になりました。[20]

この研究では、教師の期待が生徒たちの知的成長に大きく作用することがわかりました。教師はIQが伸びると期待した生徒たちに、より関心を示し、支援を与えたのです。こうした教師側からの励ましによって、特定の生徒たちが他の生徒よりも迅速に成長することができたのです。

ピグマリオン効果は、組織における社会人にも直接当てはまります。

成人対象の実験で、参加者はある組織の管理職役と平社員役に割り当てられました。この実験での役割分担は、あくまでランダムなものであると参加者全員が知っているのにもかかわらず、平社員役になった人たちは、管理職役の人たちを自分たちより有能だと評価したのです。[21]

　上司から期待されないことは、部下に強い心理的制約を負わせる傾向があります。さらには、コンフリクトにおいて、部下の願望、期待、行動を制限し、職場での経験に基づく否定感情の貯蔵量を大きくしていきます。

③権力がないことと腐敗の罠

　1971年に心理学者のフィリップ・ジンバルドーがスタンフォード大学での権力と役割についての実験を試みました。彼は24人の学生を募集し、学内の地下室に建てられた模擬刑務所に「警備員」や「囚人」として生活させました。警備員の学生は囚人に無力感を与えるよう指示されました。

　すると、警備員の学生は囚人に意図的に威圧的に権力を振りかざしました。そして、囚人たちは怒りを爆発させ、2日目に暴動が起きました。そして、ついに6日後には実験は中止せざるをえなくなりました。

　この実験から無力感が反感と激怒を誘発したと多くの人が解釈しました。[22] 現実の生活では、権力の差は人々の生活、職業選択、安全や自由についての意識などに影響を与える複雑でリアルなものです。反感は、その都度、その都度、ゆっくり加熱されていきます。そして、いったん沸点に達すると、妨害行動や暴動が起こるのです。

　無力感は潜在的な反感と激怒を生み出し、コンフリクトに建設的に取り組む能力を損ないます。このことは重大な健康上の問題、思考の硬直化、暴力的な行為をもたらし、さらには、権力者側を妨害し、弱体化させる強い衝動になっていきます。

　ハーバード・ビジネススクール教授のロザベス・モス・カンターは、権力を持つ者だけが堕落するのではないと述べています。相対的に無力

な者も、「悲観主義」と学習された無力感、消極的攻撃[C]を増幅させることによって腐敗するのです。[23]

　パワーが弱い側へのコンフリクト・マネジメントの教訓は、「挑戦すること」です。コンフリクトに立ち向かうためには、弱者であっても、論争し、破壊的で強制的なことをしなければならないと感じるときがあります。そのときに、こうした対応が長期的に考えて、実行可能で効果的であるかどうかを弱者自身が問い続ける挑戦をしていかなければならないのです。

④分断と征服の罠

　パワーが強い集団に抑圧されている弱い集団の人々は、欲求不満の簡単なはけ口として、他の弱い集団の誰かを標的とします。権力者はそれを利用して、弱者を分断し、征服しようとします。

　これは植民地の宗主国側がよく使った古典的な戦略です。資源の豊富なアフリカやアジアでは新しい入植者たちが、先住民族の長年居住してきた土地やさまざまな権利を取り上げ、植民地を拡大させていきました。

　南アフリカでは、アパルトヘイトを支持するピーター・W・ボータ率いる南アフリカ共和国政府に抵抗するアフリカ民族会議とインカタ自由党の同盟は、ごく自然なものでした。しかし、政府側の巧みな言葉と行動によって、その同盟は分断され、敵対関係になりました。その結果、より簡単に政府にコントロールされるようになったのです。[24]

　長期化した紛争で弱い立場に置かれることで生じる否定的な思考やストレスがダメージをもたらすのです。弱者の集団がトラブルに対処する方法はさまざまですが、弱者の仲間内で争い合うことが最も非生産的なことです。

C　消極的攻撃（passive aggression）とは、消極的あるいは間接的に不満や怒りを表現して相手を攻撃したり、操作したりしようとすること。例：頼まれたことを忘れたふりをする、とりあえず「できないんです」と泣きを入れて、仕事を回避する、など。

⑤対等という勘違いの罠

　権力が弱い労働者の中には、上司との権限の違いや地位の差を否定したり無視したりする人々がいます。これは権力が弱い人々の心理的ストレス要因を軽減することもありますが、時としてトップダウンの命令系統の現実と大きな衝突をしてしまうこともあります。

　アバは私立高校の教師として働かないか、という校長のハワードからの申し出に心を躍らせました。アバは職場で働く人々と対等で強い絆を持つことを期待していました。ハワードは校長という役職に伴う公的な権威を与えられていましたが、「目的達成のために一緒に働こう」と繰り返しアバに話しました。

　アバの目的の1つは、学校の教育内容を豊かにすることでした。主要科目を担当する教師をエンパワーし、カリキュラム・コーディネーターを置き、全教師が改革に取り組むことを彼女は期待していました。

　新学期が始まって数週間後に、彼女はそのアイディアをハワードに伝えましたが、彼は明らかに非協調的な反応を示しました。「いや、僕はそのアイディアには賛同できない」と。

　アバは自分の行動を振り返ってみました。「私はハワードがディベートに参加すると考えて、弁護士のように議論していました。私はハワードが最終的に解決策に向かって互いに影響を及ぼし合う同等のレベルのパワーを持つ同僚だと思っていたのです。ところが、ハワードは弁護士よりも裁判官のように振る舞って会話を制止したのです」

　アバは諦めないで、数カ月待つことにしました。その間に、彼女は他の教員や職員たちがハワードに提案するよう説得しました。翌年、ハワードはアバにカリキュラム・コーディネーターをする教員を決めるように指示しました。それは、アバがもともと提案したアイディアでした。

　4年間にわたって、このパターンが繰り返されました。アバはアイディアを提案し、ハワードと議論し、そして完全に負けるか、自分のアイディアの実現のためには他の人の手を借りなければなりませんでした。

　アバはハワードとの関係において、自分の力が弱まっていくことを感

じるに従い、不満を募らせるようになりました。そして結局、彼女は辞職したのでした。

「私はハワードが校長としての権力をどのように使うかに関して、単純に無知だったのです。問題について議論しているとき、彼は非常に支配的で、いじめっ子のように権力を使う傾向がありました。しかし、ハワードに影響を及ぼせる人たちもいました。彼らはハワードとよくおしゃべりをしたり、冗談を言い合ったりしていました。ハワードのくだらないジョークを笑ったりする彼らは、婉曲的にハワード校長のご機嫌取りをしているように見えました。あたかも皇帝にひれ伏すような感じがしました。しかし、私の弁護士のような論理的アプローチは失敗したのです。彼らのアプローチは、明らかに私より効果的だったのです」

⑥犠牲者的地位の罠

コンフリクトの状況でパワーが弱い人々や集団は、仲間や外部の人々から注目されたり、道徳的であるという評判を得ることに心地良さを感じます。この被害者意識が弱者をより独善的にし、コンフリクトの解決に際して非常に硬直した態度を取らせ、抵抗力を強めます。

このような罠の例はたくさんあります。離婚問題では、当事者の一方、あるいは両方が元配偶者に不当に扱われたと感じています。訴訟中に、相手に対して極端で不可能な要求を突きつける光景をよく目にします。労働組合のメンバーは企業や経済界から虐げられ、無視されたと感じ、その痛みを分かち合うために長期間にわたるストライキをすることもあります。

国際的な舞台でも、パワーが弱い集団の窮状がメディアの注目を集め、結果として幅広い層からの支持を得ることをよく目にします。そして、支持が拡大することで、交渉のテーブルでの集団の要求や願望が非常に強まったり、あるいは、交渉から撤退する結果になることもあります。

たとえば、対人関係の問題で誰かが何の責任も取らないとき、コンフリクトを解決するより、むしろ被害者であるという優位性に甘んじたい

と思う人もいます。

　コンフリクトにおいてパワーが弱い集団の願望が大きくなることが問題だと言っているわけではありません。逆に、より高い目標を持つことは、弱い集団のためになります。しかしながら、コンフリクトの場で被害者として認識される立場になると、一切の妥協を許さなかったり、激しい抵抗を示すだけになり、結局、代償の高い罠になってしまうのです。

無力の竜巻──すべてがあなたにとって不利になるとき

　パワーが弱い者は、より困難な経験をします。彼らは、パワーのある者よりもコンフリクトの状況を正確に把握している一方で、その眺めはぼんやりとして、疲弊していて悲観的なのです。

　繰り返しになりますが、パワーが弱い人々のもたらす多くの結果は、困難で克服できない制約条件を作り出してしまいます。[25) パワーが弱いという心理的経験が、自らをさらに押し殺し続け、権力者側が支配権を維持することを容易にするのです。これでは完全な泥沼です！

対等なパワー関係での罠

　一般的に、力が均衡している者同士のコンフリクトは、不平等な関係の交渉より、建設的な交渉になります。

　対等なパワーを持つ者同士の場合は、複雑な戦略を取らなくても合意達成できることが頻繁にあります。お互いに譲歩し合い、支配的な戦術を用いることはあまりありません。[26) しかしながら、同等な力関係であっても、一方が事情に精通していない場合には、罠が待ち受けています。

①対等性の行き詰まりの罠

　国際交渉のケーススタディと分析の結果、相対的に対等なパワーの者同士のコンフリクトでは、当事者双方が降伏する気がないために交渉が行き詰まることがよく起こります。[27)

　さらに、対等なパワー関係では、意見の対立を率直にはっきりと表現

しやすくなり、不平等なパワー関係のものよりもコンフリクトが拡大していく傾向があります。

　ルーシーとカラは、研修を提供する非営利団体の新しいスタッフとして採用されました。カラが古い配布資料を使っているので、ルーシーがそれを指摘しました。

　カラは忙しすぎて、新しい配布物を揃えてコピーする時間がなかったと弁解して、「もし、あなたが新しい資料を揃えてくれるなら、私はそれを使うけど」と言いました。

　ルーシーが「古い資料は現状に合っていないし、不完全で、私たちの組織の印象が悪くなるのじゃないかしら」と言うと、「古い資料でも十分よ」とカラは答えました。ルーシーは自分が正しいと思っていましたが、これ以上話すことをやめました。

　「私はカラには同意できなかったけど、どうすることもできません。だって、私にはカラを指導する権限はないのですから」とルーシーは言いました。もちろん、配布資料のことだけなら問題ではありませんでした。しかし、この2人はその後、非常に大きな衝突をしたのです。

　ルーシーはコミュニティや組織に提供する研修効果を測定する評価方法を改善したいと思っていました。彼女は複数の評価方法を提案し、すぐに使い始めたいと考えていました。カラは別のアプローチを望んでいました。

　「何をもって研修効果というのですか。私たち自身の定義を明確にできるまでは、研修の評価は始められません。そうでなければ、関連性のないデータを収集するだけのようなものです。私たちの大局的視点は何ですか」

　どちらも、もっともな言い分でしたから、膠着状態から逃れられませんでした。2人とも上司が介入して、コンフリクトを「解決する」ことを望んでいました。つまり、対等な関係での話し合いの決着がつかないのであれば、双方より強い権力を持つ者に判断してもらわなければならないという間違った信念です。これが対等性の行き詰まりの罠です。

②巨人同士の罠──支配権争い

　パワーを持つ高い地位にある人々は、支配するという経験が豊富なので、すぐにでも権力を行使しようとする傾向があります。自分と同じような権力を持つ相手とのコンフリクトになった場合、合意達成をすることよりも、相手に対しての自分の立場を維持することに関心があるのです。[28]

　パトリックは小さいながら成功した会社の営業部長で、ビルは製造部長でした。2人は何かにつけて意見が合いませんでした。政策、雇用、契約、戦略、どんな話題でも2人のゲームが始まり、どちらも気持ち良く勝ちたいと思っていました。

　2人とも自然と相手を支配しようとし、言い争い、情け容赦ないほど論理的で頑固で、妥協はないと信じていました。そして、2人とも支配的なスタイルで自分たちの部署を管理していました。

　2人のマネジメント・スタイルは、多くの点で効果がありました。会社は毎年儲かっていたし、成長していました。各部門のメンバーは部長たちのマイクロ・マネジメント[D]にイラついていましたが、虐待的なものと感じる者はいませんでした。

　社長は2人の部長のアプローチと成果に満足していました。社長は議論好きな2人の関係を気に入っており、その関係を「創造的な緊張（creative tension）」と呼んでいました。社長は彼らのことを高く評価し、しばしば「勝者のチーム」として自慢しました。

　社長は、管理職レベル以下の人々にはほとんど注意を払っていなかったので、スタッフの士気について部長に質問することも、ほとんどありませんでした。ことわざ好きな社長は「終わり良ければすべて良し」と言っているので、パトリックとビルは、自分たちの関係はこのままでいいと固く決めていたのです。

D　マイクロ・マネジメントとは、細かいところまで規定し、部下に裁量権を与えないマネジメント方法。

ところが、大きな契約の問題が生じたとき、パトリックとビルのコンフリクトは組織を大きな混乱に陥れました。何百万ドルもの大損害が出そうなほどでした。各陣営が最初にやったことは、責任転嫁することでした。社長の功績は、非難のゲームではなく、解決策が欲しいと語ったことでした。

　社長は「私たちで損失を最小限にしたいと思います。そして、できれば、長い目で見たら、今回のことを顧客と共により良く取り組むための機会としての教訓としましょう」と言い、パトリックとビルに、問題を解決するために協働するように指示しました。

　しかし、2人にとっては「いつものゲーム」の開始でした。両者にとって、勝たないことは負けるよりも悪いことだったので、彼らは互いに戦い、もがき、最終的にはお互いを侮辱し合っていました。そのことは顧客の目からも明らかでした。結局、関係者全員が失敗に終わったのです。

③些細な違いが問題という罠

　コンフリクトにおいてパワーが弱い者は、相手に影響を与える力が自分にないという不安を感じています。だからこそ、自分自身の今の立場を守ることに懸命になる傾向があります。[29]自分と同じような地位の者にしてやられることは絶対に許せないのです。

　エリザベスが最初に得たキャリアは、大きな大学での心理学の准教授のポジションでした。彼女は他の若手研究者と協力して研究をすることに熱意を燃やしていました。彼女は、警察や消防士の精神衛生を調査するための多くの革新的なアイディアを持っていました。そして、学者としての彼女の成功の基盤となるオリジナルな理論の確立に役立つ研究グループを作ろうと考えていました。

　彼女は共同研究の可能性について、会議の準備をし、Eメールを送り、同僚に共著の論文を書こうと依頼しました。しかし、1年以内に彼女は落胆する羽目になったのです。縄張り争い、意見の不一致、利己主義や

その他諸々の厄介事があり、エリザベスに同僚との協力は難しいことだと悟らせました。

　同じ地位にある同僚たちと方向性、戦略、さまざまな研究プロジェクトにおけるキャリア上のメリットについて、彼女は合意を形成することはできませんでした。地位の低い者同士の協力は、なかなかうまくいかないものでした。

　そうしている間に、エリザベスは経験豊かな教授たちから、手始めに「適切な人々から注目を得る方法」として、彼らの研究を手伝わないかと誘われました。エリザベスは自分と同程度の地位の仲間たちと革新的な研究をするためのゴタゴタを続けるよりも、上司とのコネを作るほうが重要（少なくとも実現可能）だと判断しました。

　そして、自分の目標を変更しました。まずは地位と権力を確立しよう、自分自身の革新的な研究をするのはその後だと！

　パワーと人間関係には、誰にとっても役に立たない感情傾向、価値観、好ましくない行動がぎっしり埋め込まれています。事実、ここで概説した罠は、ほとんどが不利なものなのです。

　罠にはまらずに、コンフリクト・マネジメントをするためには、単なる気づきだけでは十分ではありません。次章では、自分たちのためになる代替行動とスキルを紹介します。

Chapter**3**
コンフリクト・
インテリジェンス

私たちは「人間関係」「目的の共有度」「権力の差」からコンフリクトの状況を認知します。この章では、7つのコンフリクト状況を解説し、それに応じたマインドセットと戦略の概要を紹介します。そして、「コンフリクト・インテリジェンス」に基づいた行動基準を提案します。

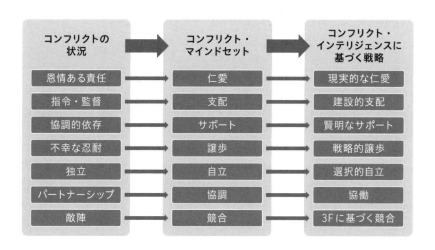

コンフリクトの 状況	コンフリクト・ マインドセット	コンフリクト・ インテリジェンスに 基づく戦略
恩情ある責任	仁愛	現実的な仁愛
指令・監督	支配	建設的支配
協調的依存	サポート	賢明なサポート
不幸な忍耐	譲歩	戦略的譲歩
独立	自立	選択的自立
パートナーシップ	協調	協働
敵陣	競合	3Fに基づく競合

1 | リージェント病院の場合

　コンフリクトがもたらす否定感情が蔓延し、コンフリクトの罠が組織の上から下まで、あらゆる階層に張りめぐらされ、みんなが無力感にさいなまれているとしたら、リーダー、社員、マネジャー、派遣社員、取締役、スタッフ、コンサルタント、はたまたインターンはどうすればよいのでしょうか。このような状況下で、私たちはどうやったら生き抜き、やりがいを持って仕事に取り組めるのでしょうか。

　本書の著者の１人であるピーターは20代半ばの頃、ニューヨーク市にある利益追求型の私立の精神科病院であるリージェント病院で働いていました。

　ピーターは「青年期病棟」（12〜25歳の精神障害を持った患者や麻薬中毒患者を収容する病棟）に新人のMHA（精神科看護助手）として雇用されたのですが、これは、専門スタッフに命じられたことは、何でもしなければならないという立場でした。そして、ピーターにとって、大学卒業後初めての階級差別の激しい、非常に政治的な組織での体験となりました。

　精神科病院には、非常に複雑な政治的構造が存在します。正式の病院運営機関（院長、経理部長、人事部長など）に加え、精神科医（実権を持つ）、臨床心理士（実権もどきを持つ）、看護師スタッフ（本当の実権を持つ）、保険会社（万能、無限の力を持つ）、労働組合や患者支援団体（いくらかの力を持つ）、患者とその家族（微力）、残りのスタッフ、たとえばMHA（ゼロ、無力）です。

　そのうえ、リージェント病院は病院運営に首を突っ込む大きな会社組織の下にありました。ですから、ピーターは働き始めると、小さな歯車のように扱われ、頻繁にわけがわからない状況に直面し、他の人々の権力闘争のただ中に放り込まれ、理解を超えた状況では何の力も発揮することができなかったのです。ピーターは無力で、とてもストレスが溜まっていました。

米国における精神医療産業が劇的に変化した1980年代の後半に、ピーターがリージェント病院に来たのも運命のいたずらでしょうか。それまで、精神科病院の治療に対してはどちらかといえば放任主義的であった保険業界が突然引き締めに出てきて、病院の規定や手続きに大きな変更を求めてきたのです。

　つまり、病院内での性的行為、麻薬使用、暴力行為をした患者は、自動的に退院させるという規定が覆されることになりました。これからは、入院中にそのような行為に及んだ患者は退院させるのではなく、彼らの意に反してでも、より長く入院させなければならなくなったのです。

　その結果、病院は以前よりも危険で恐ろしい場所になり、暴力的な人々の増加に伴い、ニューヨーク市警察の特殊部隊の訪院回数も増えましたし、あらゆる種類のコンフリクトが爆発的に増加しました。そして、病院内に暴力と恐喝という新しい権力がはびこり始めました。

　想像に難くなく、病院のポリシーの変更は騒乱を招き、院内の複雑なパワーバランスは大きくかつ頻繁に揺れ動きました。こうした危機的状況の間、医師や看護師たちの持つ権力は、身体の大きい筋骨隆々としたMHA（ピーターは含まれません）や建物のメンテナンス係、または、危機管理能力と交渉力のある人々に委ねられました。

　危機が過ぎると、院長、医師、看護師たちは病院の運営権を取り戻そうとしましたが、彼らの権威はゆっくりと弱体化し、危機管理チームの権威は反対に上昇しました。すべての関係者にとって、つらくストレスの溜まる時期でした。平穏な日常はなくなり、秩序がなく予測不可能で悪意に満ちた日々になってしまいました。

　しかし、ピーターにとっては、その混乱は最もつらいことではありませんでした。最も心を痛めたことは、ピーターの地位が組織の中で上がったことで、親しくなっていた仲間のベテランMHAたちとの間に摩擦が生じ、そして、それがピーターに対する反感にまで発展してしまったことでした。

　これは、ピーターが仲間を監督する立場に昇格したときに始まり、リ

ージェント病院のマーケティング部長に任命されたときに頂点に達しました。

　本章では、職場におけるコンフリクト、パワー、変化に対する著者たちの取り組み方の全体像を提供します。まず、取り組み方の前提となる理論を説明し、著者たちが行った調査・研究の結果を紹介します。そして、パワーとコンフリクトに対処するための7つの戦略を簡潔に説明します。

　それでは、あなたがピーター・T・コールマンであると想像してみましょう。

　あなたは20代半ばで、真面目で、青臭く、「思いやりは変化をもたらす」という看板を掲げるリージェント病院に初出勤します。時刻は朝の7時です。看護師長は先ほど突然、新任MHAのオリエンテーションを頼まれ、「死ぬほどイヤ！」とつぶやき、不機嫌です。そして、「私の気分が収まるまで待合室で待っているように」と、あなたに言ったのです。

　あなたはナースステーションを出て、空気がよどみ、患者であふれ、痛みと不安が蔓延する待合室に入ります。心を強く持ちながら空いた席に座り、隣のパジャマを着た若い女性患者に自己紹介します。話をしてみると、彼女がニューヨーク市出身で、名前はグロリアといい、入院して3カ月になることが判明します。彼女は話すのが楽しいようで、どうして入院することになったのかを話し続けます。

　突然、「すみません、コールマンさん、コールマンさん！　来てください！」の大声が。あなたが振り向くと、看護師長の顔、その隣に身体にピッタリとしたスーツを着た顔色の悪い男がにらんでいます。

　あなたはグロリアさんのもとを離れ、ナースステーションに連れ戻された後、ピッタリスーツの男から、患者と個人情報を話すことは規則違反であると、こってり油を絞られます。ピッタリスーツの男は、実はチームの臨床心理士です。看護師長は、彼の痛烈な叱責が終わり、退室するまでそばに立って静かに、しかし、厳粛に聴いています。

あなたが振り返ると、看護師長はニッと笑って「リージェント病院にようこそ」と言ったのです。

　ここで、あなたは、「いったい何が起きたんだ。これからどうしたらよいのだろう？」と問うことでしょう。

　実は、いま起きたことは、かなり典型的なことなのです。コンフリクトは何の前触れもなく、空から降ってくるようです。コンフリクトが突然に爆発するときは多くの場合、私たちはびっくりし、準備ができていません。言葉を失ったり、または逃げ腰になったり、後悔するような攻撃的なことを言ってしまったりします。

　私たち著者の考え方は、基本的に明快です。コンフリクトは特定の人間関係または社会的状況（蓄積された感情的な部分とそれに伴う罠を含む）の流れの中で起きます。

　その朝のリージェント病院での社会的状況は精神科病院の青年期病棟であり、人間関係の問題は看護師長と臨床心理士の間にありました。ピーターは単なる歩兵だったのです。

　この感情的な状況では、2つの事柄が私たちのコンフリクトへの反応を決定します。人と状況です。私たちのコンフリクトへの対応パターンは、多くの個人的要因の影響を受けています。

　たとえば、性格、気質、習慣、文化的背景、教育、ジェンダー、社会的知性、トレーニング、学歴、社会・経済的階級、親や同輩からの影響、メディアなどが挙げられます。これらの要素が長い間にわたって、私たちのコンフリクトに対する反応のデフォルト（初期設定）を作り上げています。

　ピーターは若く、情緒豊かなアイルランド系と情熱的なフランス系の血筋を持つアメリカ人でカトリック教会系の学校教育を受け、男性であり、労働者階級出身ですが大学教育を受け、アルコール依存症ではあるものの誇り高い父親の息子として生まれ育ちました。だから、ピーターは、かなり怒りっぽい性格だったのです。

しかし、これらのコンフリクト対応傾向は、真空状態で起きるのではありません。最も基本的なレベルで、そのときの状況と人間関係の感情の蓄積から生じます。

リージェント病院で、ピーターは勝手のわからない新しい職場状況と人間関係の下に置かれましたが、不安と不確かさに悩まされながらも、怒りを爆発させやすい彼の気質を抑えられるだけの感情のコントロールができる状態にあったのです。

2 ｜ コンフリクトの状況

コンフリクトに直面したとき、私たちの多くは、反応する前に状況判断をすることができます（これが、リージェント病院の初日にピーターが行ったことでした）。コンフリクトの状況で、私たちが直感的に焦点を当てる3つのポイントがあります。

- **人間関係**……相手は私にとってどれだけ重要か。私のニーズを満たすために、現在や未来に相手を必要とするでしょうか。私はこの関係、これからの関係を維持したいのでしょうか。この状況から去っても、支障はないのでしょうか。
- **共有する目的**……相手は私に賛成か、反対か、それとも両方か。相手は私の味方でしょうか。私たちは目的や関心事を共有しているでしょうか。相手は私を助けてくれるでしょうか。逆に障害となるでしょうか。信用してよいのでしょうか。
- **権力差**……私の持つパワーは相手側より強いか、弱いか、それとも同じか。ここを仕切っているのは誰でしょうか。相手は私を従わせる力を持っているでしょうか。それとも、私のほうが相手を従わせる力を持っているのでしょうか。長期的視点ではどうでしょうか。誰が支配力を持っているのでしょうか。

これら3つのポイントを考慮する時間があれば、私たちがコンフリクトに対して習慣的に取る行動を抑制し、どのような反応や対応をするべきか、つまり、コンフリクトに対する戦略と戦術がおおむねわかってきます。

　これらは、コンフリクトの状況での最も基本的な3要素と考えられます。次にこの「人間関係」「共有する目的」「権力差」を考慮に入れて、7つの状況を説明します。

- **恩情ある責任状況**……相手側より自分のほうが強い権力を持ち、目的と関心を相手と共有し、相手との関係が重要であり、うまく対応しなければならない状況。親子関係、上司と部下の関係、教師と生徒の関係が建設的な場合です。
- **指令・監督状況**……相手側よりも自分のほうが相対的に権力は強く、双方の目的が競合している、あるいは対立している状況。しかしながら、前進するには相手との関係を維持し続ける必要がある状況。ピーターがリージェント病院に初出勤した日の臨床心理士との状況は、これに該当します。
- **協調的依存状況**……相手側よりも自分のほうが権力が弱く、目的に関しては協力的または補完的関係にあり、良い人間関係を維持することが重要な状況。これは、ピーターがリージェント病院で臨床心

[図表**3-1**]　**3つのポイントと7つの状況**

状況	人間関係の維持	双方の目的共有度	相手に対する自分の権力
恩情ある責任	重要	共有	強い
指令・監督	重要	競合	強い
協調的依存	重要	共有	弱い
不幸な忍耐	重要	競合	弱い
独立	重要ではない	無関係	無関係
パートナーシップ	重要	共有	対等
敵陣	重要	競合	対等

理士から油を絞られた後、看護師長と話したときの状況に該当します。ピーターにとって看護師長は不可欠な存在であり、上司です。そして、あの臨床心理士を共に軽蔑していることが、その後に話してわかりました。

- **不幸な忍耐状況**……自分が相手より権力的に弱い存在であり、目的が全く一致していないにもかかわらず、相手との関係を維持し続けなければならない状況。ピーターがナースステーションで他の人々が見ている前で、臨床心理士から屈辱的な扱いを受けた状況が該当します。

- **独立状況**……自分が相手との関係を維持する必要性がきわめて低い状況。このような状況では、権力関係や目的の共有は問題になりません。たとえば、もしピーターが病院で雇われなくても個人事業主やフリーランスとして十分に収入があったり、リージェント病院での仕事に未練がなかったり、その朝に他の病院から、より良い引きがあったりしていたなら、初出勤の日の臨床心理士とのコンフリクトは全く異なる体験となったでしょう。

- **パートナーシップ状況**……権力関係がほぼ同等で、相手と協調できる目的を共有し、良い人間関係を維持する必要性が高い状況。これは、職場での同僚や仲間との関係に多く見られるものです。

- **敵陣状況**……相手との権力関係はほぼ同等であるが、双方の目的が明らかに競合したり、対立しているにもかかわらず、人間関係を維持し続けなければならない状況。この状況において、お互いが主張し続けると、激しい論争が繰り広げられ、コンフリクトが拡大し、膠着状態に至ります。

これら7つの状況は、人間関係の重要性、目的の共有、権力差を組み合わせた場合の代表的なもので、極端な状況です。私たちは通常、これほど極端ではない状況に直面します。

しかし、これら7つの状況を知っておくことにより、日常で私たちが

遭遇するコンフリクトを理解するカギとなり、いろいろなコンフリクトを克服するための事前学習をすることができます。

コンフリクトの状況が極端であればあるほど、自分の性格や気質に根差した習慣的な反応をしてしまうことから、事前学習は私たちを守ってくれます。確かに強い個性は、コンフリクトへの反応を支配しがちです（ドナルド・トランプ大統領が好例です）。しかし、極端に強烈な状況は、個性を乗り越えた行動を要求します。

3 ┃ コンフリクト・マネジメントのための マインドセット

私たちの調査・研究の結果、これらの状況はコンフリクトの当事者の事実認識、感情、行動に影響を及ぼす異なるコンフリクト・マインドセット[A] を誘発することが判明しました。

私たちは多くの社会人を対象に調査し、次の2点を特定しました。

①これらのコンフリクトの状況がどのようなマインドセットを人々にもたらすか。

②これら7つの状況において用いられる最も効果的な戦略と戦術は何か。

私たちは、これらの状況下で何が起きているかを明確にかつ微細な点まで理解するためにフォーカスグループへのインタビュー調査、シミュレーション研究、意識調査、実験室研究を行いました。

その結果、7つのコンフリクトの状況に最も適したマインドセットがあることがわかりました。以下にそのマインドセットを説明します。

A　マインドセットとは、習慣的なものの見方、思考様式、心理状態を意味する。

仁愛——恩情ある責任状況に対応

　仁愛は情け深い心で人を思いやることです。仁愛は、多くの米国人マネジャーから報告されているコンフリクトへの取組みです（しかし、私たちは過剰に報告されていると疑っています）。

　これは、積極的、協力的、良心的なアプローチで、権力を持つ者が問題解決の責任を担い、相手側の言い分に耳を傾け、弱者の気持ちに真摯に寄り添い、建設的なコンフリクト・マネジメント行動の手本を示そうとする心のあり方です。これには、オープンな対話、社会性のある模範的行動、協働的問題解決などの建設的行動が含まれます。

　仁愛は、多くのコンフリクトを解決に導く非常に効果的な態度であることは実証済みですが、使いすぎたり、不適切な使い方をすると逆効果になることもあります。この点については、第4章で詳しく述べます。

支配——指令・監督状況に対応

　この対応はよく見られるものですが、管理職やマネジャーからはあまり報告されないものです。これは、リージェント病院でのあの朝、そして、それ以降も臨床心理士がピーターに対して取った態度でした。

　コンフリクトに際して、直接的で対立的、時には冷酷で脅迫的な反応をもたらすマインドセットです。自分の権力の維持に重点が置かれ、相手が被る影響には、ほとんど配慮しません。相手を支配する、時には喰

[図表**3-2**] **コンフリクト・マインドセット**

仁愛	積極的、協調的、コンフリクトに対して責任をとる志向性
支配	支配しコントロールしたい志向性、場合によっては搾取したい
サポート	依存、従いたい、支援を受けたいと思う志向性
譲歩	ひたすら我慢し、被害者意識を持つ志向性、切れたら、拒否、妨害行為だ！
自立	独立して、1人でやっていく、一匹狼的
協調	手助けする気持ち、率直さ、信頼と友情を持っている
競合	Win-Lose ゲーム、さもなくば、戦いだ！

いものにすることによって自分が勝ち、自分の利益を最大にすることに価値を置きます。相手に対する共感力が全くなく、策略や暴力、嘘偽りを用いて自分の目的を達成しようとします。

このマインドセットの代償と悪影響はよく知られていますが、日常的に行われ、時には必要な戦略であることも、調査から判明しました。実は、その悪名の高さゆえに、使う必要があるときに使われないこともよくあります。第6章では、支配に焦点を当てて説明します。

サポート——協調的依存状況に対応

このマインドセットは、監督される側、地位が低い人々からよく報告されています。目上の相手を肯定的に評価して尽くします。また、互いにリスペクトしながら仕事の責任範囲を確認し合ったりします。

上司の関心事や行動に注意を払い、自分が不適切な行動を取ったと思った場合は謝ります。日頃は良い関係にある上司と万が一、コンフリクトが起きた場合、上司のことを心から気遣います。

しかし、下心がないわけではありません。目上の人、上司、リーダー的立場の人の手助けをしながら、相手からの支援を見返りとして期待しています。権力が強い相手とのコンフリクトでは不安や混乱を感じますが、その交渉相手や関係者たちからの支援を求めます。そして、目上の人の相手の指示に真摯に従いながら相手のために力を貸します。

この態度は一般的ではありますが、使いすぎると、支障をきたすこともあります。詳細な分析は、第5章でご紹介します。

譲歩——不幸な忍耐状況に対応

これはつらいものです。米国の社会人には軽蔑されているマインドセットですが、実は米国の職場でもよく実行されています。

一方で、集団主義的または権威主義的な文化の労働者は、このマインドセットを受け入れています。[1]

これは、ピーターがリージェント病院で臨床心理士から怒鳴られたと

きに最初に取った反応でした。強いストレスと怒りが生じ、静かに状況を耐え忍ぶべきと信じ、この場から逃れられるならサッサと問題を片づけてほしいと強く願うようなマインドセットです。

　私たちは強い不安と憤りを感じ、自分が傷つかないことを第一に考え、防御し、逃避するチャンスをうかがいます。その一方で、相手の仕事のペースを遅らせたり、業務が滞るような妨害行為を秘かにするといった強力な抵抗戦術を行うこともできます。

　フォーカスグループ調査では、私たちが問いただして初めて、参加者は職場で行った妨害行為を認めました。そして、上司たちへの巧妙な復讐方法を嬉々として詳しく話してくれました。

　非常に高度な戦略ですが、マスターできれば、これは上司や上層部を操縦する必要不可欠な技になります。これは第7章で扱います。

自立——独立状況に対応

　これも、非常に多く用いられるアプローチですが、あまり報告されることはありません。これは、短期、長期にわたってたいして重要でないと思われる状況や人間関係において見られます。

　コンフリクトが重要でないので、交渉することをあきらめるか、人間関係に終止符を打とうと考えます。言い換えれば、コンフリクトにかかわる価値を見出せないのです。他の手段で自分のニーズを満たし、目的達成ができるからです。サッサと身を引くというわけです。

　この方法はコンフリクトを避ける一手、または、交渉で影響力を持つために使われることがあります。しかし、組織やコンフリクトに真剣にかかわっている人々からは非常に懐疑的に見られ、軽蔑されることもあるので、めったに使わないほうが賢明です。第8章で詳しく解説します。

協調——パートナーシップ状況に対応

　協調的で対等な権力関係でのコンフリクトの状況では、目的と運命は共有されているので、良い結果をもたらします。つまり、信念と態度の

類似性の確認、助け合いと率直なコミュニケーション、互いの信頼と友情、共通のインタレストへの敏感な察し、相反するインタレストを重要視せず、互いの権力差を意識するのではなく、互いのパワーを強化し合うのです。[2]

　協調的で対等な権力関係でのコンフリクトの状況では、建設的な話し合いが可能になることは、すでに長年の研究から明らかになっています。そして、統合型交渉またはWin-Win型交渉と呼ばれる多くのモデルはこの点を強調しているので、本書ではこれに一章を割くことはしません（『ハーバード流交渉術』『決定版ハーバード流"NO"と言わせない交渉術』『人と組織を強くする交渉力』など、多くのWin-Win型交渉に関する本を参照してください）。[3]

　このアプローチは確かに効果がありますが、単に習慣的に応用するだけでは本質的な解決にならない可能性があります。協調的アプローチは権力差があるコンフリクトの状況では、効果を発揮できません。

競合——敵陣状況に対応

　対等な権力関係にあり、人間関係が重要であっても、目的が相反する場合、私たちは限られた資源を求めて勝つか負けるかの勝負に出る傾向があります。相手を疑い、敵対的態度を取り、強要、脅迫、欺瞞、質の低いコミュニケーションを行います。その結果、コンフリクトの争点の重要性が増し、硬直化し、規模が拡大します。

　このような競合的状況の逆効果については、すでに詳細に立証されています。典型的には協調的状況とWin-Winアプローチの対比[B]として紹介されています。モートン・ドイッチの『紛争解決の心理学』を参照

B　日本では、協調的アプローチに基づく交渉は、「統合型交渉」「ウィン・ウィン（Win-Win）型交渉」「問題解決」といった用語で紹介されている。競合的アプローチに基づく交渉は、「分配型交渉」「ウィン・ルーズ（Win-Lose）型交渉」「奪い合い」といった用語で紹介されている。

してください。

　さらに、Win-Lose戦略（分配型戦略）に関しても、詳細に分析されています。ノーベル経済学賞を受賞したトーマス・シェリングの『紛争の戦略——ゲーム理論のエッセンス』を参照してください。[4]

　したがって、ここでも著者たちは、競合的な「Win-Lose型交渉（分配型交渉）」については他の著者に譲り、本書では詳しく扱いません。[5]

　皆さんがお気づきのとおり、7つのコンフリクト・マインドセットには、交渉者自身の心理構造、相手側のマインドセット、状況の性質によって、それぞれ特定の効用、メリットとデメリット、結果と波及効果があります。

　しかしながら、人は特定のコンフリクトの状況に長くいると、その状況に適合した強いマインドセットを形成する傾向があります。特定のマインドセットが一度形成されると、変えることが困難になることがあります。たとえ、自らの目的と合わなくなっても、コンフリクトの強度が軽減されても、社会的条件が変化しても、マインドセットに基づく物事の捉え方や態度を変えるのは容易ではありません。

4 ｜ あなたのマインドセットをチェックしよう！

　簡単なコンフリクト・マネジメント自己診断表（コンフリクト・インテリジェンス診断の短縮版＝CIA-SF）に記入し、採点してみてください。これをすることで、職場での多様なコンフリクトに対処するときのあなたの強みと弱みなどを含む、おおよその傾向を知ることができます。[6]

以下の問いに対して、どのくらい頻繁にその行動を取る傾向があるかを数字で答えてください。各問いには、直近の職場でのこととして答えてください。

0 ＝該当しない　　1 ＝無　　　2 ＝まれ
3 ＝時々　　　　　4 ＝頻繁　　5 ＝いつも

1　部下とコンフリクトが生じた場合は、公平に解決するために2人きりでとことん話し合います。 □

2　部下とコンフリクトが生じた場合は、私は自分に与えられた権限を用いて、相手がすべき仕事を実行させます。 □

3　上司と私の間にコンフリクトが生じた場合、私は注意を払い、互いに理解し合えるよう、傾聴を心がけます。 □

4　部下とコンフリクトが生じた場合は、私は協調的に話し合うように働きかけ、私の懸念を相手に伝えます。 □

5　職場でコンフリクトに遭遇した場合は、その場から去るようにします。 □

6　従業員とコンフリクトが生じた場合、管理職としての私の考えに従ってもらいます。 □

7　職場でのコンフリクトに巻き込まれたら、私はすぐにその状況から逃れ、別の方法を探します。 □

8　上司との間にコンフリクトが生じた場合、相手の意見を注意深く聞き、その後、双方のためになる解決案を提案します。 □

9　コンフリクトがあるときは速やかに上司に従います。トラブルはごめんです。 □

10　私は職場のコンフリクトにかかわりません。かかわる価 □

値がないからです。

11 私と部下たちの間でコンフリクトが生じた場合は、責任
　　ある行動とはどうあるべきかの模範を示します。 ☐

12 たとえ上司との意見の対立があったとしても、常に相互
　　理解を達成するために努力します。 ☐

13 コンフリクトが生じたら、職を失わないために上司に譲
　　歩します。 ☐

14 直属の部下とコンフリクトが生じた場合、彼らの言動が
　　その後に影響を与えることを明確に伝えます。 ☐

15 上司と緊張関係にあるときは、緊張が去るまで私はじっ
　　と耐え抜きます。 ☐

16 同僚と議論になったら、私は勝つために戦います。 ☐

17 従業員の誰かとコンフリクトが生じた場合、勝つために
　　は手段を選びません。 ☐

18 仲間とコンフリクトになった場合、私は非常に闘争的に
　　なります。 ☐

19 同僚たちとコンフリクトが生じた場合、私は全員が重要
　　だと思っていることにフォーカスした解決案を提案しま
　　す。 ☐

20 従業員の誰かとコンフリクトが生じた場合、共に考える
　　ことによって問題を解決できるという立場を取ります。 ☐

21 仲間とコンフリクトが生じた場合、互いに合意できる部
　　分を見つけ、そこから解決策を考えます。 ☐

〈採点〉

各設問の数字を記入し、合計点を出してください。

マインドセット	設問			合計点
仁愛	問1	問4	問11	
支配	問2	問6	問14	
サポート	問3	問8	問12	
譲歩	問9	問13	問15	
自立	問5	問7	問10	
協調	問19	問20	問21	
競合	問16	問17	問18	

　さて、これらの数字は何を意味するのでしょうか。7つのマインドセットの合計点を見てみましょう。合計点が3〜4点は低い、12〜15点は高いと考えてください。

　図表3-3は、私たちの研究で明らかになった典型的なコンフリクト・インテリジェンス診断の平均値を示すグラフです。このグラフの数字と、あなたの数字を比較して振り返ってみてください。

　何か気づいたことがありますか。特に高い、あるいは低い数値があり

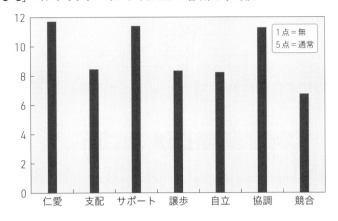

[図表3-3] コンフリクト・インテリジェンス診断の平均値

1点＝無
5点＝通常

ますか。意外な数値はありますか。数値を上げる、あるいは下げたほうがよいと思われるマインドセットがありますか。

　私たちの研究では、これら7つのマインドセットすべてに平均値より少し高い数字を出す人は職場で楽しく働けていることがわかりました。

5 ｜ マインドセットから戦略に

　『孫子』に「算多きは勝ち、算少なきは勝たず。而るを況や算なきに於いてをや」[7]とあるように、戦いの前に状況分析をし、戦術を考えたうえで勝算を判断できた人が勝つのです。

　私たちの研究から、状況に合ったコンフリクトへの取組みを意図的にかつ戦略的に用いる人のほうが成功率が高いことがわかりました。

　言い換えれば、以下の戦略を選択した場合です。

　①恩情ある責任状況には**現実的な仁愛**
　②指令・監督状況には**建設的支配**

③協力的依存状態には**賢明なサポート**

④不幸な忍耐状況には**戦略的譲歩**

⑤独立状況には**選択的自立**

⑥パートナーシップ状況には**協調**

⑦敵陣状況には**競合**

　このように状況に合わせて戦略を選択した人々は、仕事とコンフリクトに比較的満足しているといえます。そして、効果的にやれるという気持ちを持って、自分たちのコンフリクトや生活をコントロールします。これを私たちは「状況対応力（adaptivity）」と呼んでいます。

状況対応力

　コンフリクトの状況に合わない対応をすると、違和感があり、周りの人に悪影響を及ぼし、通常は良くない結果になります。状況に適したアプローチを用いるほうが長い目で見ると、より満足できるプロセスと結果に至るでしょう。

　コンフリクトの展開に応じて対応できる能力を「状況対応力」と呼びます。これを高めていくことで、刻々と変化するコンフリクトの状況を読み取り、状況に適合したマインドセットになり、それぞれの戦略と戦術を用いることができます。そして、あなた自身の短期的および長期的な目的を達成するのです。この点については、第9章で扱います。

　前出の事例に即して説明しましょう。ピーターはリージェント病院で2年間勤務する間に自分のリズムを把握しました。彼は、危機的状況と病棟での権力の変化に効果的に対応し、ストレスの多い状況でリーダーになれる人物であると周りから認められました。

　しかしながら、病院は組織変革の移行期で混乱状態にあり、権力の座にある人々の多くが変化に対応できず、むしろ障害となっているようでした。もちろん、変化と意思決定の遅延がもたらした痛みを一番感じていたのは、スタッフと患者たちでした。

この時点でピーターは直属の上司を飛び越え、CEO（最高経営責任者）との面談の予約を取ったのです。1週間後にピーターはCEOと面会し、観察したことや懸念していること、そして考えられる解決策について話しました。

　この面談の結果、彼は病棟の上級MHA（精神科の看護助手）に任命され、最年少にもかかわらずベテランのMHAたちを監督する立場になりました。そして、数カ月後にはCEOの指示でコミュニティ関係部門に異動となり、1年後には病院のマーケティング部長に任命されました。

　夢のようですね。

　しかし、これには犠牲が伴いました。ピーターは、医師、運営事務職員、会社の上層部、正看護師、患者支援者、ニューヨーク市の市民運動家など、それぞれの立場の人に合った対応行動が取れる状況対応力を高める必要がありました。

　彼のかつての友であり同僚であったMHAとは、コミュニケーションをとり、交渉するのは非常に困難になりました。彼らは昇進したピーターを受け入れませんでした。そして、上級MHAになったピーターに反感を持ったものの、しぶしぶ従いました。一線を越えてしまったのは、ピーターが管理職になり、マーケティング部長を任されるようになったときでした。

　ピーターは会社の手先になり、病棟の「治療にかかわる人たち」を金と地位のために売った裏切り者だと思われてしまいました。ピーターの新しい役職は、彼らにとっては全く重みがなく、時が経つと1人の例外を除いて、かつての全同僚との接触がなくなってしまいました。時間の経過とともに、両者の間には否定感情が蓄積され、最終的にそれを拭い去ることができなかったのです。

　教訓：大半のコンフリクトは、どうにか良い結果に導けるが、どうすることもできないものもある。

状況対応力の限界

　本書で紹介しているコンフリクト・マネジメントに対する状況対応アプローチは、すでに何千とは言わないまでも何百もの学生、従業員、マネジャー、世界中のリーダーの役に立ってきた革新的なモデルです。

　しかしながら、状況対応力には主に2つの限界があります。

　第1に、紹介したすべてのコンフリクト戦略が、破壊性、複雑さ、拡大力の視点から見て、同質なものとはいえないのです。支配、競合、譲歩は後戻りできない犠牲を伴う道に舵を切らせる可能性があります。したがって、これらは、できればあまり使わないほうがよいでしょう。より協調的な戦略、仁愛、協力、サポート、それに自立を用いたほうが、長い目で見ればコストを抑えられて建設的です。これらの戦略は出発点であり、やり直すときの原点になります。

　第2に、1960年代の米国を知っているリベラル派（「隠れ急進主義」かもしれませんが）である私たち著者は、つい「状況に合わせることって本当に良いことなのか？」と考えてしまうのです。倫理的に間違っている、不道徳である、抑圧的、違法、単に愚鈍であるというような関係、状況、環境にあるときはどうしたらよいのでしょうか。

　このような状況では、もっと極端な方策が必要です。著者たちが道義的反乱と名づけた非適応対応が必要になるでしょう。これが、最後の手段、最終戦略です。詳しくは第10章で述べます。

6 ｜ コンフリクト・インテリジェンスの行動基準

　結局のところ、コンフリクトに対して知性ある行動をしていると判断するにはどうしたらよいのでしょうか。コンフリクト・インテリジェンス行動について、以下の基準を検討しましょう。

　①**マインドフルネスを実践すること**……マインドフルネスとは、判断

をせずに、いま起きていることにしっかりと意識を向け、感じ、気づく心理的なプロセスをいいます。コンフリクトの最中にやってしまいがちな言動、感情を揺さぶる地雷、落とし穴が見えなくなることなどを知っていて、自覚している状態です。自分自身に対するさまざまな自覚があるから、行動や感情をコントロールし、罠を避け、理想的には効果的な方向に誘導していくことができます。

②**戦略的であること**……現時点で自分が欲するもの、自分の目的をかなり明確に意識したうえで、どの戦略が有効で現実的であるかを正確に捉え積極的に行動することです。

③**感情を認識すること**……理性的な計算に基づくだけではなく、関連する人間関係における肯定感情と否定感情の比率を十分に理解していることです。

[図表**3-4**] コンフリクト・インテリジェンス

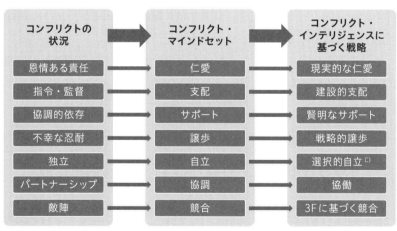

C　公平（Fair）、揺るぎない（Firm）、友好（Friendly）に基づいた競合を意味する。限られたリソースを得るためのWin-Loseのゲーム。自分の取り分を最大限にしようとするが、公平に友好的な態度を保持しながら自分のボトムラインをしっかりと守る戦略。

④**状況変化に対応すること**……私たちの生活は社会や政治の影響を受け、絶えず変化していきます。その変化が要求することに対応することです。現状に合わせて、自分自身の行動を変化させられることです。

⑤**時を意識すること**……過去の情報を知り、現在のニーズと人間関係を把握し、将来のニーズ、波及効果、関係性について最善の予測をすることです。時間とともに関係性は変化し、うまくいかないときもありますが、それがコンフリクトなのです。

⑥**規範的であること**……プライベートな生活や職場でのコンフリクトの状況は通常、合法的範囲で行われるものです。コンフリクトは、合法的、道徳的、道理にかなった行動の範囲内に存在することを前提にしましょう。違法行為や道徳に反するようなコンフリクトに巻き込まれているならば、そんな規則は破り、組織に合わせることを拒否し、権力と戦わなければなりません。たとえば、理不尽なハラスメント、DVやブラック企業に対して立ち上がる必要もあるのです。

　続く章では、あなたのコンフリクト・インテリジェンスを高め、コンフリクトが良い結果をもたらすための7つの戦略を詳細かつ具体的に説明します。

現実的仁愛

現実的な仁愛

私の目的を達成するためには……

- 部下と権力を分かち合う
- 意見が合わないときは話し合う
- 上司と部下の成功は「相互依存」である
- 上司と部下の目的は整合性が取れているので、協調が最良の術
- 部下に対して、直接的、互恵的、協調的な戦術を使う

意見が合わないときは「パワーを共有」

あなたが紛争相手よりも強い権力を持ち、相手と共有できる目的や関心があり、その人間関係を重要だと感じ、うまくやっていきたいと思っている状況に有効です。

状況	人間関係の維持	双方の目的共有度	相手に対する自分の権力
恩情ある責任	重要	共有	強い

1 | はじめに

　ジンジャー・L・グラハムは、1993年に医療メーカーのCEOに就任しました。[1] 現在の会社でのモラルの低下、顧客の不満、研究開発と製造の部門間の対立などの問題が彼女の肩にのしかかってきました。

　一般的に組織で権力のある人々には、すべての解答を知っていることが期待されていますが、ジンジャーは従業員を前にして、会社を救う方法がわからないと言ってしまいました。従業員たちに自発的にアイディアを出してほしいと本気で思っていたのです。

　ジンジャーは役員レベルの人と一般社員の人とでコーチングのペアを作りました。彼女は配送センターで働く従業員とペアになりました。数カ月にわたり彼から会社の指導部は従業員にとって遠い存在で、問題の解決を避けているように見えると耳にタコができるほど聞かされました。

　従業員がコーチ役となることで、役員は数多くの問題が解決可能であることがわかりました。それはジンジャーが権力関係を逆にしなければわからなかったことでした。

　あなたが権力を持っていて、部下に彼らのアイディア、努力、気概を共有してもらいたい場合は、まず、自分の持っているものを相手に提供する必要があります。

　部下を意思決定に参加させるということは、経営陣の権力を部分的に分け与えるということです。欧米の多くの管理職と役員は、権力と影響について、この点を理解しています。管理職と役員は商品、情報、意思決定、権威を独占しなければ、それらを失ってしまうと恐れるのではなく、情報開示し、共有することによって、より多くのものを得ることができます。

　1900年代の経営学の第一人者メアリー・P・フォレットは、パワーはゼロサムゲームとしてではなく、共有して拡大するものと理解していました。

　1920年代、米国の組織は競い合う男性に支配されていました。足の

引っ張り合い、暴力が職場に蔓延していました。だからこそ、当時のフォレットのパワーとコンフリクトについての考え方は革命的なものでした。彼女の考え方は今日でもパワー、コンフリクト、リーダーシップについて革新的なアプローチであり続けています。そして、私たちの思い込みに警鐘を鳴らしています。

　通常、パワーは「他者を支配する力」として考えられ、日本語では「権力」とよく訳されている概念です。一方でフォレットは、「他者とパワーを共有する」ことも可能であると主張しました。フォレットは、このタイプのパワーを協力的かつ互恵的なものと見なしました。[2]

　フォレットによれば、コンフリクトは目的達成のために協働するプロセスで必ず生じるものです。管理職や職場のリーダーは、チームメンバーと持ちつ持たれつの関係であることを認識する必要があります。そして、フォレットはコンフリクトがないほうが問題であると説いています。なぜなら、安易な意見の一致はことなかれ主義だからです。メンバーは他人事として取り組み、主体性がなく、問題意識もなく、責任回避をしていると主張しています。[3]

　結婚、家族、学校、その他の組織に関するこれまでの研究は、フォレットのパワー（協調的な権力）とコンフリクトの考え方を全面的に支持しています。[4] 仁愛あるリーダーシップ、[5] 参加型リーダーシップ、[6] 従業員のエンパワーメント、[7] 権力の共有、[8] そして、コンフリクトを肯定的に捉える組織[9] などの研究からも、同様の結果が導き出されています。

　権力差の建設的利用やコンフリクトから肯定的な結果を得られる確率が高まるのは、人々が職場で自分が十分に受け入れられ、自分の価値を実感し、成果目標が共有され、協働し、正当な報奨がある場合であることが実証されています。

　コンフリクトにおいて現実的仁愛を行使することでメリットが得られるのは、下記のような状況です。

• 目標達成のために相手との関係を維持する必要があり

- 相手のパワーがあなたより弱く
- 相手が通常はあなたの味方で、対立していない場合

2 | 人々を仁愛に導くものは何ですか

　コンフリクトに対する仁愛のアプローチは、リーダーにとっては魅力的です。多くのリーダーは従業員だけでなく、社内、業界、社会全体の成功、そして安全にも強く関心を持っています。権力の濫用、汚職、凶悪犯罪などのニュース記事にも多くの経営者やリーダーは唖然としており、組織をより良い場にしようと真面目に考えています。

　また、仁愛あるリーダーシップは、組織に好循環をもたらすことが見出されています。たとえば、自ら模範を示し、倫理的な意思決定を推奨し、肯定感情を刺激し、より大きなコミュニティにプラスの影響を与えることを通じて実践するのです。[10]

　権力とリーダーシップの研究では、ハーバード大学のディビッド・マクレランド教授は、権力と権威へ人がどのようにアプローチするかには発達段階があり、理想的には一体感（togetherness）と呼ばれる仁愛に基づく段階に向かうことを見出しました。

　彼は、仁愛は、「権力行使の最も高次元の段階です。無我になり、自分自身を世界のための崇高な目的達成のための道具と見なすようになります。それは、他の人たちのために自分の影響力を使い、奉仕することなのです」と説明しています。[11]

　言い換えれば、チーム、集団、組織、または複数の集団の連合体と、最終的により大きな集団の一員であるという意識を持って、権力の必要性を訴えるようになります。

　マクレランド教授の調査によると、権力に対して高い次元から権力を理解している人は、自我を強く主張するのではなく、組織でより大きな責任を果たそうとし、周囲の人々とオープンに接し、適切なタイミングで

所属組織の外部の専門家の支援を求めることができているとのことです。

　仁愛は現実的な戦略になりえます。優秀な部下を持つ上司にとって、部下の努力を無駄にしない最善の方法は支援し、エンパワーすることです。特に意見の不一致の際には、部下を意思決定に参加させることで、組織内をオープンにし、率直なコミュニケーション、誠実なフィードバックを促し、革新的な思考を生み出すことができます。[12]

　働く人々の不満や敵対心を減少させることで、職場のストレスをマネージすることも仁愛の1つのやり方です。上司に同意しなければいじめられると思っている惨めな部下は、反対意見を口にしないかもしれません。そして、部下は心に怒りを抱えたままになり、周りの人々にそれが伝染する可能性もあります。部下と意見が対立する場合でも、敵対するのではなく、共に問題に向き合うことで、否定的な感情を最小限にとどめることができます。

　単に協力的で権威主義ではない性格から、仁愛のアプローチを選ぶ人もいます。そのような人々は、コンフリクトにおける協力が積極的な相互作用を生み出し、高い達成度と継続的な学習をもたらし、ポジティブな感情に基づく人間関係を促進し、身体的、心理的健全さを増大させることが直感的にわかっています。[13]

　コンフリクトに際して、仁愛を採用する上司がどのくらいいるかは、職場環境によって異なります。管理職やリーダー層が仁愛を抑制する可能性が高い国家、組織、企業には、厳格な階層組織、権威主義、従業員間の競争、権力差が大きい、あるいは不平等な職場関係を良しとする文化があります。逆に、よりフラットで分権化された意思決定構造があり、平等で協調的で従業員間の権力差が小さい組織は、仁愛をより支持するでしょう。

　仁愛の背後にある動機には、個人、チーム、または組織にとって不健康なものもあります。コンフリクトを完全に回避することが主要な目的であれば、仁愛戦略は裏目に出る可能性があります。

　リーダーが仁愛にこだわると、自分の首を絞めることになりかねませ

ん。支配に伴う一時的な不快感に耐えられないために、別のアプローチが必要なときでさえ、仁愛に執着します。または、「良い人」のセルフイメージを維持したいがために、厳しい決定を下せず、必要な罰も与えられません。さらに、病的に協力を重んじるような組織では、強制力を使うことが許されないのです。

3 │ 自己診断
──あなたはコンフリクトで仁愛を実践するリーダーですか

　部下と意見が一致しない場合、多くの指導者は十分に協調的な行動を取っているか、あるいは、協調的すぎるのかを知りたいと考えています。

　以下の質問は、あなたが権力の弱い人々とのコンフリクトにおいてどれほど仁愛を持ち、協調的であるかを知るのに役立ちます。あなたが仁愛にどれだけ魅力を感じるかを知るには、以下の文を読んで、あなたの反応に最も当てはまる番号を選んでください。

　　1＝非常に反対　　2＝反対　　3＝中立
　　4＝賛成　　　　　5＝非常に賛成

1　私は自分の思いどおりにならなくても、グループでなされた決定を信じます。　□

2　決心する前に、私は従業員の意見に耳を傾けます。　□

3　部下と個人的な話し合いをするとき、私は自分の感情を開示します。　□

4　部下からの意見を反映するために、既存のポリシーを変　□

更することを私は厭いません。

5 みんなの前で部下が私に反論したり、意見を言う機会を
与えます。□

6 状況に関係なく、私は部下の不満を忍耐強く聞きます。□

7 部下と妥協をするために、規則やポリシーの例外を私は
認めます。□

8 自分の直属の部下やその他の部下たちが本当に何を考え
ているかを私に話す機会を作ります。□

9 私は部下からの反論を歓迎します。□

10 私は従業員間の意見の対立を仲裁する役割を果たします。□

11 私よりも地位の低い人々からの率直なフィードバックや
意見を聞きたいと思います。□

12 部下と誠実な人間関係を維持するために私は非常に努力
しています。□

13 ポリシーとアクションプランをチーム全員で決定します。□

14 チームの目標を達成するためには、私は部下からの積極
的な協力を求めます。□

15 肯定的な感情のつながりと信頼関係を維持し、向上させ
るために、部下と食事を一緒に取る時間を設けています。□

〈採点〉

あなたの得点を加算してみてください。点数が高ければより良い
とは限りません。それはあなたの業務と組織の文脈によって異なり
ます。コンフリクトへの仁愛アプローチは、一般的にポジティブか
つ効果的です。すべての状況に適合するとは限りません。以下の表
をご参照ください。

得点	意味	自分に問いかけてみましょう
40点未満	あなたはコンフリクトにおいて、めったに仁愛に基づくリーダーシップを取る人ではありません	この戦略が環境に合っていないのか、それとも、あなたが使おうとしていないのでしょうか
40〜49点	あなたはこの戦略を使いたいと思っています	あなたは適切な状況で十分に使っていますか
50〜59点	あなたはこの戦略をかなり使います	あなたは不適切な状況で使いすぎていませんか
60点以上	ほとんどの場合、この戦略を使っています	あなたは仁愛戦略を使いすぎている可能性が高いです。この戦略を採用するのにふさわしい状況で活用しているでしょうか。環境がそうさせているのでしょうか。適切な状況で効果的に使っていますか。他のスキルを使ったほうがよいと判断する能力を高める必要がありますか

4 | 組織診断——あなたは仁愛志向の状況下で働いていますか

　以下の質問に答えてください。この質問は、現在の職場が「仁愛戦略」を用いることを奨励する環境にあるかを知るためのものです。文章を読んで、あなたの意見に当てはまる番号を選んでください。

　　1＝非常に反対　　2＝反対　　3＝中立
　　4＝賛成　　　　　5＝非常に賛成

1 私の組織では、個人的に部下のことを心配している、と話すことは普通のことです。　　□

2 職場では、自分が本当に思っていることを言うのを恐れる必要はありません。 □

3 私の組織は、グループの意思決定を尊重します。 □

4 非常に平等な雰囲気のところで働いています。人々は互いに信頼し協調的です。 □

5 モラルを大切にし、高い倫理的規定がある組織で私は働いています。 □

6 私の組織には、オープンで建設的なコンフリクトをサポートする文化があります。 □

7 私の組織は、チームワークと人間関係を本当に大切にしています。 □

8 組織のすべての階層で、率直なフィードバックをすることは、私の職場では普通のことです。 □

9 私の組織の文化を表現する言葉は、「オープンで率直」です。 □

10 職場では、部下が主要な意思決定に参加することを奨励しています。 □

11 職場では、状況にかかわらず、上司に敬意をもって反論することが受け入れられています。 □

12 私の組織は、より大きなコミュニティに肯定的な影響を与えています。 □

13 私の組織では、地位の低い従業員から意見を求めることが普通に行われています。 □

14 すべての階層で反対意見を表明し、議論することが完全に受け入れられていることを、わが社の上級管理職は身をもって示しています。 □

15 私の職場では、人は給料のためだけでなく、より高次元 □

の目的のために働いていることを気づかせてくれます。

〈採点〉

　自分の得点を加算しましょう。合計点は15点から75点の間になります。得点が高いほど、その組織内では「仁愛戦略」を取ることが理にかなっています。ここで、あなたの自己診断の得点を組織診断の得点と比べてみましょう。

自己診断	点
組織診断	点

　一般的に、2つの得点が近ければ、あなたは現在の状況に合わせて、適切な判断力を持ってこの戦略を活用しているといえるでしょう。もちろん、コンフリクトのさまざまな状況は微妙に異なりますから、この戦略をいつ、誰に、どのように使用するかを見極める必要があります。

5 ｜ コンフリクトで現実的な仁愛を使う6つの理由

①あなたは人を気遣っています。部下が仕事をする意義を見つけ、仕事を楽しみ、組織に付加価値をもたらしていると感じてほしいと仁愛あるリーダーは、願っています。[14]

②仁愛は効果的です。人は自分たちの仕事での共通の意味を見出し、仕事を楽しみ、価値を高めていると感じると、より頑張って仕事に取り組み、人々の多様性をより効果的に活用します。[15]

③敵はいないほうがよいです。あなたが権力を持っていて、部下と全く協力することがなく、権力を分かち合わず、意見の不一致があり、ギブ・アンド・テイクもしない場合、部下はできるだけ働かないようにし、あなたを避け、あなたから離れ、嫌い、そして邪魔をします。職場の独裁者のために働いていると思うと、部下は上司を信頼できず、不安と抑圧を感じるでしょう。[16)] 一方、コンフリクトのときに協調戦略を使う上司を部下は好ましく思い、頑張ってついていこうと思います。時折、上司が支配的なことを言っても、部下はそれに耐えられるのです。[17)]

④あなたはいつも正しく、すべてのことに勝つ必要はないのです。自分自身と自分のチームに自信を持っているならば、自分の間違いを認め、他者からより良いアイディアを収集し、必要なときに相手を承認できます。また、自分が議論に負けることも受け入れられます。リンカーン大統領はこのことがわかっていました。彼は大統領顧問団（日本の内閣に相当）のメンバーに自分より賢い人とライバルの両方を任命しました。[18)] その結果、より開かれた情報に基づいた公正な決定を下すことができたのです。

⑤あなたはチームワークの効果を理解しています（2＋2＝20になりうる）。建設的なコンフリクトを恐れないさまざまな分野の専門家が協力的に働くチームを開発すればするほど、あなたとあなたの組織は生き残る可能性が高まります。仁愛あるリーダーシップスタイルは、組織内でより多くの才能を育て、長期的なパフォーマンスと従業員の忠誠心を向上させます。[19)]

⑥組織内の人々と協調し、外部の競合相手に対して競争をすることを選びます。狙いどおりにうまくいけば、競争は素晴らしいものです。組織はスポーツチームのようなものです。社内で協力して、効果的に外部と勝負することができます。

6 | 仁愛を誤って使ったらどうなるか

　権力を分かち合うことは非常に効果的ですが、必ずしも機能するとは限りません。仕事の邪魔をする人と権力を共有するのは、良い選択ではありません。部下の中には、仁愛アプローチに十分に対応できるほど成熟しておらず、信頼できない人もいます。その中には権威について懐疑的だったり、世間知らずな人もいます。

　また、建設的なコンフリクトを嫌う人もいるかもしれません。ですから、あなたの目的達成のためには、他の戦略のほうがよいこともあります。人の善意につけ込むような部下に仁愛アプローチを取ると、逆に被害を受けるかもしれません。

　さらに、権力の弱い者誰もが権力を共有したいとは限りません。彼らは権力に伴う責任を回避し、低い地位に留まるという選択をするかもしれません。最終的には、コンフリクト中に誰かに一緒に働こうと強制することはできません。協調的な意思決定やコンフリクト解決のための真の機会を提供し、信頼を育むことしかできないのです。誰かが権力とコンフリクトを恐れているならば、2人の間で小さな成功体験を積み重ね、信頼関係を築くまでは、仁愛を使わないでください。

　権力は相手を脅かす傾向があります。建設的なコンフリクトはチームワークの重要な一部であり、上司が権力を濫用しない人だと周囲の人々が信じられるようにする必要があります。その責任は部下よりも権力のある者の側にあります。

　リーダーが特定の決定に必要な専門知識を持っている場合には、権力を分かち合い、部下を意思決定に含めることは、あまり効果がないことがあります。[20]

　さらに、グループ参加には時間がかかり、意思決定を遅らせることもあります。参加型の意思決定に必要な追加時間は、参加度に伴って増加します。[21] 次のような危機的状況下では、仁愛はパニックを引き起こす可能性があります。

部下：「船長、船は攻撃を受けています！　どうしましょうか？」
リーダー：「一緒に考えて、可能な解決策を考えましょう。私だけの
　　　　　　アイディアではなく、みんなからの意見が欲しいのです」

　こんな場合はリーダーの自信のある迅速な意思決定がチームには必要です。危機的な状況でなくても、多様な視点を広げるグループ会議は、多くの時間がかかり、他のことに使えた時間を無駄にしてしまいます。[22)]

　コンフリクトのときに仁愛を用いるリーダーは、一般的に好まれ、信頼されます。しかし、チームが成果を出せない場合、最も意欲的な部下からは信頼を失います。確かに、人は重要ですし、チームプロセスは重要です。しかし、結果も重要であり、仁愛を過度に適用したり、迅速で強制的な決定のほうがうまくいく場合に仁愛を適用すると、意図された成果をあげることができません。

　最後に、コンフリクトが複雑になり、複数の関係者が関与する場合、単一の戦略がすべての状況に適合する可能性は低いです。仁愛は、上司と部下間のコンフリクトの強力な戦略ではありますが、あなたがこの戦略だけしか使えないのであれば、効果は限定されます。

7 ｜ 現実的な仁愛の実践はどのようなものか

　現実的な仁愛戦略は、あなたが相手方よりも権力があり、目的を共有し、その人間関係に価値を置いている状況です。こうした状況では協調的平等主義が好まれます。多くの場合、具体的な目的を達成するための最も確実なコースは、前向きな感情と信頼関係を維持することです。

　仁愛は、思いやりのある責任のための条件が確立されたときに最もうまく機能します。従業員のニーズを優先する企業にとっては、より効果的です。

　たとえば、トルコには職場にケアと思いやりを浸透させる試みを行っ

ている「アナトリアの虎」と呼ばれる中小企業がたくさんあります。[23)]
そこでは、従業員のために、無料の食事、文化的イベントやコンサート
のチケット、図書館やカフェ、教育手当、健康保険や奨学金が提供され
ています。

　入院している従業員を社長が見舞ったり、部下に家族や休暇について
尋ねたり、スタッフを昼食に連れ出して最近の状況を聞いたりします。
時折生じる従業員との意見の不一致にもコミュニティのメンバーをして
思いやりを持って対応します。このようなリーダーは、仁愛を戦略とし
て成功させる可能性が非常に高いのです。

　恩情ある責任状況においても、リーダーは依然としてコンフリクトを
効果的に舵取りし、活用する必要があります。

　TKホールディングスの前CFO（最高財務責任者）であるトム・スト
ースが良い例です。あるマネジャーと、海外工場の棚卸し原価を評価す
る方法をめぐって議論しているとき、トムは答えました。

　「良い結果が得られるならば、どの原価システムを使うかは気にしま
せん。私たちは同じ目的を持っています。どんな方法であれ、あなたが
良いと思う方法で私たちの共通の目的を達成してください」

　トムは続けて説明しました。

　「人々は、私が思いつかなかったような議論や提案を持ってきます。
なぜなら、彼らは私と異なる経験をしている、あるいは、おそらく私よ
りも優れているからです。私は、彼らがしたいことに耳を傾けるつもり
です。誰とも競い合う必要はないと思うのです」

　カーネギー識字・学習センターの理事長ニール・チェシックも、現実
的仁愛の良い例です。チェシック理事長はスタッフとの合宿研修会で、
自分へのフィードバックを求めました。自分のリーダーとしての強みと
弱み、そして、自分がスタッフに不快感や失望を与えた事例を話してく
れるように頼みました。

　チェシック理事長は参加者に安心感を与え、正直に語る場を作ること
が上手だったので、「チェッ、上司と2時間も合意できない論争をして

きたところだ」と言って、研修会を後にした人はいませんでした。

　現実的な仁愛の組織文化としての例は、自動車部品メーカーとして急成長しているジフィータイト社です。その社長のマイケル・レイヒルは、会社の文化をこのように説明しています。

　「私たちは行動規範に従って生活しています。自分が人に扱われたいと思うように、他人を扱いなさい。私は自分の意見を考慮してもらいたいので、他の人の意見を聞く必要があります。この会社では誰も、相手に対する敬意を忘れない限り、人に何でも言えます。私は率直さを望んでいます。そして、率直であることは意見の相違をもたらすのです。それは必要なコストと考えています」

　ビールズ社は年間10億ドル規模の小売りアパレル会社で、全米で500以上の店舗を有し、スティーブ・ノピクが、CEOを務めています。数年前、スティーブはメンターのボブ・ビールから、仁愛のあるリーダーシップの価値を学びました。ボブは創業者の孫であり、前CEOでした。

　私は何年もボブの下で働いていました。ボブは銀行に会社を支配されたくないと何百万回も言っていました。一度、彼が心臓発作を起こすくらいのひどいニュースを知らせなければなりませんでした。

　あるとき、手続き上の理由から、わが社は銀行に対して契約違反をしてしまいました。これは、会社の支払能力とは無関係でしたが、私はそのニュースをボブに伝えなければなりませんでした。それはまるで、車を事故で壊してしまって、それを父親に告げるときの十代の息子のような気持ちでした。

　ボブは内心沸々していたのに違いありませんが、怒りやフラストレーションをほとんど見せることなく、こう言ったのです。「もちろん、嬉しいことではありませんが、ここから私たちがどこへ進むかを考えてみましょう」と。

　私は、ボブに正直に話すことを恐れることは二度となくなりました。

現実的な仁愛には、傾聴、交渉、意見の不一致があっても敵対しないこと、悪い知らせへの理性的な反応、焦点を絞った問題解決、サポート、そして率直さなどが含まれます。権力の差は存在しますが、あえて強調されません。この戦略を実践するリーダーは、部下のアイディア、成功、そして時折のミスによって脅かされることはありません。

8 │ 現実的仁愛の10の戦術

①権力を共有して拡大させよう

> 権力と責任を共有することで、部下が意見の対立を恐れなくなり、
> 無力感に伴う緊張や隠れた問題を防ぐことができます。

　ナイラは30歳で南フロリダでヘルスケア戦略コンサルティング会社を立ち上げたとき、自らも認める、仕事中毒者でした。
　「私は自分の業界とクライアントについてすべてを知りたかったし、私たちが生産したすべてのものを完璧にしたいと思いました。私は、コンサルティング会社を小さな活気に満ちた法律事務所のように運営しました。勤勉なアシスタント集団の支援を受けながら、週に70時間働いているプロフェッショナルでした」
　さまざまな観点から見ても、ナイラは大成功を収め、多額の資金と業界における名声を得ました。「リーダーシップは主に業界のノウハウを持つことだと思い、私は意思決定方法と情報を蓄積していました」とナイラは語りました。
　しかし、会社が成長するにつれて、仕事量も増えました。「その頃、私は離婚しました。皮肉なことに、自分の会社を立ち上げる勇気を与えてくれたのは夫でした。主治医には、今の生活を変えなければ、潰瘍や心臓発作で、最悪死んでしまうだろうと言われました」

創業20年近く経って、ナイラは仕事のやり方を変える時期が来たと気づきました。主治医の警告を受け、彼女が理解したことは仕事を減らすことでした。しかし、それは仕事中毒者にとっては容易なことではありません。まず、彼女はアシスタントのダーシーをクライアントとのミーティングに連れていくことから始めました。そして、会社に戻ってから、仕事の詳細を任せました。

　しかしその後、ナイラは気になって、仕事するダーシーの周りをうろつくようになりました。ある日、ダーシーはナイラに昼食を取りながら話せないかと尋ねました。ナイラは時間がないと答えました。

　「ナイラ、昼食の時間がなければ、働き方を変える時間もないでしょう」とダーシーは反論しました。昼食のとき、ダーシーはナイラに細かい点をチェックするのをやめるように依頼しました。

　「あなたは私に多くの責任を与えてくれましたが、それほど多くの意思決定権を与えてくれたわけではありません。責任ばかりで自分の裁量権がない場合、非常にストレスがかかります。私を信じてください。必ず期待に応えますから」と語りました。

　次回からは、ナイラはダーシー1人でクライアントに会うようにさせました。その後、ナイラはクライアントから、新しい担当者はとても有能だと聞きました。

　ナイラと従業員の間には、多くの小さな意見の相違がありました。ナイラ自身がパワーを共有することをためらいながら仕事に取り組んでいたからです。しかし、このような意見の相違は戦術がうまく機能している証拠です。スタッフは自分の本音や未熟なスキルを隠さずに表明するようになってきました。

　ナイラは次第に、有望なチームメンバーをクライアントとのミーティングに送り出し、自分は出席しないようにしました。そして、主要なプロジェクトの一部を引き渡し、クライアントからは高い評価を受け続けました。

　最初はコントロールしたい気持ちを抑えられないようだったナイラで

したが、権限を委譲しながら、時間をかけて多くのクライアントのために会社が多くのことができることを学んでいきました。社長の権力の一部を部下たちと共有していくことで、会社の組織力が、より強化されました。

②肯定感情の貯蓄を増やそう

> 集団内の一致、肯定的な感情、社会的態度を育成することは、不必要なコンフリクトを防ぎ、必要なコンフリクトは建設的なものになることを保証します。

　ナイラは病院の幹部たちを何年も前から知っていました。なかには非常にパワフルでエゴの強い男性たちがいました。しかし、ナイラは臆することなく主張し、緊張状態を乗り越えることができました。なぜなら、ナイラはすでに彼らから信頼とリスペクトを得ていたからです。ナイラは幹部たちとよくコーヒーやランチを取りながら家族や趣味についてのおしゃべりに興じ、お互いを親しく感じ合える人間関係を築き上げていたのです。

　専門的な問題をめぐるコンフリクトになっても、お互いの関係が強固であれば、怒り、不安、傷ついた感情は速やかに消え去りました。病院幹部のように従業員に真剣に働いてもらいたいならば、権力を共有するだけでなく、人間関係を通じて安心を感じる場を創り出さなくてはならないとナイラは思ったのです。

　仕事中毒から回復しつつあるナイラにとって、従業員との交流は生産的なことだと直感的には思えませんでした。社員ミーティングの最後の15分間を残して、不本意ながら、ナイラは社内交流イベントのアイディアを募集しました。一般的な関心はありましたが、アイディアはあまり出ませんでした。その後、ダーシーはナイラに、コンサルタントのニックに、イベントを計画するための委員会の委員長になってもらうよう

頼んだらと提案しました。

「ニックは委員会を率いるのには忙しすぎるから、私がやりましょう」とナイラは答えました。

「時間があるかどうかはニックに決めさせたらどうでしょうか」とダーシーは主張しました。

実際、ニックは委員会を率いることを大変快く思っていました。

翌年、委員会は、プロサッカーの試合観戦、家族も参加するバーベキュー大会、バレーボールの試合、週末の夕食会など、全社のための交流イベントを実施しました。成長企業である彼女の会社の16人の従業員は、これらのイベントをとても気に入っていました。ナイラもイベントを楽しむことができました。

そして、イベントで意図した効果が出たことに気がつきました。それは、より肯定的な感情、従業員間の固い絆、多くの会話、一緒に働く意欲の高まり、そして「私たち」という感覚の広がりでした。また、プロジェクト、問題、困難なクライアントに関してスタッフ同士が積極的に意見を交換するようになったことに気づきました。

相手に好感を持つ人同士は、肯定感情の貯えがあるので、正直になることができます。銀行口座のように、肯定感情の残高を増やしておけば、時折の引き出しは特に問題になりません。

対人コンフリクトは、そのときの関係性がどの程度肯定的であるか、ないかという文脈で起こります。関係性が良くないと、コンフリクトの解決に悪影響を及ぼします。

③「No」と言うときには、ゆっくりと時間をかけよう

部下のアイディアを否定する頻度とスピードを制限しましょう。否定する際は、譲歩することが適切で公正であることを論理的に説得し、相手を納得させます。

製造部門の重役のジェームスは、営業担当の副部長とよく意見を異にします。価格設定、契約条件、顧客の苦情についての議論は時には非常に熱くなります。ジェームスは副部長にどのような状況に、どのようなアプローチを取るべきかを正確に指示する能力を持っていますが、あえて言いません。ジェームスは振り返って語りました。

　「何度か副部長のアイディアを否定してしまいましたが、私はその理由を慎重に説明し、彼は方向を変えて指示を実行しました。彼はいつも礼儀正しくプロフェッショナルでした。彼の営業の成功は、計画への情熱的なコミットメントと顧客との関係の強さにあります。私が一方的にNoと言えば、彼自身が築いてきたことを否定してしまいます」

　ジェームスは押しの強い副部長のタフな交渉者の顔を引き出す方法を学びました。「彼は私が独裁者になりたくないことを知っているので、私にあえてNoと言わせるかのようなポジションを取り、挑発するのです」

　最近、彼らは大型契約の条件に合意できませんでした。副部長が頑強に最初のポジションに固執したとき、ジェームスはもう少しでNoと言ってしまうところでした。

　その代わりに、彼はこう言いました。「どうだろう、君は毎週この顧客と面と向かって接し、話せる関係を築いてきた。君はもう私の意見はわかっているはずだ。私は君の決断を信じているよ。私は反対だけれども、これは君が決断することだ」

　副部長はしばし考え、「ジェームス、あなたは私の上司で、私はあなたが望むことは何でもします」と答えました。

　ジェームスは後になって、「彼は、最終的にうまくいかなかった場合に備えて、私からの回答を出してほしいと思っていました。その代わりに、私は一緒に協力して、創造的なアイディアを作り、交渉したいと思っていました。そうすれば、彼が最終的な意思決定に関与することになります。ここから私たちの交渉が始まりました。彼と私が対立的に議論するのではなく、お互いのアイディアを融合すれば、もっと良い解決策

と戦略が生まれるのです」と語りました。

　ナイラも同じ教訓を学びました。ナイラのスタッフが提供したアイディアは、すべて素晴らしいとは限りませんでした。しかし、良いアイディアを創出し、イノベーションをもたらす意思決定ができるように、ナイラはあまり早い段階で反対を表明しないことに決めたのでした。

　ナイラが決してうまくいかないとわかっていたアイディアをスタッフが提案したとき、予算、法律、規制の面から実施が難しいことを丁寧に説明しました。スタッフのアイディアのいくつかは、ナイラから見ればまだ甘いものでしたが、すべてのアイディアが統合され、練り上げられるまで話し合いを続けました。ですから、スタッフ全員が話し合いに貢献し、満足した気持ちになりました。

　スタッフの革新的なアイディアを否定せずに見守ったナイラの忍耐は、すぐに報われました。スタッフの2人がビジネスチャンスを提案したとき、彼女はあまり乗り気ではありませんでした。2人は他州の郡の保健局に規制当局のガイダンスと計画を支援するための提案書を送付したいと考えていました。その保健局とは特別なコネクションもないので、提案が成功する確率はほとんどないだろうとナイラは見ていました。

　「あなたたちは突然、コネもなく、そんな遠く離れた場所にある小規模なクライアントに提案書を出そうとしているの？」

　「はい、後でもっと大きな仕事につながる貴重なネットワークを得るチャンスになると私たちは思うからです」

　「本当にそうかしら？　でも、やってみて。他のプロジェクトに悪影響がないようなら、それを試してみれば？」

　実際、彼らの提案書は通過し、プロジェクトを勝ち取りました。さらにそれは、他の有望なビジネスチャンスにつながったのでした。

④チームを信頼して、彼らに任せる

部下に何をすべきかを指示する代わりに、彼ら自身が決定を下す手助けをしましょう。個人的な権限を重視するのではなく、集団の意思決定と協働パフォーマンスを支持し、従業員同士が常に学び合う組織に発展させましょう。

2大エネルギー会社の合併の準備のために、環境コンプライアンス部が創設されることになり、ケイトはその部を立ち上げる権限を与えられました。

彼女は才能あるチームのメンバーが誠実さ、創造性、革新性を発揮することを求めていました。そこで、彼女は部下たちに環境コンプライアンス部の設立準備をするように言いました。彼女は段階を踏んでこの仕事を進めたのです。

最初に、ケイトは上司から渡された制約条件と、責任の所在と命令系統を部下に伝えました。人数は50名未満で、現在の予算から25万ドル削減しなければならないことも指示しました。部下は何週間も彼女なしの会議を重ねてから提案を出しました。

次に、部下たちは何回かの「チャレンジセッション」を持ちました。ルールは誰もが自分の「役職」に関係なく、どんなアイディアにも挑戦できるというものでした。ケイトは部下たちのアイディアに反論したり、疑問を呈しました。部下たちも彼女に反論したり、彼女の前提に疑問を呈しました。こうした議論はすべて民主的でお互いが敬意を払いながら行われました。結果、チーム全体の思考が統合されたのです。

3番目に、計画が洗練されるに従って、チームメンバーは不測の事態について考えるようになりました。

ケイトが「最終的な人数が50人以下に減らされたら？」と問うと、部下たちは代替案を用意していました。

「予算が再び削減された場合はどうなるか？」と尋ねると、彼らは準

備していました。ケイトは上司としていくつかの決断をしましたが、独裁的な決定を下すことはありませんでした。ケイトは説明します。

「私のチームは、環境と人間の安全の問題を担当しています。リスクが高いのでチームメンバーには十分にかかわってもらいたいと思っています。大きな決断をチームから奪ってしまうと、私が部下を信頼していないかのように思われ、私自身が責任を負うべき成果にそれほど自信が持てなくなります。部下たちが率直であり、最高の意見を出してくれると信じる必要があるのです」

⑤相手の「Yes」をそのまま受け取るな

> 専門的な意見を求めることや情報共有を奨励し、その模範を示しましょう。メンバーが遠慮せず、創造的なアイディアや異なる意見を自由に述べられるように、部下との率直なコミュニケーションが取れる道を探りましょう。

ナイラはクライアントである中規模の病院に戦略計画の一環として外来手術センターを建設することを提案しました。しかし、病院側は十分な資本がないことを理由に、病院のCEOは、ナイラに代替案を提出するよう頼みました。

ナイラは自分のアイディアを聞いてもらうために、自社の有能なコンサルタントのニックとジェイコブに会いました。

ナイラはいくつかのオプションを最初に提案しました。それは、プロジェクトを中止する、数年遅らせる、または当初よりも規模の小さいセンターを作るというものでした。ニックとジェイコブは、ナイラのアイディアは良いとし、各提案のコストと規制に対する影響を調査することを引き受けました。

「ちょっと、待ってください」とナイラは言いました。

「なぜ私だけがアイディアを思いついているのでしょうか？　あなた

たちはこのクライアントとその状況を知っているから、何か考えがあるでしょう？」

ニックは「まあ、私たちもかなり良いと思っているアイディアがあります」と不安げに言いました。

「それじゃあ、言ってみて」とナイラは言いました。

「私たちのクライアントの中に、その病院から20キロ離れたところに同じような病院があります。2つの病院で提携して外来患者の外科手術センターを設立するというのはどうでしょうか。規制当局との作業は難しいでしょうが、2つの病院のCEOが手を結んで共同プロジェクトを進めていけば、認可されやすいでしょうし、予算も軽減できます。また、2つの病院が組むことで、ライバルである大学病院との競争力も増すでしょう」

「私たちは30分以上ここに座っていたけど、なぜもっと早くに言ってくれなかったの？　完璧な解決策になるかもしれないじゃない」

今度は、緊張して話すのはジェイコブの番でした。「ナイラ、正直に言わせてもらうけど、君が僕たちのアイディアを本当に求めていたのか、よくわからなかったんですよ」

「私が何でも言うことを聞く『イエスマン』を欲しがっているとでも言うの？」

「はい」と彼らは同時に言いました。そして、ジェイコブはさらに率直に語るのでした。

「ナイラ、なんていうか、君は君が決めた結論に僕たちを誘導するような感じがするんだよ」

この一言がナイラの転機でした。

それ以降のミーティングでは、チームメンバーが妥当な意見を出し合っているなら、ナイラは自分のアイディアを全く言わない、あるいは最後に言うということを実践し始めました。彼女は部下が率直に意見が言えるように最善を尽くしたのです。

そして、ナイラは部下からアドバイスを求められると、こんな質問で

切り返すようになりました。

「ここに私がいない、私と連絡を取ることもできない、あなた自身が決定を下さなければならないとしたら、どうしますか」

多くの場合、この質問は健全な思考と良い意思決定につながりました。

このプロセスを通じて、ナイラは最も才能のあるチームメンバーを特定することができました。ダーシー、ニック、ジェイコブです。偶然ではなく、彼らはまた、最もコンフリクトをもたらす人でした。単に従うのではなく、反論を出し、自分の主張を通そうとし、交渉する意志があるのです。ナイラは3人を上級コンサルタントに昇進させ、経営陣として働くよう依頼しました。

「あなたたちは私のどんな厳しい要求にも対応することができます。その調子で今後もやっていってください。あなた方3人は、スタッフを管理して育成するのに適しています」。彼らはこの課題に熱心に取り組みました。

⑥相手の成功のためにコンフリクト解決の枠組みを作る

> コンフリクトの解決策を見つけるために、ギブ・アンド・テイクの練習をしましょう。部下たちが譲歩する痛みが和らぐよう、彼ら自身の仕事やキャリアの目標にアピールしましょう。

ジェームスは管理職の1人であるメグが、部下の顧客サービス担当者の何人かと不必要なコンフリクトを起こしたり、同僚に怒鳴り散らしていることに気づきました。そこで、彼女を管理職から外そうかと考えていました。

しかし、彼女はこの製造会社で25年間懸命に働いており、業務と顧客に関する特別な知識を持っていました。メグは数年前から人の管理をする立場になりましたが、スムーズに行ったことはなく、職場の人たちの頭痛の種になっていました。

メグは単に管理職業務に向いていないだけだと、ジェームスは思いました。しかし、彼女をそれだけの理由で管理職から外すのも間違っているように思えました。さらに悪いことに、それは非現実的なビジネス判断のように感じました。メグは長い間にわたってそれなりに会社に貢献してきたのです。そこで、ジェームスは彼女から話を聞くことから始めました。

　メグは非常に感情的な人で、時には就業時間の終わる直前にジェームスのところに立ち寄って「おしゃべり」することもありました。仕事と家庭とのバランスを取ることがどれほどのストレスか、会社が成長するにつれて、仕事の難易度が上がってきたという「おしゃべり」が延々と続くのです。

　ついにジェームスは、職場でのコンフリクトについてメグに直接尋ねました。彼女は、購買担当マネジャーの要求がどれほど厳しいかということをジェームスに話しました。

　「君の懸念について彼に話をしましたか？」

　「いいえ」と彼女は答えました。

　ジェームスは、メグが直接的な対立を避けていることを感じました。彼女は自分でなく、ジェームスが代わりに購買担当マネジャーと話をすることを望んでいました。そこで、ジェームスはメグに対立的な言い方をせずに会話を進める方法と相違点に対する取り組み方についてコーチングしました。その数日後、彼女は購買担当マネジャーと話をしてから事態が好転しました、と言いました。

　翌週、顧客担当者について「時間がかかりすぎなのです」とメグが言うので、ジェームスは「そのことを担当者に話しましたか？」と尋ねました。

　「はい。担当の女性は、私のフィードバックに非常に動揺してしまいました」とメグは答えました。

　ジェームスは、メグが管理職的な立場で成功するためにはコーチングが必要であり、その投資の価値があると判断しました。ジェームスは彼

女のためにコーチを雇い、物事はさらに改善したのです。

　しかし、コーチングが終わった直後に、同じことが繰り返されました。ジェームスは、メグが良き管理職の立場を保ち、不必要なコンフリクトを起こさないためには、プロのコーチか自分が今後もずっとコーチングをしていかなければならないと結論づけました。それ以外の方法はありませんでした。

　それでも、ジェームスは単にメグを管理職から外すのは忍びないと思っていました。そこで、彼はメグとストレスと幸福についての話をしました。メグは自分の仕事の難しさと面倒をみなければいけない部下について、かなり大げさに話しました。管理職になる前のほうがもっとうまくいっていたとメグが思っているようにジェームスには聞こえました。

　「君のストレスの原因は、さまざまなことについて、君を必要とする人が非常に多くいることのように僕には思えるのだけど」とジェームスは話しました。メグは同意しましたが、恥ずかしいとも思っていました。

　「私が辞任したら、同僚はどう思うでしょうか」とメグが尋ねるので、ジェームスは辞任する必要はないと主張しました。「君と会社が最も成功するために、君の才能を最大限に活かせることを考えよう」と彼はメグに語りました。

　2人はその課題に一緒に取り組み、彼女のグループを監督するために外部から人を雇い、メグの役割を見直すことを決めました。そして、新しく雇われた上司と新しい役割に就いたメグが手を取り合って働いていくことに合意したのです。

　メグはおそらく上司であるジェームスと自分の間にコンフリクトがあったことを知ることはないでしょう。彼女が知っていることは、ジェームスが彼女を失敗かと思っていた状況から助け出し、成功への道に戻してくれたということでした。

⑦上司としてコントロールしたい、正しくありたいという気持ちを手放そう

> 部下が自分たちの責任をいかに果たすかを考え、組織の優先事項にコミットしたいと思う環境を作ることで、彼らが反対意見や異なる見解を述べられるようになります。

　エネルギー業界の離職率は低いので、採用の決定はほぼ不可逆的なもので、非常に重要です。

　ケイトの部下である監督は、エンジニアのリーを昇進させたいと思っていました。ケイトはその考えに賛成ではありませんでした。彼女はすでに2人の候補者と会い、リーを3番目にランクづけしました。その役職は技術的な立場ではありましたが、人間関係スキルと勇気のあるリーダーシップが取れるバランスの取れた人格が必要だとケイトは感じていたからです。

　「リーは非常に頭脳明晰だけど、あまりバランスの取れたタイプではないと思う」とケイトは言いました。

　監督はそれに反論しました。「私は工場で働いている彼を見てきました。あなたは書面や面談上のみで彼を判断しています」

　「そうかもしれないけど、私は別の工場でリーがあまりにも簡単に意見を撤回したことを知っていますよ。この役職には本当にしっかりと主張ができる人が必要なのです」

　「あなたはすべてのことを知っているわけではありません。当時、リーは今の彼よりもはるかに高い地位の管理職のコントロール下にありました。リーの上司は、あなたのように反論に対してオープンな考えを持ち合わせていませんでした。私は多くの人とリーについて話してみて、彼こそが適任だと思いました」と監督は主張しました。

　ケイトは自分が正しく、部下の監督は間違っていると感じました。しかし、彼女は自分の感情のままに突き進むことは危険であることも知っ

ていました。彼女は自分が3番目にランクづけしたリーを昇進させることを拒否することで、主導権を握りたいと思いました。

しかし、候補者のリーの働きぶりや状況について実質的にケイトがよく知らないという監督の指摘は、的を射ていると認めました。さらに、ケイトは監督がこれからもリーと長期間にわたって現場で密接に働くこともわかっていました。

昇進の決定の主導権を握ったり、正しいことをしようとするのではなく、ケイトは監督の意見を採用しました。なぜなら、監督が徹底的に準備し、丁寧に粘り強く自分の見解を示したからでした。ケイトは監督に決定権を与えました。

時間は物語ります。それから1年半後、エンジニアのリーと監督は一丸となって仕事に取り組み、困難な状況でも素晴らしい成果を出していったのです。

⑧協力するように言うだけでなく、人々が協力せざるをえない状況を作る

問題を共同で解決する可能性を高めるために、プロジェクトの課題を調整しましょう。協力の文化は些細な意見の相違を少なくし、中身のある議論は、より建設的なものになるでしょう。

ジェームスが製造会社のオーナーに直接報告する立場の社長に昇進するまでに、彼は社内に多くの競争があることに気づきました。営業担当者たちは自分たちのコミッションが欲しいので会社の利益を考えず、売ることのみを考えていました。

社内の他の従業員は単純な利益共有プランの下で、非常に忙しくしているので、営業と対立することがよくありました。縄張り争いと非効率な個人主義の見本が、社内のどこにでも見られました。

時間をかけて、ジェームスは会社のオーナーと上役たちの信頼を獲得

し、変革に着手しました。彼は協力が大切というような説教はしませんでした。ほとんどの人は協力したいと思っているのに、組織構造がそれを難しくしていることをジェームスは知っていたのです。さらに、誰もが協力的であるわけではないことも知っていました。人間というものを知るに従い、ジェームスは非常に利己主義な人が誰かわかるようになりました。

ジェームスがトップの成績の営業マンを解雇したとき、多くの従業員は、ショックを受けると同時に安堵感を覚えました。成長著しいトップラインの営業においては、同僚間のいじめや顧客を無視することも少なくはありませんでした。トップの営業マンはチームメンバーたちを犠牲にして、自分のコミッションを得ることだけに執着していました。

また、ジェームスは時間の経過とともに企業文化を変えました。成功した製品は全社的に祝いました。ジェームスは、協力して働くことができた個人を社員の前で賞賛し、他のチームを助けたチームを褒めたたえました。

記念日を祝い、個人的な問題を抱えた協力的な従業員は支援され、社内用語は次のように改定されました。「パートタイム労働者」は「製造協力者」になり、「部署」は「チーム」になり、「従業員」は「チームメンバー」になりました。

その後、ジェームスは報酬プランを変更しました。彼はすべてのコミッション制を廃止し、利益を上げた場合に限り、チームメンバー全員がより多くの金額を得られるようなシステムを採用しました。かつての報酬制度では、営業部が技術部に対して負担をかけ、品質管理部が製造部に対して負担をかけていました。

新しいシステムでは、チーム間協力の欠如は自分たちの懐に入るお金を減らしました。営業チームは、新しい機会を追求する前に技術チームと緊密に連携するようになりました。製造チームは品質管理チームを敵視するのではなく、パートナーの関係として接するようになりました。その結果、顧客の満足度を上げることができました。

最後に、ジェームスはすべての階層からの率直なフィードバックを求め、内容を公表していきました。彼は自分が会社に貢献していることはわかっていましたが、物事を速く推し進めすぎているとか、チームの決定を妨害したり、問題を無視しているというような批判を部下から聞くこともありました。

製造協力者（パートタイム労働者）がオーナーに届けた率直で建設的な批判をジェームスは自分のアプローチを調整することに役立てました。したがって、彼の組織変革への取組みが過度なフラストレーションや妨害行為につながることはありませんでした。

⑨表面化していないコンフリクトに気づいたら、　探偵を送り込め

> チーム内のコンフリクトを抑え込もうとするのではなく、オープンにしてミディエーション（調停）をしましょう。噂、問題、懸案事項をよく調べてみましょう。問題を探っているときは権威を使ったり、批判するのではなく、好奇心を示しましょう。

ナイラのチームの能力が高まるにつれて、ビジネスも成長しました。彼らは他の都市にサテライトオフィスを設けました。より広い地域にビジネスは拡大していきましたが、チームメンバーは、ナイラの助けを借りずにプロジェクトを遂行し、他社のトップエグゼクティブとの交渉を行いました。そして、嬉しい悲鳴をあげることになりました。業務が増えすぎたのです。

ビジネスの拡大に対応するために、ナイラは業界の専門知識と長年の経験を持つ60歳のイーサンを雇いました。何回にもわたる採用面談で、イーサンは協力、共通の目標、チームワークについて語りました。

しかし、イーサンが入社してから6カ月後、ナイラは表面化していない問題があることに気づきました。仕事はスムーズに運んでいるし、質

も高く、表面的にはうまくいっているように見えました。しかし、士気が高い感じがしませんでした。ナイラはチームメンバー1人1人をランチに誘い出し、率直に何が悪いのかと尋ねました。全員がうまくいっている、とはっきりと答えました。

　もちろん、部下はいつものようにナイラの意見に賛成しなかったり、反論を突きつけることも厭わないくらいに率直に自分たちの意見を語ってくれましたが、ナイラの嫌な予感は消えることがありませんでした。

　直接的なアプローチがうまくいかないなら、ナイラは今こそ「探偵の仕事」をするタイミングだと思いました。ナイラのお気に入りの古いテレビ番組は『刑事コロンボ』でした。

　主人公のコロンボ刑事が素朴で間抜けにすら見えながら、実際は細心の注意を払って情報を収集し、事件を解決に導くことをナイラは気に入っていました。主人公の刑事の間接的なやり方こそ成功の秘訣でした。

　ナイラはコロンボ刑事のやり方を見習って、自分たちの組織を誇りに思い、守ろうとするがゆえに、公然と組織の問題を認められない部下たちの真なるニーズを探ろうとしました。

　部下たちのニーズを間接的に調査していくと、正面切った質問からでは得ることのできない本当の問題をナイラは以下の方法で把握することができました。まず、管理職チームのコンフリクトについて直接的に質問することをやめ、しばらく時間をおくことにしました。ナイラは多くのミーティングに出席するようにして、チームメンバーを会社のイベントや行事でも観察しました。そして、部下たちに仕事がどのように進んでいるかと尋ねました。

　すると、好ましくない場面が浮かび上がったのです。4人の経営陣（ダーシー、ニック、ジェイコブ、イーサン）は、決して一緒に昼食を取ることはありませんでした。部下たちは、ダーシー、ニック、ジェイコブについて話すとき、表情はハツラツとしていますが、イーサンについては褒めることはほとんどなく、話してもわずかなコメントでした。

　それでも、ナイラは刑事コロンボ流に、直接イーサンに問いただすこ

とはしませんでした。代わりに、彼女はイーサンとさまざまな都市をめ
ぐる長期出張をすることにしたのです。しかも、移動は自動車なので、
2人でいる時間が十分に持てます。仕事について、変化する医療業界に
ついて、ナイラの部下たちについてと2人だけのおしゃべりが続きます。

　イーサンは徐々に静かに傲慢さを表すようになりました。声を荒らげ
るのではなく、恩着せがましさを帯びた控えめな言い方で議論を支配し
たのです。相手の意見を抑えたり、反論させないために、イーサンは
自分の専門知識をインフォーマルな権力として柔軟に使うことがよくあ
りました。数日間をかけて、ナイラはイーサンが受動的攻撃[A)]を用いて、
コミュニケーションを支配しようとする人だという結論に達したのです。

　数日後、ナイラはダーシーをランチに連れ出し、「どうして、何が起
こっているのかを教えてくれなかったのかしら？」と問いただしました。
ダーシーは緊張していて悲しそうにも見えました。「僕たちは君をがっ
かりさせたくなかったんだ。うまくいくようにするのが僕たちの責任だ
と思っていたんだ」

　ナイラは、彼ら4人が一緒に働くのをどう手助けしたらよいかと考え
ました。彼女はイーサンに、自分より経験の少ないチームメンバーと一
緒に働いてくれたことを認め、大いに感謝を示しました。他の3人にと
ってイーサンは難しい存在であることをナイラは認めました。

　彼女は何カ月もかけて、4人の意見の相違を調整しようとしましたが、
イーサンは、ますます支配的な性格を出してくるようになりました。ニ
ックは徐々に緊張し、防衛的になりました。ある日、イーサンとニック
は会議室でその感情をぶつけ合い、お互いを罵倒し合いました。その後、
イーサンはナイラにチームの責任者にしてくれるよう要求してきました。

A　受動的攻撃（passive aggressive）とは、消極的（passive）あるいは、間接的に不満や怒り
　　などを伝え、相手を攻撃（aggressive）すること。表面的には良い人を演じているが、相手
　　に協力せず、自分の主張を通そうとするようなコミュニケーションのスタイル。たとえば、
　　頼まれごとをすると、その場では「イエス」と言うが実行はしないなど。

ナイラは仁愛戦略の限界を感じ、これまで素晴らしい働きを見せていた最高の部下たちを失う可能性があることにはっきり気づいたのです。

　イーサンは翌日、会社を去りました。

　現実的な仁愛戦略を取らない過度に支配的なリーダー、あるいは過度にコンフリクトを避けたいリーダーは、自分のチームにあるコンフリクトの存在を認めたくも知りたくもないのです。そのようなリーダーがコンフリクトに関与するとしたら、権力でコンフリクトを「解決」しようとします。しかし通常、それは解決ではなく、メンバーを抑圧するだけなのです。

⑩コンフリクト後の関係性の修復のために　自分の力を利用しよう

> ストレスフルな論争の後、リーダーは組織内の「関係性とコミュニケーションを修復する会話」をすることで否定感情の軽減を図ります。それは当事者同士をつなげる声明であり、責任の一端を負うこと、同じような状況が将来起こったときの対策、共通の目的と価値を検討することを含みます。正当な理由があれば、誠実な謝罪は感情や人間関係を修復するうえで非常に効果的です。

　イーサンが会社を辞めて、会社が正常な状態に戻るとナイラは期待していました。しかし、わだかまりが残りました。

　ナイラは権力闘争を甘く考えたことはありませんでした。権力闘争による後遺症があることも知っていました。彼女が学んだ重要な教訓は、コンフリクトの後の社内の関係性とコミュニケーションを修復する会話を持つことでした。非常に激しい論争の後に、顧客と率直な情報交換ができるようになったことがナイラには何度かありました。

　それは相手との関係性を救うだけではなく、場合によっては絆を強化することにもなりました。より強い権力がある者が最初の修復行動を取

った場合、会話が良い方向に流れることにナイラは気づいていました。そうすると、権力が弱い者にとってのリスクが軽減されるのです。そこで、ナイラはチームに招集をかけました。

「何が起こったのかを話しましょう」とナイラは始めました。

「私は皆さんが同僚として一緒に働き、会社のためになってくれると思い、上級コンサルタントとしてイーサンを雇いました。私の第1の間違いは、彼の採用の決定の場にあなたたちを参加させなかったことです。また、イーサンが入社してからの数カ月間の皆さんの状況に十分な注意を払わなかった責任も負いたいと思っています。私はあるクライアントに重点を置いていて、あなた方従業員が置かれた困難な状況を見ていませんでした」

みんなで話し合ううちに、それぞれの人が今回の問題について責任の一端があることを確認しました。

チームメンバーの責任は、ナイラを十分に信用していなかったため、実際に起こっていたことを率直に伝えられなかったことです。会社のトップとしてのナイラの責任は、チームをよく見ていなかったため、問題をすぐに理解できなかったことでした。

イーサンとのコンフリクトによって生まれたみんなの否定感情が徐々に消えていくまで、こうした話し合いは何度か行われました。会社が発展するに従い、同様な問題を未然に防ぐ方法についても話し合われました。話し合いは分析的で、心のこもったものでした。やがて、メンバーはイーサンとのコンフリクト以前の信頼と仲間意識を回復させたのです。

従業員が率直で、才能を発揮できるような組織を育て上げる以前から、ナイラはかなり成功していました。ナイラが専門家としてアシスタントに仕事の一部を任せるようになってからも、質の高いサービスと健全なアドバイスを提供する人物として顧客たちに知れ渡っていました。

しかし、部下やアシスタントたちがナイラに反論したり、忌憚のないフィードバックや新しいアイディアを述べることを良しとする関係性を

構築してから、彼女はさらに成功を収めました。しかも、彼女の健康も回復したのです。

9 現実的仁愛をマスターする方法
──スキル構築のためのステップ

　仁愛を効果的に使用できる人は、権力を共有しようとし、志を持ち、交渉などの複雑なことに対応できる技能、忍耐、自信を持っています。そうした人物が適切な状況で使うことが望まれます。

　仁愛戦略には、競合的なリーダーが必要とする対人コミュニケーション・スキルのいくつかが要求されます。たとえば、自信、アサーティブネス（積極的な自己表現力）、洞察力、感情制御力などがあります。いずれも自分のエゴを超越する能力のようなものを意味しています。

　リーダーは導師や聖人である必要はありません。しかし、時間の経過とともに、仁愛戦略を効果的に適用する人は対話（ダイアログ）、討論（ディベート）、交換（ギブ・アンド・テイク）の集団的プロセスを信用できるようにならなければなりません。

　仁愛戦略は「私」というよりも、「私たち」というアイデンティティを必要とします。集団のメンバーを本質的に動機づけるのは、高次の目的とつながることと、メンバー間の結束性であるという信念がこの戦略を支えています。[24]

　また、コンフリクトの本質についての知恵も求められます。「コンフリクト解決」という言葉の限界は、すでにコンフリクトが発生してから作業が始まることを意味します。コンフリクトの存在がなければ、解決はできないのです。しかし、仁愛あるリーダーと仁愛を支持する部下は、コンフリクトが起きるまで待ちません。彼らは不必要な、あるいは破壊的なコンフリクトを防ぐために、状況と関係性を効果的に管理しようとします。

そして、集団や組織の大義のために、必要な仲たがいを良い方向に向かわせていくのです。コンフリクトを理解する人々は、それが1回限りの出来事ではなく、むしろ、さまざまなズレが進行しているプロセスであることを知っています。

10 | 現実的仁愛のまとめ

恩情ある責任状況

あなたが紛争相手よりも強い権力を持ち、相手と共有できる目的やインタレストがあり、その人間関係を重要だと感じ、うまくやっていきたいと思っている状況。

戦略

まず、あなた自身が建設的なコンフリクト・マネジメントの実践者であり、責任ある組織人としての良いお手本を示しましょう。権力が弱い側に、双方の互恵的関係が重要であり、目標や優先順位を共有し、協力し合うことでリソースを豊かにでき、権力や影響力をさらに強められることに気づいてもらうことです。

戦術

①権力を共有して拡大させよう

②肯定感情の貯蓄を増やそう

③「No」と言うときには、ゆっくりと時間をかけよう

④チームを信頼して、彼らに任せる

⑤相手の「Yes」をそのまま受け取るな

⑥相手の成功のためにコンフリクト解決の枠組みを作る

⑦上司としてコントロールしたい、正しくありたいという気持ちを手放そう

⑧協力するように言うだけでなく、人々が協力せざるをえない状況を作る

⑨表面化していないコンフリクトに気づいたら、探偵を送り込め

⑩コンフリクト後の関係性の修復のために自分の力を利用しよう

スキル習得チェックリスト

すでに習得したスキルをチェックしてください。信頼している人と一緒にあなたの回答を検討してみましょう。たとえば、コンサルタントやエグゼクティブコーチ、仲の良い同僚、あなたとあなたの組織をよく知る友人、あなたの上司、またはあなたの部下の誰かでもかまいません。

☐ **私は必要に応じて適切に秘密を保持します。**コンフリクトが起こると、どうしても相手に裏切られた気持ちを持ってしまいます。どのような情報が共有でき、誰といつ共有できるのか、注意深く見極めていきます。自分の部下を操作するために、噂を広げたり、情報を使ったりすることは決してありません。

☐ **部下の見解を直ちに判断せずに、念入りに検討します。**最終的には、部下からの意見や提案に賛成しないかもしれませんが、部下の発想の背景が理解できるように、耳を傾けるようにします。視点の相違が創造的なアイディアを創出することを私は知っています。

☐ **部下と意見が対立しても、私は落ち着いていられます。**人は誰でもミスを犯します。部下が自分のミスを報告したとき、感情的に過剰反応しないように気をつけています。なぜなら、ミスを隠してほしくないからです。何をすべきであったかという意見の相違は、批判的なことではなく建設的なことです。私の部下は、私のことを「興奮しやすい人」とか「大げさな人」と言わないでしょう。

☐ **私は率直さを実践します。率直な部下には報いたいと思います。**私は嘘をついたり、問題を避けて通ることはしません。コンフリクトのときも含め、いつでも部下が私に何でも言えるような信頼関係を作っています。

☐ **私は頻繁にオープンなコミュニケーションを取ります。**組織が何をするかについての妥当で実践的な知識を私は論理的に説明しますが、組織のすべてを知っているふりはしません。すべて知っているふりをすれば、人々は私に正直に異なる見解を述べ、「愚かな」質問をしてくれなくなるからです。

☐ **私は公正であり、えこひいきをしません。**部下に率直な態度を求めているので、特定の人やグループに配慮し、私に有利になるような行動をして、部下たちとの信頼関係を傷つけないように心がけています。公正さと意思決定が他者にどのように解釈されるかを私は慎重に検討します。相手が不公平と解釈し、気に入らないと思うような決定を下さなければならない場合、関係者と話し合いの場を設け、公平性の問題に正面から取り組んでいきたいと考えています。

☐ **私は親しみやすく、話しやすいです。**私は自分が望むことを相手にもしようと思っています。ですから、どんなに忙しくても聞く耳は持っています。私が賛成しないことや聞きたくないことを話しにくる人がいても、簡単に話し合う時間を作ります。

☐ **私は頑なにプライバシーを守るのではなく、できる限り自分に関する事柄をみんなに開示します。**私は心を開いて自分のことを話します。部下たちに私を生身の人間として知ってもらいたいのです。忌憚のない意見交換ができてこそ、イノベーションに伴うクリエイティブな緊張感を創出し、本当に欲しい情報を得ることができるのです。

☐ **私は部下を擁護します。**部下を支持することで、信頼関係を築きます。パフォーマンスの悪さやミスを許すわけではありませんが、適切な場合、組織に対して部下を守ります。そうすれば、今度は部下たちが私を信頼して本音を話してくれるようになります。

☐ **私は約束を守ります。**約束をしたのにやらないことで、信頼感を傷つけるようなことはしません。

話し合ってみよう！

　意見の相違を効果的に対処するスキルを向上させるために、信頼できる人物と以下の質問について話し合ってください。

- チームのミーティングでの私の参加態度をあなたはどう思いますか。私は積極的に人のアイディアや意見を求めていますか。どうやっていますか。開かれた議論と率直な見解の共有に水を差すようなことをしていないでしょうか。しているのであれば、どんなことを私はしていますか。
- チームのメンバーは、私に本音を述べることを恐れていますか。もしそうなら、人々をためらわせるような私の行動を教えてください。あるいは、私がしていなかったことを教えてください。
- チームや組織内で、意見の相違を表明することは安全なことで、むしろ、奨励されていることだとみんなにわからせるために、私はどんな行動を取ることができますか。部下が持つ創造的思考、問題解決のアイディア、協調的な意思決定のインプットをより多く得るために、私が心を開き、信頼関係を強めなければいけない部下は誰でしょうか。

Chapter 5
賢明なサポート

私の目的を達成するには……
- 上司が委譲した権限を享受し、行使する
- 意見が合わないときは話し合う
- 上司と部下の成功は「相互依存」と目的が一致していることである
- 直接的、相互的、協調的な戦術を使って上司に影響力を与える

賢明なサポート

一意見が合わないときは「パワーを共有」

あなたのパワーが紛争相手よりも相対的に弱く、相手と共有できる目的や関心があり、その人間関係を重要だと感じ、うまくやっていきたいと思っている状況です。

状況	人間関係の維持	双方の目的共有度	相手に対する自分の権力
協調的依存	重要	共有	弱い

1 はじめに

　ウォルトとロイのディズニー兄弟は、コンフリクトを恐れませんでした。ウォルトは夢を追うリーダーで、創造性を奨励し育成しました。しかし、ウォルト・ディズニーカンパニーがエンターテインメント業界史上で最も成功しているのは、ウォルトと兄のロイとのコンフリクトのおかげなのです。

　ロイは会社の共同創設者であり、経理上のすべての責任を担いました。兄弟間の緊張は互いの性格の違いと責任範囲の違いに根差していました。ウォルトはやる気満々で、リスクテイカーで、創造的で大きな夢を持っていました。ロイは地に足の着いたタイプで経理に関して保守的な現実主義者でした。[1]

　しかし、ウォルトはその名声と天才的な創造力と性格から強い権力を持っていました。彼は会社の王様でした。彼が主張すれば、すべてが通りました。2人は経費、借金、投資、契約、改善についてよく言い争いました。しかし、互いに怒鳴り合っているときでも、いつも互いの言い分に耳を傾けました。彼らのコンフリクトは情熱的で頻繁に起こりましたが、おおむね協調的でした。[2]

　協調的なコンフリクトとはそのようなものです。2人は意見が一致しないとき、勝ち負けにこだわりませんでした。彼らは議論を戦わせて、Win-Winの解決を追求しました。

　このようなコンフリクトにあるとき、権力を持つ側は権力を放棄するのではなく、現実的な仁愛と権力の委譲を用いて人間関係と信頼を維持し続けるのです。権力の弱い側は、権力のある相手の怒りを買うリスクを負いますが、協調的コンフリクトでは信頼、謙虚さ、率直さが必要不可欠なのです。

　家族経営の一族でない限り、ディズニー兄弟のように、上司に対する絆を持つことはあまりないかもしれません。ロイはウォルトに大変気配りをしました。彼は弟のことを案じ、深い兄弟愛で守りたかったのです。

彼らの弁護士によると、「2人の間には緊張があったけれど、私が見るには、ロイは弟の人生がより良く、楽しく、喜びが多いものになるようにできることは何でもしていました」[3]しかし、ロイはウォルトとの対立を避けるために簡単に譲歩するよりは、意見が異なるときは進んで反対したのでした。

　この章で解説する賢明なサポートは協調的依存状況で用いられます。つまり、あなたが相手より権力が弱く、協調的または補完的な目的を持ち、人間関係を維持することが重要なときです。この戦略を用いているときのあなたは、相手に無条件に従っているのではなく、むしろ共通の目的を達成するために協働しながら、正直に異なる意見を述べることで、深い信頼とコミットメントを育んでいるのです。

　可能であり、適切であるなら、仁愛あるリーダーとサポートするメンバーの間で生じる協調的コンフリクトは、双方にとって目的達成、関係改善、達成感、精神衛生の面から最も良い結果をもたらします。うまく機能したら、全員に利益をもたらします。

　しかし、この章ではこの戦略が自然に生じるものではなく、作り出さなければならないことを説明します。自分が上司より権力がないことは自明のことですが、権力の弱い者が有効にできることは自明ではありません。上司に譲歩すること、たとえ戦略的譲歩（第7章で扱います）であっても、一時的な戦略にすぎません。上司から権力を奪うとか、上司を打倒する意図で反対するのはとても危険です。

　また、健康な心理状態で、権力を部下に公平に委譲しようとする上司に対してサポートするのは雇用者として当然のことですが、コンフリクトの最中に実行するのはまさに、言うは易く、行うは難しです。

　コンフリクトのときに、上司をサポートするということは、単に上司の主張をバックアップし、従うということではありません。反対に、同意できないときに上司を攻撃したり、暗に傷つけることでもありません。

　賢明なサポートとは、上司からの権力の委譲を懇請し、拝借し、奨励することです。あなたは上司より権力は弱いですが、無力ではありませ

ん。[4] そして、たとえ上司と目的を100％共有していなくても、共有する目的に向かって協調することが、あなたの理にかなっています。

こうしたサポート戦略は受け身ではありません。それは互恵的な影響力と利益をもたらす関係構築のための具体的な行動です。そして、上司が権力の委譲に消極的な場合でも、他者を支配する力から他者と権力を共有する力に関係を導くことができます。

コンフリクト時に賢明なサポート戦略を実行するほうがよいのは、以下のような状況です。

- 自分の目的を達成するためには相手側との関係を維持しなければならない状況
- 相手側と自分は対立していない。同じ側にいる状況
- 相手側は自分より権力がある状況

2 | 人々をサポートに導くものは何ですか

権力の弱い人がこの選択肢を選ぶのは、他の選択肢よりこのほうが心地良いからです。上司と意見が合わず、話し合って、良い交渉ができたと思って家路につくほうが、怒りと不安と苦悩にさいなまれて帰宅するより気持ちが良いものです。もしあなたの上司がそこそこ協調的であり、権力を委譲することと話し合うことに大きな恐れを抱かない人であるなら、同じように良い気持ちで家路についていることでしょう。

サポート戦略に人々を引きつけるもう1つの要因は、チームスピリットです。自分自身で良い気分になることも結構ですが、ポジティブな気持ちをみんなと共有できることはさらに嬉しいことです。同僚に愛着を持つようになり、仕事のとき以外でも相手のことが気になるようになります。

それが「私たち仲間」という意識です。「私たち」が上司に反対する、

そして、そのコンフリクトをどうにか解決しようとするとき、「私たち」はあきらめるのではありません。「私たち」は一緒に交渉するのです。そのとき「私たち」は力を持つのです。なぜなら、「私たち」は「私」より大きいからです。

もし、上司とあなたとあなたのチームのメンバーが、コンフリクトを互いに競争する場ではなく、一緒に克服するチャレンジだと受け止められるようになったら、コンフリクトの性質が変わります。「私 対 あなた」ではなく、「私たち 対 問題」となります。

では、なぜ人は上司と対立するとき、協調的になりたいと思わないのでしょうか。人によっては、自らの過去の経験、野心、精神疾患などが原因で、権力が弱い立場になった経験がないために、人をサポートすることを知らない、考えたことすらないという人もいます。本能的に競争し、支配することが目的になってしまう人に協調を求めるのは無理があります。勝つことが人生のすべてと信じている人にとって、サポート戦略は敗北のように感じられるからです。

また、ある人にとっては、サポート戦略は信頼を必要としすぎるように思えます。サポート役を心地良くこなすには、心理学者がいうところの「確固とした愛着」を必要とします。これは幼児が世話をしてくれる人から一貫して適切に自分のニーズに応じてもらえた場合に芽生えてくる精神状態です。確固とした愛着を獲得した成人は自分自身、自分のパートナー、人間関係に対してより深い信頼感を持ち、肯定的な見方をします。[5]

それに対して、不安感の強い人は、権威ある人から承認されたい、かまってもらいたいという欲求があり、人を信頼しにくく、人間関係において感情的だったり、心配しすぎたり、衝動的だったりします。

このような人は、権威ある人や自分に協調的でなかった人を信用しなくなります。「もしかしたら上司の協調しようという誘いは罠かもしれない」と考えるのです。また、ある人は、サポート戦略は論ずるよりも実践が難しいと実感しているかもしれません。

サポート戦略は、企業文化に適合しない場合もあるでしょう。確かに、社訓や社員向けのハンドブックには「私たちは率直な意見とチームでの協調を高く評価します」とうたわれていますが、実際に協調が実践されていなかったなら、この組織では、自分の身は自分で守らなければならないということです。

仁愛と同様に、意思決定が中央集権的ではなく、平等で協調的で、上司と部下の距離が近い組織では、サポートすることで、あなたの目的を達成できる可能性が高くなるでしょう。

3 | 自己診断──あなたはコンフリクトにおいてサポーターですか

権力がある人に同意できなかったとき、あなたはどの程度サポーターになる傾向があるでしょうか。以下の問いに答えてください。自分の意見に近い数字を記入してください。

1 ＝非常に反対　　2 ＝反対　　3 ＝中立
4 ＝賛成　　　　　5 ＝非常に賛成

1 上司とのコンフリクトは学習と成長の機会と私は捉えます。 ☐

2 最初は上司と意見が一致しなくても、最終的にはうまくいきます。 ☐

3 私は上司のストレスや健康状態を気遣います。 ☐

4 意見の一致が見られないとき、私は上司や他の人々に助けを求めます。 ☐

5 上司とコンフリクトが生じたとき、最初に問題の明確化 ☐

を求めます。

6 コンフリクトのとき、相互理解が得られるよう努力します。特に、直属の上司とのコンフリクトでは。 ☐

7 非常に緊張した状態の後は、上司ととことん話し合います。 ☐

8 上司とのコンフリクトでは、私は注意深く上司の意見を聞き、互いが正しく理解しているかを確かめます。 ☐

9 上司と私は、目的や関心事の多くを共有しています。 ☐

10 上司との関係はとても大切ですから、建設的関係を維持するために努力します。 ☐

11 どのような状況にあっても、私は上司に影響を与えることができます。 ☐

12 上司が意思決定をしなければならないとき、私は情報を提供します。 ☐

13 私は組織にとって大切な役を担っていると感じています。 ☐

14 私は上司に対して正直です。 ☐

15 自分の目的を達成するために、私は上司の協力を必要としています。 ☐

〈採点〉

　点数を合計してください。高得点であれば良い結果ですが、いつでもというわけではありません。戦略は状況に合っていなければなりません。特に、より強い権力を持つ人の反応に合っていることが大切です。以下の表を参考にしてください。

得点	意味	自分に問いかけてみましょう
40点未満	あなたはコンフリクトに対応するとき、ほとんどサポート戦略を用いません	この戦略が環境に合っていないのか、それとも、あなたが使おうとしていないのでしょうか
40～49点	この戦略を用いたいと思っています	適切な状況で十分に使っていますか
50～59点	かなりこの戦略を使っています	不適切な状況で使いすぎていませんか
60点以上	ほとんどの場合、この戦略を使っています	使いすぎかもしれません。環境がそうさせているのでしょうか。適切な状況で効果的に使っていますか。他のスキルを使ったほうがよいと判断する能力を高める必要がありますか

4 | **組織診断**——あなたはサポートを奨励する環境にいますか

　次の問いに答えてください。今の職場がどれだけサポート戦略を奨励しているかがわかります。

　　1＝非常に反対　　2＝反対　　3＝中立
　　4＝賛成　　　　　5＝非常に賛成

1　上司は私の本音を知りたがっています。　　　　　　　　　□

2　直属の上司は、私との良い関係を築きたいと努力しています。　　　　　　　　　　　　　　　　　　　　　　□

3　業務上、上司が責任、決断、権威を私と分かち合おうとしています。　　　　　　　　　　　　　　　　　　　□

4 今の上司は、尊敬に値します。☐

5 今の上司と仕事をしていると、サポートしたくなります。☐

6 会社では、上司と私の間に対立がある場合は、とことん
話し合うことが奨励されています。☐

7 職場では、チームワークと良い人間関係の維持に大きな
価値が置かれています。☐

8 対立がある場合、私の上司は部下や関係する人々への影
響に配慮しています。☐

9 私や他の部下と意見が合わないとき、上司は傾聴し、説
明してくれます。黙らせたり、命令したりしません。☐

10 私の所属する組織では、意見の対立がある場合、上司が
適切な行動を取ることが重要視されています。☐

11 コンフリクトに対応するとき、私の上司はオープンで建
設的です。☐

12 コンフリクトは、チームメンバーが互いに正直になり、
一緒に仕事をする方法を学び合う場となるから健全だと
私の上司は信じています。☐

13 互いに異なる意見を持っていても、私の職場では管理職
に意見を普通に言うことができます。☐

14 今の職場では、上の人に同意しなくても、職を失う心配
はありません。☐

15 現在の職場では、経営陣と意見が合わないという理由だ
けでクビになったり、左遷されたりするような組織だと
感じている人はいません。☐

〈採点〉

　回答を合計してください。15点から75点の間になります。数字

が大きいほどサポート戦略を使う意味がある組織です。次に、自己
診断の点数と組織診断の点数を比較してください。

自己診断	点
組織診断	点

　点数が近い場合は、この戦略が適切に使われていることを意味し
ます。もちろん、コンフリクトの詳細、質の違いによって、誰にど
のようなとき、この戦略を使うかに気をつけなければなりません。

5 | コンフリクトで賢明なサポート戦略を 使うべき6つの理由

①**ポジティブな関係は効果がある**……チームがネガティブな感情では
なく、ポジティブな感情を共有しているほうが、パフォーマンスは
良くなります。この状況は心理的安全性と柔軟性をもたらし、リス
クを恐れず、イノベーションをもたらしてくれます。[6]
②**否定性は文脈の中で弱まる**……多くのポジティブな経験を共有する
仲間に対して、怒りを維持し続けることは難しいものです。賢明な
サポートの1つの利点は、あなたと上司がより早く冷静になれ、相
手を許し、頭痛の回数が少なくなることです。[7]
③**長期的人間関係を築いている**……あなたと上司との関係は、コンフ
リクトを乗り越えて持続するでしょう。自分の持っている最高のア
イディアを上司に提供し、上司に率直なフィードバックを与えるの
はリスクにも思えるでしょう。しかし、一方でそれは、あなたが将

来にわたるリーダーとフォロアーの強い絆に投資しているのです。[8]

④**チームのほうが個人より賢い**……チームは有効なアイディア、クリティカル・シンキング、創造性、全体性を意識したホリスティック（全体論的）な思考と問題解決の機会を提供します。価値あるものは、イエスマンだらけのグループによって創造されたためしがありません。指示待ち人間や失敗すると知りながら命令に従うようなメンバー、良いアイディアを表明せず和を乱さないようにするメンバーは、自分自身のキャリアだけでなく、チームや組織全体の成果を損なっています。[9]

⑤**あなたはあなた自身の成長のCEOであり、あなたのブランドのマーケティング部長です**……長期にわたり成長するためには、あなたの能力と才能の活かし方を学ばせてくれる上司と働く機会をつかむことです。アイディアを単に受け取るだけでなく交換し合うことはあなたの成長であり、あなたが成功する可能性を高めます。あなたの属する組織の内外で、あなたが有能な人材であるという評判を得るには、飛び抜けて良い仕事をして、上司にあなたを自慢してもらうことです。組織の目標達成を考え、自分の上司に異論を唱えることも必要です。ただし、協調的に上手に述べることです。そうすることで、他の上司たちからの評価も高まり、昇進させてもらえるでしょう。[10]

⑥**権力を委譲することは互いを利する**……部下が意思決定に積極的にかかわることは、リーダーにも益するものがあります。リーダーの持つ孤独感とすべてを自分で決めなければならないというプレッシャーを減らします。部下がリーダーに好感を持ち、リーダーが部下に好感を持っている場合、モチベーションと協力が相互に高まり合う流れが生まれます。[11]

6 | サポートを誤って使ったらどうなるか

賢明なサポートの有用性は、本書で紹介している他の戦略同様、文脈によって異なります。

上司とコンフリクトを起こしすぎると不利益をこうむります。協調的な上司でも、何でも反対するヤツ、または権力闘争を好むヤツと感じて、あなたに対して否定的または競合的になる可能性があります。

反対意見の表明の仕方も影響します。文句を言う、虚勢を張る、辞めると脅す、イライラさせる、強要するなどは、時には効果があるかもしれませんが、デメリットもあります。そして、あなたと上司の間に存在する「ポジティブな感情の貯蓄」を減らします。

もし、上司との末永い関係を望むなら、または、上司からの昇進や推薦を必要とするなら、反感を買うような荒々しい反対や交渉を頻繁にやることは避けたほうがよいでしょう。

賢明なサポート戦略は、丁寧に育む大切なリソースと考えてください。育成し、保護し、調節し、時には修繕するものです。軽い気持ちで使ったり、あって当たり前のものではありません。

7 | 賢明なサポートの実践はどのようなものか

建設的なフォロアーとリーダーの関係は、時間をかけて育成されます。コンフリクト時に権力を共有することは、フォロアーが懸命にリーダーに影響を与える方法を探る交渉なのです。

コンフリクトのとき、サポート精神がある人は、仁愛がある側より権力が弱い立場にあることを認識しています。積極的にサポートに回ろうとし、論争の明確化を求め、権力者に注意を払うことで問題に対して洞察力を養い、傾聴し、あらゆる手段を使って協力しようとします。同時に、権力者たちから評価されるスキルやアイディアを開発するソフトパ

ワーを獲得するためにたくさんの投資をします。

　理想的には、時間とともに、権力者側があなたとの関係に好感を持つようになることです。しかし、このプロセスは平坦ではなく、心配、反感、交渉の失敗が付きまといます。しかし、双方があきらめないで継続するなら、そして完璧主義に陥らないなら、とても気の合う操縦士と副操縦士のような関係が成立します。

8 ｜ 賢明なサポートのための10の戦術

①ポジティブであれ

> 権力を持つ者と肯定的で偽りのない関係を育成しましょう。共通項と共有する目的を探求しましょう。

　すべてのコンフリクトは人間関係の中で生まれます。仁愛あるリーダーの下で働くほうが支配的なリーダーの下で働くより楽ですが、絆は自然にできるものではありません。人と人の間をつなぐには意識的な努力が必要です。上司と部下の関係が肯定的で、偽りのないこと、類似性、同じ目的へのコミットメントを強調する場合、意見の対立は、建設的で交渉に開かれたものであり続ける可能性が高いのです。

　ジーンは静かな人です。彼女は年商2500万ドルで、従業員75人の空調機のパーツ供給会社ACRサプライの経理部長として雇われたのですが、前任者が突然辞職した後だったので、引き継ぎが十分にできませんでした。

　当時、簿記係が2名いましたが、会計士の資格を持ってはいませんでした。3カ月間、彼女は手続き、方針、ソフトウェア、数字について学ぶために時間をかけました。彼女は技術的なことに集中していたので、人間関係を築く時間がありませんでした。

ジーンは前の職場から復帰しないかと懇願されており、心が揺れていました。前の職場では尊敬されていましたし、発言する場がありました。しかし、この新しい職場は荷が重すぎると彼女は感じていました。

　新しいシステムを学び終えると、ジーンには改善する方法が見えてきました。無駄、不正確さ、非効率さが見えてきましたが、上司がどんな人柄かをほとんど知らない状態で、理由なく波風を立てる気にはなれませんでした。いつまでいるかもわからないのに、火に栗を投じることはないわと彼女は思いました。

　3カ月が過ぎ、どうしても口を開かなければと彼女は決心しました。オーナー社長であるトロイに面談を申し込みました。「正直に申し上げます。とても迷っています。この仕事をまだ十分に把握しきれていないのですが、前の職場から復帰の誘いを受けています」と彼女は訴えました。

　トロイの反応は、ジーンにとっての転機になりました。「トロイは親身になってくれました。いかに私を高く評価しているか丁寧に話してくれました。彼は私の邪魔にならないように黙っていたのだが、十分にサポートしてあげていなかったかもしれない。今後はもっとかかわるようにして、手助けしていくから、辞めるかどうか決めるのは、1カ月待ってもらいたい、とトロイは言ったのです」とジーンは語りました。

　トロイはその会話を覚えていました。「ジーンには能力があり、会社に合っていることもよくわかっていたが、彼女に一番良い選択を私はしてほしかった」

　ジーンとトロイの人間関係が始まりました。数週間でジーンとトロイは互いをよく知るようになりました。「お互いの似ているところを見つけました。たとえば、息子を育てていること、世界や人生についての考え方など。そして、お互いに成功してほしいと考えていることもはっきりしました。トロイの優先順位について理解し、私は会社により強くコミットするようになり、会社が繁栄することを願うようになりました。トロイも私が遭遇する障壁は見過ごせないと言ってくれました。私たち

の関係がしっかりしてくると、反論や批判があるなら率直に言ってほしいとトロイは私に言いました。私の仕事のやり方も尊重してくれるし、会社に関して私の意見も聞きたいと言いました」

②最初の場の条件を注意深く築こう

> コンフリクトは最初の場の雰囲気で終わることが多いものです。協調的、礼儀正しい、理性的な雰囲気で始まったものはWin-Winに至ることが多く、気難しく、論争的、防御的、批判的な雰囲気で始まったものは、敗者と勝者または敗者だけで終わります。

エイドリアナは政府機関の支部長です。彼女の仕事は支部に属する科学者とエンジニアを管理し、サポートし、擁護することです。2人の上司のうち、ステファンは72歳で退職間近でした。エイドリアナはステファンと仲が良く、彼には遠慮なく何でも言っていました。2人はルーマニア人であることに誇りを持っており、似通った家族背景や、自分たちの人生に影響を及ぼした歴史的事件などについて語り合いました。ソ連の支配下で生活してきた親戚を持つ身のステファンは、仕事では民主的なリーダースタイルを実践していることが誇りでした。

しかし、エイドリアナから見ると、ステファンは周りに影響されすぎる傾向がありました。「ときどき、最後まで彼を説得しようとした人、特に難しい人の意見が通ります」。彼女は、地位が低い同僚たちが憤慨したふりをしたり、時間稼ぎしたり、怒って会議の席を去るなどの理不尽な行動を取ることでステファンに影響を与えるのを見てきました。ステファンは自分のやりたい仕事をあきらめて、彼らの言うことを受け入れるのです。

時が経つに従って、エイドリアナが最もステファンに影響を与える存在になりました。それは彼女がそれぞれの意見の対立がどのように始まったかを注意深く観察していたからです。

最初のアプローチの仕方で、ステファンの考えと情緒がだいたい決まることを彼女は直感的にわかっていました。そして、次に起きる意見の違いに影響を与えるのは、前回の対立のときの雰囲気であることも知っていました。そこで彼女は目立たない、間接的な、関係保持対応を用いました。

　「時に、『私の意見は、あなたとの前の話し合いに基づくものです』と言ってから話し始めます」とエイドリアナは言いました。あるとき、持てる能力を発揮しきれていないエンジニアにもっと適したプロジェクトに移ってもらいたいと彼女は感じていました。他の人々はこのエンジニアに関してステファンにきつく抗議したり、強く説得しようとしていました。

　そこで、彼女はステファンがこのエンジニアに関して指摘した特別な能力を思い出させました。エンジニアの細部への注意力、ミクロ分析スキル、技術的なプロジェクトの小さな問題点を見つける能力です。彼女はこれらの能力を発揮できるプロジェクトに彼を異動させたいと説明しました。

　ステファンは同意しました。エンジニアが異動に抵抗するかもしれないと思えたので、彼女はステファンに、元はあなたのアイディアなのだから、あなたからエンジニアに伝えてほしいと提案しました。エンジニアは、上司のさらに上の上司から彼の能力を活かせる特別のプロジェクトに異動になることを告げられ、自分は重要な人物だと感じ、文句を言わずに異動しました。

　「このように、私の部下は上の上司がプロジェクトへ異動させてくれたので喜び、上の上司はうまく事を処理できたので喜び、私は私の目的を達したこと、会社にとって良いことをしたので喜びました」

③情報提供者のネットワークを作ろう

> 権力が弱い側は、権力のある側に立ち向かうときに信頼できるネットワークからのサポートを得られると、より効果的に交渉できます。

　ジーンはトロイがどのように反応するかがわかるようになりました。彼が何を優先し、アイディアやフィードバックをいつ聞きたがるかがわかりました。1年間トロイの下で働いた結果、ジーンは彼を深く理解したと感じました。

　彼女は、会社が毎年牧師にかなりの謝礼を支払っていることに気づきました。毎週、牧師が社の施設を訪れ、話をしたい従業員がいれば応じることになっていました。彼女はトロイが非常に信心深い人で、この制度を強く支持していることを知っていましたが、同時に、不景気で経費削減が緊急の課題であることも知っていました。

　これまでの間にジーンは社内で多くの人脈を作っていました。彼女は多くのマネジャーたちから尊敬され、信頼されていました。彼女はマネジャーたちの意見を注意深く聞いた後で、トロイと牧師訪問制度について話し合いました。彼女が意見を聞いた人々は、各従業員の宗教はそれぞれで、自分の信仰の場で聖職者と接触があると思っていました。確かに牧師に会社に出向いてもらえるのは便利ですが、コストに見合っていると感じている人は非常に少なかったのです。

　それでもジーンは、トロイにこのプログラムの廃止を提案するには、このプログラムの人気度に関してもっと正確な情報が必要だと思っていました。彼女は従業員アンケートに1つの項目を加える許可をトロイから得ました。結果は明白でした。このお金のかかるプログラムはあまり支持を得ていませんでした。トロイはプログラムの縮小に同意し、経費がかなり削減されました。

　組織内のインフォーマルなネットワークはアドバイスの提供、信頼、支援、組織としての気づき、その他多くの機能を果たします。日本では

もっと広いネットワークが存在します。日本の企業では同期会というものがあります。共に新しい生活を始めたことで仲間意識が生まれます。日本人は、卒業、入学、就職の年を基準に形成される同期会が好きです。同期会のメンバーは出世する人やそうでない人の別なく、長期にわたり交流を続けます。そして、同期会はメンバーの帰属意識を育み、会社における地位に関係なく互いに情報交換したり、助け合ったりします。

　ジーンの職場では、みんなが同時期に雇われたのではありませんが、彼女は人々と知り合い、彼らの会社に対する考えを聞き、自分の同期会を作り上げたといえるでしょう。彼女のインフォーマルなネットワークは、会社とトロイのためになる行動が取れるように支えてくれました。

④問題は「あなたの」というより 「私たちの」ものとして捉えよう

> 権力が弱い側は、コンフリクトを相手を共有する問題と捉え、共有するインタレストを強調した方が影響力が増します。

　『アポロ13』はチーム力を扱った素晴らしい映画です。映画では優秀な1人の人物より、団結したグループの方がより多くのことを達成できることが描かれています。トム・ハンクスが演じる宇宙飛行士ジム・ラヴェルが、地球にいるエンジニアに問題発生を伝えるとき、彼は直感的に問題を集団のものとして捉えています。「ヒューストン、私たちは問題を抱えています」と。

　仁愛あるリーダーの下では、ほとんどの問題は「私たち」の問題です。サポート戦略を用いるフォロアーが、問題やコンフリクトを「私の」とか「あなたの」ではなく「私たちの」と捉えるとき、チームが目的を達成する可能性が増えます。これは、目標が宇宙船を地球に帰還させることであろうと、四半期の収益を達成することであろうと同じことです。

　エイドリアナが勤務する政府機関では、民間企業から依頼された研究

を行っています。契約に基づいた金額を支払って、企業は政府機関に研究を外部プロジェクトとして委託しているのです。ステファンはそうした提案の大部分を許可していました。彼は、できるだけ多くの契約を取るべきだと考えていたのです。

しかし、それはエイドリアナには頭痛の種でした。彼女の部下たちは働きすぎでした。それに、これらの契約の中には部下の科学者やエンジニアにとって興味の持てないものもありました。彼女の言葉によれば、「私たちの中心課題に焦点を合わせるのでなく、関係ない課題が押し寄せ、収拾がつかなくなる感じなのです」。

エイドリアナは仕事が多すぎるとステファンに抗議しましたが、無駄でした。とうとう彼女はひざ詰めでこの問題を話し合うことにしました。「これらの外部プロジェクトは、私たちの研究メンバーの集中力を低下させています」。

彼女はステファンがコミットメントを表明している「私たちのビジョン」と「私たちのミッション」について話しました。また、以前にステファンが「興味が持てない研究をやらされると良い結果は得られない」と話したことを思い出してもらいました。ステファンが承諾したプロジェクトのいくつかは、部の長期的ビジョンに適合しないので、断ったほうがよいと彼女は説明しました。

初回の話し合いはうまくいきませんでしたが、その次からは効果がありました。2、3回の話し合いの後に、ステファンは契約の審査にエイドリアナをかかわらせるようになりました。彼女が「これは私たちのビジョンに合いません」とか、「この研究課題に興味を持つ私たちの部下はいません」と言うと、ステファンは耳を傾けてくれました。

⑤1つの問題を持ち込むな、複数の解決策を持ち込もう

二者択一の選択を迫ったり、取り扱いにくい問題を持ち込むのではなく、権力がある人には複数の選択肢を提供しましょう。

この戦術を使えばリーダーもフォロアーも、ある程度負けたとしても、ある程度勝つことができます。交渉は選択肢が多いほうが実りが多いのです。

ジーンはレイオフをしないで経費削減する方法をトロイと協議するにあたって、非常に緊迫した議論になるだろうとわかっていました。お金を使う人と貯める人は水と油のようです。トロイは抜け目のないオーナーでしたが、コストカットより新しいビジネスチャンスに目が利く人でした。

一方、ジーンの情熱は経費の削減と会社の会計を管理することにありました。彼女はトロイの口癖を覚えていました。「問題を持ってくるな。解決策を持ってきてくれ」。そこで、彼女はビジネスに影響を与えずにコストカットする方法を50項目準備しました。最初から譲れない項目を決めてかかることをしませんでした。トロイが、提案の全部でなくても、ある程度の数の案に同意すれば、レイオフは避けることができそうでした。

トロイは早速、数個の小項目を承認しましたが、節約できた金額では、すべての部下の雇用は守れません。ジーンは従業員の退職金への会社の負担分を減額することを提案しましたが、トロイは拒否しました。

「じゃあ、残業をなくすのは？」

「ダメだ」

「会社負担のビーチ休暇を取りやめるのは？」

「どうかなあ……」

「じゃあ、銀行への支払い方法を変えるのはどう？」

「今のメインバンクだけとなら」

「認めてもらわなければならない特定の項目はありませんでしたが、かなりの数の項目に賛成してもらわないと、私の目的であるレイオフを避けることはできません」。ジーンは、1点1点勝負するのではなく、レイオフを避けるためには、2人でカットできるいろいろな項目を見つける必要性を何度もトロイに問いかけました。

「彼対私ではなく、私たち対レイオフでした」とジーンは説明します。

ついに達成できました。ビーチ休暇はキャンセルし、倉庫の裏に砂場を作り、ファミリーピクニックにしました。年金プログラムの文言を変更し、会社からの年金の上乗せ方法を変更しました。残業は認めましたが、自発的な時短を提案しました。ジーンが強く求めていた新しい支払い方法を実現するための取引銀行の変更については、トロイは自分ならそのようなことはしないが、彼女が決めてよいと譲歩してくれました。彼女は新しい銀行のプログラムを選択し、トロイは彼女の決定を承認してくれました。

⑥平和的なキャンペーン運動を展開しよう

> 権力が弱い側は、一度に影響力を行使するのではなく、時間をかけて、協調的な試みを繰り返すことで影響力が発揮できます。

キャンペーン運動は、時間をかけて繰り返し行うものです。親がイライラするほどアイスクリームが欲しいと駄々をこねる子どもは抵抗キャンペーンをしているのではありません。しかし、戦略的なフォロアーが上司の考えに同意できず、新しい考え方をゆっくり上司の頭に浸み込ませ、注意深く、隠しごとなく会社のために行うことは、キャンペーンと呼べます。

モニカはアスリート用の靴店の本社オフィスに勤めていました。彼女は新しいフランチャイズ店が成功するのに貢献しました。大学時代に運動選手だった彼女は、スポーツの得意な3人の息子を育てていたので、

目的を達成するためにやるべきことを知っていました。同時に彼女は、スポーツと同じようにビジネスでも点を取るには、何回もトライしなければならないことがわかっていました。

　モニカの上司はシニアバイスプレジデントのデニスです。モニカとデニスはときどきビジネス戦略について意見が合いませんでした。たとえば、彼女は最近店に来なくなった客のフォーカスグループ調査をしたいと考えていました。モニカも他の人たちも、店に来なくなった理由を推測することはできましたが、彼女はもっと確固とした情報が欲しかったのです。彼女は過去に調査をした研究者がいることはわかったのですが、デニスは調査費用を出してくれません。

　「彼は絶対ダメとは言いませんでした。ただし、今やるだけの価値があるとは思えないと言いました」。そこで、モニカは調査のことをデニスに影響力のある上層部の人々に投げてみたのです。そして、ときどきデニスに正確な情報があれば顧客を取り戻せる可能性があることを言い続けました。

　「彼に煩わしい思いをさせたのではありません。私が言い出すのは、他のプロジェクトに関連してフォーカスグループ調査が良い追加情報になると思われるときだけです。私が正しいことを、デニスに伝えてくれる上司を探り出したわけではありません。それに、デニスにも上司がいて、予算を守らなければならないことはわかっています」

　デニスはモニカのオープンなキャンペーンに気を悪くしたり、恐れを抱いたりしていませんでした。実は、彼は感謝していました。おそらく彼も同じ戦術を使ったことがあるからでしょう。

　デニスによれば、「私の直属の上司はCEOのジャレッドです。私は良いアイディアがあったら、時間をかけて練らなければならないことを学びました。時には数カ月、時には数年。当時、私たちは新しくアパレルビジネスに進出する準備をしていたのです。このアイディアをジャレッドと3年前に考え始めたんです。そして、機会あるごとに彼や他のメンバーに、『アパレル分野を大きくする方法を考えなければ……どう思

う？』と尋ねました。私は利益をあげる方法をいろいろ提案していたのです。ジャレッドはたくさんのことを考えていて、大胆なアイディアに注目しているので、別の大胆なアイディアを受け止めるのには時間がかかります」。

モニカとデニスは企業の成功に関する大切なことを、それぞれの上司に影響を与えるために平和的なキャンペーンを展開していたのです。

⑦得意分野で影響力を発揮しよう

> 優秀であること、専門性は影響力の原点です。権力が弱い人にとって、自分の専門分野からの発言が最も影響力を持ちます。

コンフリクトを成功裡に持っていけるかは、信用にかかわっています。信用されている分野であなたは影響力が発揮できます。一方、あなたの専門知識の欠如や過去の失敗が原因で人から信用されにくく、影響力が発揮できない分野もあるということです。長期的視点から、自分が影響力を持っていることにフォーカスし、自分に有利な戦場を選びましょう。

ジーンは時間をかけてどんな問題だったら上司に影響を与えることができるかがわかってきました。トロイの下で働き始めて数カ月後、経理のことはすべて聞いてもらえるようになりましたが、他の分野にかかわることは、もっと時間がかかりました。

経営陣が9番目の都市に進出するべきかどうか議論していたとき、ジーンただ1人がそれは正しい方向ではないと考えていました。

「私が間違っていました」と、彼女は後で気づきました。「私は起業家ではありません。リスクを冒すことができないのです。私は自分の会社を起こし、確信が持てないのに機会を捉えて飛び込むようなことはできません。だから、トロイのお金の使い方には批判的ですし、彼を含めてみんなに責任あるお金の使い方を要求しています。そしてトロイは、経理としての私の意見を認めています。彼に同意できないとき、私が影響

力を発揮し成功するのは、私が最も得意とする経費削減です。私の価値が認められている分野でなければ、私は間違っても気にしません」

⑧できるだけ早く修復しよう

> 権力が弱い人が強い人との話し合いで行き詰まったと思ったときは、できるだけ早く関係を修復し、妥協し、一時的に譲歩し、権力を持つ側に好まれる選択肢を探すようにしましょう。

通常は仁愛があるけれども、ときどきそうでなくなる上司とコンフリクトを起こし、行き詰まったときは、プライドを捨てて、目的達成のために長い目で対応する必要があります。

エイドリアナの直属の上司は、副部長のマックスです。多くの仁愛あるリーダーのように大変協調的なのですが、ある分野ではやたらと頑固になることがあります。マックスの意に添わない意見であっても、部下が事実に基づいて論理的に語るのであれば、傾聴し、さらに上層部に提案することを応援してくれることもあります。しかし、公の会議ではマックスは頑固で、防御的になり、部下からの反論を受け入れることはありません。

スタッフ全員とのミーティングで、マックスは部内の問題について耳障りなコメントをしました。エイドリアナは、挑戦的なやり方でなく、単に彼が誤解している点を正すために割って入りました。

マックスは怒りを隠そうとしましたが、その瞬間から彼女に対する態度を変え、それが1週間続きました。他の人たちはマックスがエイドリアナを避けたり、彼女について批判的なことを言っていることに気づきました。数日後、エイドリアナはマックスと1対1のミーティングを持ちましたが、それは気まずく、非生産的でした。意見の不一致は全く取り上げられませんでした。

「私は間違ったことをしたとは思っていません。でも、きっとマック

スは、私が彼の発言を滅茶苦茶にしたと思ったのです」と彼女は言いました。2人は袋小路に入っていました。何週間もこの状態が続くことが予想できました。「私は正しいのだから、このままでいてもよいのですが、謝ることで袋小路から出ることもできます」。彼女は選択することができるのです。

次の月曜日、エイドリアナはマックスの部屋に行って、こう言いました。「先週のミーティングでの私の行動をお詫びします。あなたに不快な思いをさせたり、ストレスを与える気は全くありませんでした」

彼は、予想に反して、「ありがとう」と答えました。

権力のある上司に謝ることで、袋小路から抜け出せます。場合によっては、妥協する、サービスを約束する、あとで良い結果が出ることを期待して降伏する、または人間関係や感情について真摯な話し合いをする必要があるかもしれません。目的は現実的であることです。良い関係を温存し、ネガティブな感情が溜まるのを防ぐことです。

⑨あなたが権威ある人にしてもらいたいことを 権威ある人にしてあげよう

> 賢明なサポート戦略から最大のメリットを得ようとするなら、自分がしてもらいたいことを相手にしてあげることです。協調的コンフリクトは将来に多くの協調を生じさせ、競合的コンフリクトは多くの競合を生じさせます。[12]

ジーンはトロイに自分の提案の弱点を指摘してもらって、いろいろな角度から検討したいと思っています。そのためには、まず彼女のほうからトロイに「私の提案についての率直なご意見をいただけませんか」と尋ねることです。

「私はトロイにできるだけ経理にかかわってもらいます。彼は、私を専門家にしたいのですが、私は彼に経理に明るく関心あるリーダーであ

ってほしいのです。トロイは徐々に経理をよく知るようになって、どうして月によって同じ項目の経費が上下するのかを聞きに来ました」

　ある日、ジーンは前月のミスについてのメモを彼に送りました。大きな会社が間違ってクレジットメモ[A]を発行したのですが、彼女はすぐには気づきませんでした。したがって、前月の収益が5万ドル多くなったのですが、これは払い戻さなければならなかったのです。

　「トロイは私に『これは一度だけの間違いなのか、それとも繰り返し起きることなのか。どうしたら二度と起こらないようにできるのか、私たちのやり方を変える必要があるのか』と聞いてきました」

　「聞いてもらえて良かったです。私が気づいていないことがあるかもしれません。トロイはきつく聞いてきたわけではありません。結局、自分が知らないことはわかりません。だから、私が気づいていないことを尋ねられるのは良いことです。彼の動機は良いのですから、私は彼を信頼してます」

　他のときでも、トロイはジーンの判断に疑問を呈したり、他のやり方をするようにチャレンジしてきます。ジーンは防御的にならずに聞くこと、率直に対応すること、協調的に話し合い交渉することが仕事だと認識しています。「因果応報です」と彼女は言います。

　トロイはジーンの率直さが好きです。「彼女が私の考えに反対し、自分の考えを表明します。そうでなければ、私たち2人は私1人分の賢さでしかありません。それでは十分ではありません。彼女はとげとげしくなく、対立的でもありません。彼女はビジネスに最も良いことを望んでいるから、しっかりと考えを述べるのだと私は信用しています」

A　クレジットメモとは、取引において返品や値引きが生じた場合、販売側から購入側に対して、販売額の減額を通達する伝票のこと。

⑩リーダーの弱点と致命傷を区別しよう

> 仁愛に満ち、協調的で、好感の持てるリーダーでも人間です。リーダーの風変わりなところ、気がつかないところ、愚痴、不安、その他の個人的・心理的な違いを、権力が弱い側は取るに足らないものとするか、深刻な欠陥と見るべきかを判断する必要があります。

悪い上司を見つけることはたやすいです。しかし、欠点のある良いリーダーを見つけ、その人と仕事をし続け、対立することはそんなに簡単なことではありません。

賢いフォロアーはマネジャーの弱点を文脈の中で捉えます。遅刻、罪のないジョーク、時たまの怒り、小さな間違い、ときどき細かいところまで指示することなど、稀にしか問題にならない欠点もあります。

一方で常に破壊的な行動もあります。たとえば、敵対心、軽蔑、バカにする言葉、非道徳的行動、約束破り、虚言などです。しかし、欠点は微妙で文脈に依存します。上司のコメントはどのくらい無神経だったのか、上司の行動は本当に私のキャリアと会社を傷つけるものなのか、よく考えることが重要です。

二者択一志向の人は要注意です。自分の目的と組織の目的を達成したいなら、卑劣で悪いものと、不愉快または愚かなものとを区別しなければなりません。

モニカが見るところ、デニスは天使ではないけれど、基本的には良い上司です。彼はこの業界に長くいるので、信用があります。売り手との仕事のやり方、重要な同業者との付き合い、会社の将来のビジョンなど、彼のやっていることは素晴らしいとモニカは思っています。彼女はデニスを感じの良い有能な人と見ています。

「でも、とても不快なときもあります。多くの人と同じようにストレスが溜まると無作法になります。でも、嫌な人ではありません」とモニカは述べています。

デニスのスケジュールは、過密な海外出張で詰まっています。ストレスの多い出張から帰ってきたとき、デニスは人にきつく当たるときがあります。彼は大男なので、大声で怒鳴らなくても人を怖がらせます。

　あるとき、デニスがヨーロッパから疲れ切って帰ってきて、モニカの部下にお前の出張スケジュールは甘すぎると噛みつきました。モニカは怒鳴られた若い部下を呼んで、「個人攻撃されたと受け取らないように」と言いました。デニスは疲れ切っているだけでした。さらに、デニスは同じ日にミーティングの場で、メンバーを怒鳴り散らしました。

　モニカはみんなの前でデニスに抗議しようかとも思いましたが、すんでのところで自制しました。「私の目的は何か？　ドラマチックにやること？　いいえ。デニスに私が彼よりタフだと思い知らせること？　いいえ。彼をはずかしめること？　いいえ」

　デニスは良い人なのですが、ストレスに対処する方法を知らないのだ、ということに彼女は気づいたのです。彼女はミーティングが終わり、みんながいなくなってからデニスの部屋に行きました。彼女はデニスの前に座り、声を荒らげず、スタッフの前で彼女の直属の部下を批判することは彼の仕事ではないと伝えました。もしデニスが文句を言いたければ、まず彼女を通すべきだと言いました。そして、会社の成功はチームの士気にかかっているのに、デニスはストレスが溜まると、そのことを忘れてしまうようだと指摘しました。

　デニスは少し防御的になりましたが、モニカは「デニス、あなたは疲れ切っているわ。家に帰ってぐっすり眠って、私の言ったことを考えて。明日の朝、話しましょう」と言いました。次の朝、疲れから回復したデニスはオフィスに来て、スタッフに前日の自分の行動を詫びました。

　次の海外出張からデニスが帰ったとき、モニカは彼が会社に来る前に疲れていないかを確かめるメールを送りました。スタッフ全員とのミーティングが予定されていて、デニスの機嫌が悪いのなら、ミーティングをキャンセルしようと思ったのでした。

　モニカが本当に知りたかったことは、デニスが感情をコントロールで

きるかということだと彼もわかっていました。「大丈夫」と彼はメールを返しました。そして、そのとおりでした。

このようにコンフリクトの初期の段階に注意し、舞台裏からモニカはデニスの弱点を管理し、ストレスが及ぼす影響をデニスが克服するのを手助けしました。自分より権力がある人に共感することは得になります。

9 │ 賢明なサポートをマスターする方法

賢明なサポート戦術が成功するためには、役割や表面的なものでなく、より深い真の人間関係を築かなければなりません。有能に働き、成果を出すためには関係構築スキルの修得が必要です。権力が弱い側は関係構築スキルを使い、同盟関係が互いの利益にかなうことを権力者に示さなければなりません。上司の性格、感情、プレッシャー、置かれた立場を理解することで、部下として独りよがりでも無神経でもないことが理解してもらえるでしょう。

どんなタイプのコンフリクトでも、感情のコントロールは重要です。仁愛あるリーダーでも例外ではありません。自分の意見が通らない場合もありますし、不公平で期待外れの結果が出るときもあります。サポート戦略を使う人の多くは、権力者とのコンフリクト中、不安に感じることがあるといいます。このような感情は当然で、ある意味で健全ですが、感情を職場でどう表現するかによって、次なる緊張状態を引き起こすか否かが問われます。

大いなる善のために権力を借りるのも1つの方法です。あなたは上司ほど強くはありませんが、無力でもありません。権力の借り方はさまざまです。協力的な提携、自分の専門知識の提供、それから説得、理屈、繰り返しなどの影響力を用いることなどが挙げられます。

そして、借りたものは返すことも忘れないでください。協調的な上司と働くことによって得た力は、組織のために使いましょう。上司を陥れ

るためには使わないでください。仁愛ある上司でも、あなたが競争的すぎると恐れを感じます。

　ウォルトとロイ、ジーンとトロイ、エイドリアナとステファン、モニカとデニス——彼らの一番良い状態は、共同リーダーシップ関係です。その特徴は相互信頼、大きな目的を共有し協調することです。2人の間では、支配ではなく相互尊重に基づく交渉が行われます。関係が良くないときは、2人の間でも、傷ついたり、怒ったり、非建設的な話し合いをすることもありました。しかし、時間の経過とともに、2人の間にあった問題は、大いなる善のために解決されました。時には双方は譲り合い、事態が厳しくなったときは、話し合いのテーブルに戻りました。双方が権力を共有し、相手の考え方に真剣に向き合いながらも、互いに配慮し合うことを決して忘れませんでした。

　このような関係の場合、コンフリクトは争いになりません。コンフリクトは共通の目的を達成するための交渉の一部であるからです。

10 ｜ 賢明なサポートのまとめ

協調的状況

　相手側より権力の弱い立場にあり、共有できる目的または補完的目的を有し、良い人間関係を維持しなければならない状況。こうした状況下では賢明なサポート戦略は有効です。

戦略

　権力を持つ者が相手側と共有する目的をしっかり認識し、相手側の権力と影響力を強めることが双方にとって有益であることを平和的な方法で説得します。

戦術

①ポジティブであれ

②最初の場の条件を注意深く築こう

③情報提供者のネットワークを作ろう

④問題は「あなたの」というより「私たちの」ものとして捉えよう

⑤1つの問題を持ち込むな、複数の解決策を持ち込もう

⑥平和的なキャンペーン運動を展開しよう

⑦得意分野で影響力を発揮しよう

⑧できるだけ早く修復しよう

⑨あなたが権威ある人にしてもらいたいことを権威ある人にしてあげよう

⑩リーダーの弱点と致命傷を区別しよう

スキル習得チェックリスト

すでに習得したスキルをチェックしてください。信頼する人と一緒にあなたの回答を検討しましょう。

☐ **私は理性的に説得するのが上手です。**事実に基づく証拠と論理的説明で、上司に影響を与えることができます。私はこのスキルを使うことで感情的になったり、闘争的に反対していないことを示します。

☐ **私はコンサルタント的な役割を取ることが得意です。**上司から頼まれれば、私は立案できますし、修正案を出すこともできます。このように、上司に同意できない場合でも、対立しているのではなく、サポートしていると受け取ってもらえます。

☐ **私はお返しをするのが得意です。**策略的と思わせることなく、上司や他の人に便宜を図り、その見返りに私に便宜を図ってもらいます。この方法は意見が一致しないときに相手の防御や抑圧を軽減するのに役立ちます。

- [ ] **私は協調するのが得意です。** 私は人々と協調したり、相手を助けたりする人だと知られています。ですから、意見が一致しないときでも相手は私と協力したい、交渉したいと思っています。

- [ ] **人間関係の構築が私は得意です。** 単なる友人の枠を超えて、私は上司や同僚たちと本当に深く理解し合い、サポートし合う関係を作ります。こうした関係があるので、双方の見解が異なっても便宜を図ってもらえたり、サポートしてもらえたりします。

- [ ] **権威ある人に共感できます。** 権力は責任とストレスを伴うものであることを私はよくわかっています。リーダーは時間に追われ、集中力を維持したうえで、周りへの配慮も忘れてはいけません。トップの生活は甘くないのです。

- [ ] **私は人をポジティブな気持ちにすることができます。** 人を気分良くさせ、私の望む方向に影響を与えることができます。上司はポジティブな気持ちなので、私を支配しようとはしません。私は、上司の価値観や理想に訴えることで、コンフリクトのときでもポジティブな状況を維持できます。

- [ ] **私は権力がある人を不快にしない方法でプレッシャーをかけることができます。** 押しつけがましくなく、上手にプッシュしたり、頼んだり、思い出してもらったり、約束の履行をフォローしたりすることができます。このスキルで上司が約束を守るよう、見方を変えるように私は時間をかけて誘導します。

- [ ] **私はネットワークを作ります。** 私の観点に同意してくれる人々を集められるので、上司に影響を与えたいときは、自分1人のためではなく、グループの一員として動けます。

□ **私は頼られる関係を作り出すことができます。**専門性を有し、私にしかできないことを持つことで、権力のある人が私に依存するようにします。上司に同意できないとき、自分の専門知識とスキルを使って、単に従うのではなく交渉します。

□ **私は相手のインタレストやニーズが何であるかを推測できます。**コンフリクトのとき、自分の意見を一方的に主張するのではなく、権力者のニーズやインタレストを考慮に入れます。そして、ギブ・アンド・テイクで自分の要求を少しでも入れてもらえるようにします。

話し合ってみよう！

　信頼できる人と賢明なサポート戦略、それが現在のあなたの置かれた状況にどのように当てはまるかを話し合いましょう。

- 組織の中で上司と私は、どのくらいの頻度で意見が合わないでしょうか。私は上司に反対しすぎているでしょうか。「あまのじゃく」を演じすぎていますか。それとも、自分の考えやアイディアを表明しないことが多すぎるのでしょうか。
- 上司に反論するとき、効果的に行っているでしょうか。私たちの共通の問題を一緒に解決するパートナーのように上司に思われていますか。それとも、文句言いの愚痴り屋に思われているでしょうか。
- 上司に影響力を発揮できるように、どのような行動を取るべきでしょうか。上司たちと意見が異なるときでも、彼らが私の意見を求めるような豊かな人間関係を構築するにはどうしたらよいのでしょうか。

Chapter 6
建設的支配

私の目的を達成するには……
- 必要とあらば、上からの権威を部下に強く主張する
- 意見が合わないときは、部下に服従させる
- 部下と自分の目的が異なることを認識する
- 部下を説得するためには、一方的で競合的な戦術を直接的、間接的に用いながら使用する
- この戦略は使いすぎないように気をつける

建設的な支配

意見が合わないときは「支配」

あなたが相対的に強い権力を持ちながらも、相手と競合的もしくは矛盾する目的またはニーズを持ち、しかも将来にわたり相手と交渉を続けなければならない状況に有効です。

状況	人間関係の維持	双方の目的共有度	相手に対する自分の権力
指令・監督	重要	競合	強い

1 | はじめに

支配は、権力者が最も一般的に採用するコンフリクト・マネジメント戦略です。そして、支配者側が反撃を受け、かつ支配される側は不快に感じる可能性があるものです。現実には、国家、企業、学校、チームを独裁的に支配しているいじめっ子たちはいますし、なかには効率的かつ生産的に支配している人もいます。

しかし、支配が効果的に機能する状況は非常に限られており、多くの場合、支配は失敗します。支配的状況では、リーダーは同じ方向を向いて仕事をする部下を得ますが、イノベーションは期待できません。また、服従とコンプライアンスは得られますが、透明性とコミットメントは得られません。支配で勝っても、長続きしません。支配の欠点を知っていても、支配したい気持ちを抑えられないリーダーもいます。あるいは、支配が必要なときでさえ、支配を使えないリーダーもいます。

ミューリエル・シーベルト（通称ミッキー）は、ニューヨーク証券取引所（NYSE）の初の女性会員でした。やり手で、公平で、革新的であった彼女はウォール街の貪欲な部分が嫌いでした。彼女は顧客の面倒を見て、女性や若者が金融知識を習得するのを助け、信頼に基づく関係を構築するのを好みました。[1]

ミッキーは1977年にニューヨーク州知事からニューヨークの銀行業務を監視する銀行監督（S.O.B）に任命されました。当時、記者に女性がその役を担えるかと尋ねられたとき、「もちろん、できます。タフな人間（S.O.B.）ですから」[A]と彼女は答えました。

ミッキーは、それが事実であることを証明しました。彼女は顧客たちのために、いくつかの銀行が合併するように仕向けました。一方で、州政府が地方の小都市の銀行の合併を強力に進めようとしたときには、銀

A　S.O.B.は銀行監督（Superintendent Of Banks）の頭文字で、それをSon Of a Bitchの頭文字とかけているギャグ。

行のためにならない、と正面を切って反対しました。

　ミッキーは、間違った投資を顧客に勧めて不利益をもたらした銀行頭取に責任を取らせ、数百万ドルの減給に処しました。[2)]米国では多くの銀行が潰れた時期にもかかわらず、彼女の在任期間中（1977〜82年）、ニューヨークでは潰れた銀行は一行もありませんでした。

　ミッキーは公的要職にある間、自分の会社を代理人に全面的に任せていました。しかし、公職を辞して会社に戻ったとき、会社がひどい状態であることに気づきました。高慢な執行役員が彼女に挑戦してきたので、解雇しました。

　次に、彼女は従業員全員に新しい厳格なルールを徹底しました。なぜなら、質の低いサービスを提供したり、顧客に失礼な対応をする従業員がいたからです。ミッキーは顧客を維持し、引きつけ、保護するために、どのようなコンフリクトにも正面から取り組みました。

　しかし、彼女は頑固で、人を操ったり、支配したりする人ではありません。彼女は協力的で、温かく信頼できる人でした。そして、より力強くコンフリクトに対応しなければならないときは、そうできる人でした。

　今日の職場では、支配は好まれません。原始的で、良くないと思われています。意見が一致しないとき、常に支配しようとするリーダーはメンバーのやる気を削ぎます。「血も涙もないボス」と呼ばれ、善よりは悪をもたらします。

　しかし、常にそうだというわけではありません。叡智をもって使えば、支配は組織にとって建設的なものになりえます。状況によっては、支配は必要不可欠な実用的な道具です。たとえば、不正を行っている相手、まっとうな要求に対して敵対的な相手、やる気を見せない従業員とのコンフリクトの状況にあるときに有効です。

　また、刑務所の看守や機動隊員は、緊急時には支配戦術を使ったほうが現実的です。コンフリクト時に建設的支配を実行したほうがよいのは、以下のような状況です。

- 自分の目的を達成するためには、相手との関係を維持しなければならない状況
- 少なくとも現時点では相手は明らかにあなたを敵視している状況
- 相手の力が自分よりかなり弱い状況

要は、間違った状況で使いすぎないことです。

2 │ 人々を支配に導くものは何ですか

多くのリーダーは意見の不一致があると、デフォルトで支配しようとします。何が何でも勝とうとし、名声と金を得ようとする人もいます。ジョージ・パットン、マーガレット・サッチャー、シャキール・オニール、そして、ドナルド・トランプが筆者の頭に浮かびます。

他の人々も、緊急性と効率が良いと思って支配を選択するのでしょう。長々しい話し合いで時間を無駄にするより、自分の権力を使って、二言三言で問題を解決して何が悪いのでしょう。さらに、支配し、命令することでアドレナリンが出るのが嬉しい人、支配権を失うのが怖い人もいるでしょう。

人によっては、人生経験から支配に走る人もいます。勝負に負け続けて、もう二度と負けたくないと決意する人もいます。支配しすぎる人の中には、自分がされたようにしているだけの人もいます。権威に従うことが極度に強調された家庭または集団で育った人には、支配は普通のことだと思えます。コンフリクトが勝ち負けの二者択一だと信じている人には、支配しか選択肢がありません。勝つことが唯一のゴールです。[3]

同様のことが権力についてもいえます。もし権力が大きさの決まったパイであるとしたら、他の人を議論に加えて権力を共有したり、時間を無駄にしたりする必要はあるでしょうか。

もし、100％を得られないことは負けることだと信じているなら、勝

つために何でもするでしょう。そこには、協調的な戦略の入る余地がありません。人間関係より仕事の結果を出すことのほうが大切だという考え方は支配につながりやすいのです。コンフリクトの状況で支配を採用するリーダーの多くは、自分は交渉をしているのだと信じています。

　私たちが支配を多用する傾向は、生理化学的要因にまでさかのぼることができます。男性ホルモンの構成成分であるテストステロンのレベルと支配は、相互に作用し合うのです。

　コロンビア大学ビジネススクールのデーナ・カーニー教授の研究によると、「権力ある地位」に立つように指示された人は、それが数分の長さであってもテストステロン値が有意に上昇し、権力保有意識とリスク耐久意識が増すことがわかりました。[4)]

　職場環境が支配行動を招きやすい場合もあります。競争が過度に奨励される上下関係の厳しい組織では、底辺の従業員以外の人々の間での協力は奨励されません。もし、あなたが部下を支配することを上司や同僚に期待されているとしたら、その組織の圧力から逃れることは困難です。

　状況によっては、支配が必要なときもあります。組織内のストレスの強い破壊的な力から自分と部下たちを守るときです。また、コンフリクトの相手側が、支配以外の現実的な選択を残してくれないこともあります。

　支配が良い選択である場合や必要な場合でも、それを用いることを妨げるものがあります。人を支配的に扱っていると見られたくない「良い人」がいます。自尊心の低い人はコンフリクトの相手に気を使いすぎます。支配的にならないように言われているマネジャーは、支配が必要な状況でも、支配することを躊躇するでしょう。

　多くの場合、支配は虐待やハラスメントと見なされがちです。コンフリクト・マネジメントの古いモデルでは、協調的問題解決とWin-Win交渉にこだわりすぎています。良心的な人々は思いやりに基づいた協調が成功すると気分が良いのですが、不運なことに協調はよく失敗します。コンフリクトの状況で全く支配できないリーダーは、無能なリーダーな

のです。

3 | 自己診断
——あなたはコンフリクトにおいて支配的ですか

多くのリーダーたちは、自分たちが支配的すぎるのか受け身的すぎるのかに迷い、悩んでいます。以下の質問は、あなたがコンフリクトでどれほど支配的であるかを理解するのに役立つでしょう。あなたが、どれほど支配的態度を好むかをチェックしましょう。

以下の文章を読んで、あなたの意見に当てはまる数字を選んでください。

1 ＝非常に反対　　2 ＝反対　　3 ＝中立
4 ＝賛成　　　　　5 ＝非常に賛成

1　非常に競争的であることで、昇進できます。　　　　　　□

2　部下と意見が合わないときは、あまり話し合いをしないで、私が意思決定をします。　　　　　　　　　　　　□

3　私は部下と意見が合わない状態になることを好みません。□

4　組織では従順であることが非常に重要です。　　　　　　□

5　従業員が指示に従えば、組織内での問題は減ります。　　□

6　会社では権威を維持し続けなければなりません。そうしないと無秩序になります。　　　　　　　　　　　　　□

7　責任者として自分の管轄範囲の目的と手順について、私は誰よりも知っている必要があります。知らなかったら　□

権威を失います。

8　人を萎縮させる人だと言われたことがあります。☐

9　部下との議論では、いつも私が勝ちます。☐

10　私は部下が何を考えているかを知りません。たぶん、彼らは私に情報を隠ぺいしています。☐

11　上司は議論に勝たなければなりません。そうしないと周りの人から尊敬されません。☐

12　ほとんどの人は、指示されなければ何をしたらよいかがわかっていません。☐

13　良いリーダーは押しが強くなければなりません。人の気持ちに関係なく、なすべきことがなされるように私はプレッシャーをかけます。☐

14　ディスカッションは短めにします。時間の無駄になること多いですから。☐

15　部下は、私に逆らうことはほとんどありません。私たちの意見は全く一致しています。☐

〈採点〉

　記入した数字を合計してください。この自己診断の得点結果よりも、あなたの職務内容と組織文化が支配戦略の使用が適切かどうかのカギになることを忘れないでください。この得点で、あなたが支配戦略をどう使っているかを検討する手がかりにしてください。

　以下の表を見てください。点数が非常に高い場合は、この戦略を使いすぎている可能性があります。しかし、低い点数も検討に値するでしょう。

得点	意味	自分に問いかけてみましょう
40点未満	あなたは部下とのコンフリクトにおいてめったに支配的にはなりません	支配戦略が環境に合っていないのか、それとも、あなたが使おうとしていないのでしょうか
40〜49点	この戦略を用いたいと思っています	あなたは適切な状況で十分に使っていますか
50〜59点	かなりこの戦略を使っています	あなたは不適切な状況で使いすぎていませんか
60点以上	ほとんどの場合、この戦略を使っています	あなたは支配戦略を使いすぎている可能性が高いです。この戦略を採用するのにふさわしい状況で活用しているでしょうか。環境がそうさせているのでしょうか。適切な状況で効果的に使っていますか。他のスキルを使ったほうがよいと判断する能力を高める必要がありますか

4 組織診断
──あなたは支配戦略が多用される環境で仕事をしていますか

　では、あなたに支配戦略を取らせようとする職場環境なのかを知るために、以下の問いに答えてください。

　　1 = 非常に反対　　　2 = 反対　　　3 = 中立
　　4 = 賛成　　　　　　5 = 非常に賛成

1　上司と部下との間のコンフリクトは、職場の士気を低下させることと考えられています。早急に合意に達し、仕　□

事を進めることが期待されています。

2 経営陣は、従業員との距離を保っています。 ☐

3 この職場では、過去において管理職が部下を怒鳴りつけ ☐
たことが数回ありました。

4 この組織では、部下が立場をわきまえるように、権力の ☐
ある人が指導しなければなりません。

5 ここでは、部下に挑戦されるような上司は低い評価を受 ☐
けます。

6 ここでは、管理職側は部下を信用していません。 ☐

7 この組織では、管理職側がコンフリクトを最小限に収め ☐
るように期待されています。私たちは一致団結していな
ければなりません。

8 職場では、ある人が権力を得れば、他の人が権力を失い ☐
ます。

9 ここで働くほとんどの人は、意思決定するのを嫌がりま ☐
す。みんな管理職に頼りたがります。

10 ここでは、権力や権威を奪われないよう、周りの人に気 ☐
をつけなければなりません。

11 権力がない人ほど、いろいろなことで責められます。 ☐

12 仕事内容に関係なく、組織内部での競争が非常に激しい ☐
です。

13 この組織では、部下は管理職を信用していません。 ☐

14 職場では、上司に公然と異議を唱える人は愚かです。 ☐

15 職場では、問題が生じない限り、上司は部下との間に距 ☐
離を置きます。

〈採点〉

　回答結果を合計してください。15点から75点の間になります。点数が高ければ高いほど、支配戦略が使われやすい職場環境や組織文化といえます。次に、自己診断の点数と組織診断の点数を比較してください。

自己診断	点
組織診断	点

　両方の点数が近いほど、支配を戦略的に用いていると思われます。しかしながら、支配戦略の多用は良くない結果をもたらす原因になるので、自己診断または組織診断のいずれかの点数が高い場合は、自分の戦略が適切であるかについて、注意深く検証することをお勧めします。

5 ｜ コンフリクトで建設的支配戦略を使うべき6つの理由

①**喰うか喰われるかの選択**……あなたは、やる気のない気難しい部下とコンフリクト状態にあるかもしれません。組織の中には意図的に成功を妨げる人がいるものです。悪意を持つ者には、勝負にこだわる了見の狭い人や、ひがみっぽく復讐を企てる人もいます。支配戦略を使うことで、組織と自分自身を無駄なトラブルから救うことができます。

②**動機は無害だが相容れない目的を持っている相手**……まっとうな動

機を持っている人でも、あなたと会社の目的と相容れない目的を持っている場合があります。互いの共有基盤が不十分なため、協力することが非常に困難です。支配は個人的なものではありません。時には、大切な目的を達成することを優先する必要があります。

③**限られた時間**……短期的に見れば、支配は協調より迅速に結果が出ます。そして、時には時間がない場合があります。

④**安全と秘密保持を優先する場合**……相手は情報を持っているが、開示できない状況に置かれているかもしれません。どこまで情報開示できるかは企業の繊細な問題ですから、安全と秘密保持のために、支配を用いなければならないこともあります。倫理的もしくは目的を達成するために、リーダーは見栄えの悪い行動を取らなければならないときもあります。

⑤**支配はあなたの最良のBATNA**……協調戦略を用いて、みじめな結果になることもあります。コンフリクトの状況では、誰でもBATNA（最も満足度が高い代替案）が必要です。交渉ができないときは、（他に方法はあるかもしれませんが）責任と権威を持つ者が使える最良の代替戦略は支配です。

⑥**最重要なミッション**……チーム、プロジェクト、組織の存続にかかわる危機的な場合は、支配戦略しかありません。この戦略の劇的な効果が目的達成のための力強い決意を示してくれます。

6 | 支配を誤って使ったらどうなるか

　行き過ぎた支配は、悲惨な結果をもたらします。多くの人は上司に本音を明かすのを躊躇しますが、まともな頭の持ち主ならば、常に支配的な人に創造的なアイディアや反対意見を言って、権威に挑戦しようなどとはしません。日常的な支配は士気にも悪影響を与えます。人々は不安になり、精神を病みかねません。

支配はリーダーの経歴にも傷をつけます。リーダーが出世街道から弾き出される要因の1つは、部下とのコンフリクトを建設的に解決する能力がないことです。[5]

米国では、支配でコンフリクトを解決しようとする多くの管理職は早々に昇進が止まるか、いずれは解雇されます。また、支配欲の強い上司は、優秀な従業員を失うリスクがあります。良い教育を受け、自信があり、企業にとって価値ある才能を持っている従業員は、鬼軍曹の下で働くより、もっと良いところで働く選択肢があります。

支配は高い代償を伴います。支配は従業員からやる気よりも服従を引き出します。[6] 部下が上司に服従するのは、上司が見張っている間だけです。つまり、上司は常に部下を監視して、命令に従っているかをチェックしなければなりません。上司の目が行き届かないところでは、従業員はサボったり、はめを外したり、もっとひどいことをする可能性があります。

支配は受け身の組織文化を作ります。ジョージ・イーストマンが良い例です。彼はロールフィルムを世に出し、写真を大衆の手の届くものにすることでコダック社を起こし、大金持ちになりました。しかし同時に、彼は階層制度が厳しく、コンフリクトを避ける組織文化を残しました。これがコダック社が変化に対応しにくくなった原因でした。

2003年にトニー・M・ペレスがコダックの社長に就任したとき、社員は彼に反対意見を唱えることが全くできませんでした。「私が雨が降っていると言えば、外が快晴であっても、誰も反対しませんでした」と彼は言いました。[7]

コダック社のコンフリクト回避と自己満足的文化を改善するために、ペレスは多くの管理職を入れ替え、「反乱グループ」を作りました。このグループの目的は、疑う姿勢、革新的思考を回復させ、社の緊急事態に対応するためでした。[8] しかし、改革派が意図したようにはなかなか進まず、自己破産を経て、現時点では「コダック」という名前

を何とか残しながら、小規模な会社として生き残っています。しかし、多くのビジネスアナリストは倒産を予測しています。倒産理由の1つは、創業者の支配です。

7 │ 建設的支配の実践はどのようなものか

　支配は納得できる動機に基づき、相手よりあなたのほうが力があり、コンフリクトの状況が協調的ではなく競合的な場合に用いられる戦略です。それは必ずしも性格の問題、病的傾向、破壊的な力ではありません。本質的に悪であり、暴力的とか反社会的であるというわけでもありません。状況に合っていて、正当であると判断され、巧みに実行され、次元の高い善のために行われるのなら、有用で建設的なものにもなりえます。

　支配はチームや組織が有効に機能するためなら、少数の不満分子がいたとしても、必要で有用な戦略です。ビジネスのオーナーや管理職なら、誰しも組織にはほど良い秩序と効率が必要であり、それがなければ、組織は存在し続けられないことがわかっています。

　支配は思慮深く、意図的に使われて初めて建設的になります。状況判断、長期的視野が大切です。ここで4つの重要事項を挙げます。

　第1は、組織の中でのコンフリクトは継続的な人間関係の中で生じるということです。時間をかけて育まれたポジティブな関係性は、支配があったとしても、ネガティブで劣悪な関係性や、知らない相手とのコンフリクトよりも良い結果につながります。

　2番目は、支配は協調的な戦略が成功しなかった場合の最後の手段と理解することです。

　3番目として、建設的支配は、良識ある判断と適切な状況での使用が保証される必要があります。

　4番目に、二者択一的思考と戦略は危険ですから避けましょう。支配戦略で力のある側に有利な解決に至った場合でも、負けた側を完全に潰

してはいけません。コンフリクトに勝っても、人間関係を失ったり、ひどい独裁者という悪名をもらっては意味がありません。

8 | 建設的支配のための10の戦術

①権威を明確化する

> 組織に属する人は、全員が同じ選択肢や裁量権を持っているわけではないことをときどき思い出してもらう必要があります。

　ジョナサンはコンフリクトの状況で支配を用いる人ではありません。彼の前職は軍の将校でしたが、企業家でCEOの今は、人当たりが柔らかく、可能な限り協調的でコンセンサスを求めるようにしています。彼は忍耐強く、互いに満足のいく結果にたどり着くために時間をかけることを厭いません。

　米国陸軍で情報セキュリティの専門家であった彼は、長いディスカッションをする時間的余裕がない場合は、穏やかにかつユーモアを交えて権力を行使することもありました。「われわれは常に民主主義を守る時間はあるが、今はそれを実践する時間がない」と微笑みながら部下に伝えることで、やる気のある有能な部下を失望させることなく、小さな不一致を乗り越えることができました。

　しかし、同時に彼はより直接的な方法で権威を明確化することの必要性と価値を学びました。

　コンピューターの動作記録に不適切なショートカットがあることに気づいたとき、責任者の軍曹に指摘しました。

　「心配ご無用です」と軍曹は答えました。「このシステムで5年近く仕事をしています。表裏すべてを熟知しています。私はあなたと同様、効率を重視しますので、無駄な時間をかけないで結果を出せます」

「そうですね」とジョナサンは応じました。「でも、私はここに来て間もないから、これから数週間あなたと一緒に仕事をして、あなたの仕事内容を理解したいのです」

　「ご希望に逆らうつもりはありませんが、私に子守りはいりません。私は自分の仕事を熟知しています」と軍曹は答えました。

　ジョナサンは身体が熱くなるのを感じながら、かつて自分のメンター[B]が言ったことを思い出しました。「時には上下の枠を外すのも良いが、組織においてはすべての人に平等であるふりをすることは良くない。時には権力を行使しなければならない」と。

　ジョナサンは静かではあるが、厳格な声で言いました。「軍曹、私はあなたの子守りではない。私はあなたのボスだ。あなたの司令官です。これから数週間私はあなたと仕事をします。私の求めに応じて速やかに情報を提供するように。あなたの意見を付け加える必要はありません」

　「し、しかし、上官、前の司令官は、……」

　「前任者はもういません。私があなたの司令官です。毎週、この時間に記録を一緒に検討する。これは命令です。以上」

　かなりの月日が経ち、会社経営に成功したジョナサンは、ときどき議論好きの従業員には指揮官が自分であることを思い出させています。

②ハードパワーをソフトパワーで緩和しよう

> リーダーはハードパワーを用いなければ解決しない将来のコンフリクトに備えて、日頃から信頼に基づく職場文化を育むことに努力しましょう。そのためには、説得や関係構築などのソフトパワー戦術を用いることができます。

B　メンターとは、仕事上の指導をしてくれる先輩。もともとは、対話を通じて気づきを促し、本人の自律的、自発的成長を支援する教育者、指導者を意味している。

ハードパワーは、あなたが求めることを人にさせる手段です。ソフト
パワーはあなたが求める結果を人々に出したいと思わせる能力です。

　ハードパワーは権力の行使と資源の管理に関係しています。たとえば、
ボーナスや昇給のような褒美を与えるとか、懲戒、減給、解雇のような
罰を与える権限です。一方、ソフトパワーは仲間意識、憧れ、ひらめき
のように動機、やる気にかかわるものです。効果的なリーダーシップに
は、ハードパワーとソフトパワーの両方が必要です。

　軍隊でもビジネスでも、ジョナサンはソフトパワーの価値を学びまし
た。彼は特に社交的で外向的な性格ではありませんでしたが、人間が好
きで、人と知り合うことを楽しめるタイプでした。彼は人の手助けをす
ることが好きで、互助の大切さを知っていました。軍で部下が決定事項
について議論することを求めた場合、時間があるときや専門技術を含む
ときには、異なる意見に耳を傾けました。

　ビジネスリーダーとしてのジョナサンは、顧客、売り手、従業員たち
との関係構築に、より多くの時間を取りました。残業をした従業員には、
次の日は早く帰宅するよう促しました。頻繁に従業員の意見を求めるよ
うにしていましたが、彼らの発言に影響を与えないように、自分の意見
はすぐには言わないようにしました。

　さらに、ジョナサンはソフトパワーを極めようとしました。自らが模
範的行動として傾聴、説得、協調を示すだけでは不十分であることを学
び、制度化することを考えつきました。

　イノベーション、創造的な問題解決、リスクをうまく扱える企業文化
をジョナサンは作りたかったのです。彼の会社には、協調的で率直な文
化があります。そこでは、たまに起きる上司による支配は、必要なとき
に使われる例外的行動として受け入れられています。彼は高い能力を備
えた優れた企業にするため、最良の人材を雇用しました。そして、社員
とともに、心理的にも職業的にも安心と感じられる倫理規範を作成しま
した。彼は開かれたリーダーシップの模範を行動で示し、他の人々にも
同じような行動を奨励しました。

優れた能力、健全な倫理観、開かれたリーダーシップは信頼につながります。[9]これは、ソフトパワーが活躍し、稀に起きるハードパワーの出現に人々が耐えうる組織文化を作るのに役立ちます。

③複数の段階でモニターしよう

> 状況によっては、信頼できる能力の高い部下であっても、さらに能力を高めるためには、モニターする必要があります。

　ある非常に革新的なNPOでは、成績優秀者やエキスパートを雇っていたのですが、パフォーマンスが悪い人が目立ちました。同時に監督役も不足していました。雇われてから6カ月経っても仕事ができない従業員がいることを知ったとき、ディレクターのマーシャは、その従業員の指導係で思いやりにあふれるウェンディを呼び出しました。

　「彼女に改善が見られるまで、あと30日ください」とウェンディは懇願しました。

　マーシャはウェンディに、密着した指導監督を含む詳細なゴールと基準が記された改善計画を示すよう求めました。「現時点で私の判断を下すのは控えますが、あなたがどのようにこの件を扱うのか、細かい点まで知りたいのです。あなたは今後も、このようなケースに遭遇するでしょうから」

　マーシャはウェンディが問題の従業員をどのように指導監督するかをモニターしていました。彼女はウェンディと頻繁に会って、問題の従業員のパフォーマンスと仕事の質を数字で報告するよう求めました。

　3週間経っても従業員に改善が全く見られず、むしろ悪化していることは明白でした。マーシャはウェンディに30日目にはどうするつもりかと問いました。

　「彼女への支援を継続したいです」とウェンディは答えました。

　「30日の追加ですか」とマーシャは繰り返しました。「私が見たとこ

ろでは、あなたは妥当なゴールを設定しました。ところが、あなた自身の基準からしても、あの従業員はゴールに近づいてもいません。それなのに、あなたは支援を続行したいのですね。私には理解できません」

「私に張りついて監督しないでください。独裁者に監視されているような気がします。干渉しないで私に任せてください」

「あなたは、彼女が仕事を失わないようにモニターしているのでしょう。私はあなたを成長させるためにモニターしています。当初約束した30日をあげますが、彼女に改善が見られないときは、あなたは決断しなければなりません。私に彼女のパフォーマンスについて詳細に報告してください」

30日目にマーシャは査定を見ました。従業員がこの組織に向いていないことは明らかでした。

「解雇はとても嫌な言葉です」とウェンディは言いました。

「人を解雇するのは、つらいことです」とマーシャは答えました。「でも、だからこそ、このケースであなたを私はしっかり監視していたのです。あなたはやる気があって、能力もある人を管理するのに向いているけれど、問題のある従業員も管理しなければなりません。私があなたをモニターしなかったなら、あなたはこのケースをダラダラと長引かせたでしょう」

「認めるのは嫌ですが、あなたのおっしゃるとおりだと思います」とウェンディは言いました。

④支配権を委譲しよう

> 重要事項を効率的に管理するために、命令と支配の基盤ネットワークを作るリーダーもいます。

有名な全米フットボールリーグ（NFL）のコーチのビル・パーセルズは、抑圧的で剛腕な問題解決法について重要なことを知っていました。

それは、やってはいけないということです。スーパーボールでチームを2回優勝に導き、アメリカンフットボールの殿堂に入っているパーセルズは、支配権を委譲することで、効果的なマネジメントを確立したのです。

　パーセルズがコーチする対象は、NFLのスター選手たちです。テストステロン値が非常に高く、自己中心的な体重130キロを超える選手に対して、厳格で力強く対応しないわけにはいきませんでした。しかし、彼は反対に権力を委譲し、配分するコーチング方法を編み出しました。

　たとえば、チームのキャプテンのローレンス・テイラーに副官のような役を与えました。パーセルズは、たるんでいたり、騒ぎ立てたり、失敗ばかりしている選手に対する自分の気持ちを内々にテイラーに伝え、テイラーが直接その選手に対応しました。

　パーセルズは50人強の選手に毎週数分ずつ直接会って、やる気と良い人間関係を維持させました。この気配りと指導権の委譲のコンビネーションは、パーセルズの飛び抜けて素晴らしい成績が示すとおり、とても効果的でした。

　このことに留意して、ジョナサンはマネジャーたちが互いにフィードバックし合うことで、彼にそれほど頼らなくてもよいようにしました。この戦術は、末端の従業員が仕事の流れを乱す問題を起こしたときに効果がありました。

　会社のマーケティングチームには、ジェシーという名の、仕事の質は高いけれども性格が未熟なコピーライターがいました。彼の上司のサラは、会社にとっては大変貴重な人でしたが、コンフリクトが大嫌いで、人の管理も得意ではありませんでした。

　サラは、ジェシーはずば抜けて創造的だけれど、仕事が遅く、その結果、彼女が末端の事務処理を引き受けなければならないと管理職ミーティングで打ち明けました。ジェシーの細かい事務作業の尻ぬぐいのために、サラは遅くまで残業することもありました。

　サラに部下をしっかり指導するようにと言う代わりに、ジョナサンは

同僚からのフィードバックを用いることにしました。彼は、難しい従業員の扱いが上手な販売課長に「ノア、あなたはどう思いますか」と尋ねました。

ノアは意見をはっきり主張するタイプですが、サラには気を遣って優しく語りかけました。「もしジェシーが期日を守っていないのならば、今、直接注意したほうが、あとで注意するより良いと思います。問題は時を経ると、どんどん大きくなりますよ」

次にジョナサンは、最もおとなしいマネジャーに意見を求めました。彼女はノアに同意しました。「サラ、あなたがもめ事が嫌いなことは知っていますが、ジェシーに責任を取らせなければ、彼は学びません」

「彼に話します」とサラは弱々しいながら、決意を示しました。

⑤話の切り出しとしての支配

> 時には、交渉の始めにリーダーとして揺るぎない決意があることを表明したほうがスムーズに進行します。

カーリーは協調的なリーダーとしての誇りを持っています。しかし、彼女は単なるソフトなタイプではありません。

彼女は大手化学薬品メーカーに勤務していて、生産工場の初の女性工場長に任命されました。そこでは、従業員が週8時間5交代制から10時間4交代制に変えてほしいと何度も要求したものの、歴代の工場長にそっけなく拒否されてきた経緯がありました。

工場に着任する日が近づいた頃、カーリーは従業員たちが彼女はやわな性格で職位を担う能力が不足していると噂していることを知りました。

カーリーは従業員たちが交代制について要求してくることはわかっていましたし、初めから彼らの要求に反対すると決めているわけでもありませんでした。彼女は、それが安全性とビジネスにどのような影響があるのかがわかりませんでした。一方で、従業員たちに自分は簡単に押さ

れる人間ではないことも示したかったのです。弱い人間だと思われたら、協調的リーダーとして決して成功できないとカーリーは思っていました。

　カーリーが工場に着任した初日に、従業員の代表者たちが彼女のオフィスに来て、10時間4交代制を声高に主張しました。

　「駄目です」とカーリーは応じました。

　ショックを受けて、彼らはなおも主張しました。

　「駄目です」と彼女は再度繰り返しました。

　数週間が過ぎ、従業員たちは彼女がこれまでの工場長に比べて、多くの事柄に対して協調的であることに気づきました。代表者たちが再度やってきました。

　「あなたは工場のいろいろな事柄に協調的なのに、私たちの交代制変更案にすぐに反対した理由がわかりません」

　「理由は2つあります」とカーリーは言いました。

　「まず、あなたたちは、私をやり込めるように敵対的で強要的でした。私に突きつけるだけで、話し合う気持ちがありませんでした。2番目に、ビジネスとしてあなたたちの案のほうが良いということを示しませんでした。自分たちの要求だから、私が受け入れるべきだという態度でした。私にも上司がいることを忘れないでください。実は数人の上司がいるのです。私は彼らにこの工場の生産性と安全性を保証しなければなりません」

　数週間後、従業員の代表者たちは関連項目に配慮した熟考されたビジネスプランを持ってきました。カーリーは上司にこのプランを上げて、パイロットプログラム実施の許可を得ました。それは、良い結果をもたらしたので、結局、新しい制度が実施されました。

⑥集団の意思決定に枠組みを設定しよう

> グラウンド・ルール[C]や議題を決めるときは指導力を発揮し、議論の混乱や対立を避け、最良の決定ができるようにしましょう。

　地域に新しい競争相手が参入したことを知ったジョナサンは、有能な社員を引き抜きから守る方法を探ると同時に、価格競争になった場合でも利益を維持したいと考えていました。利益共有の方法を検討して、彼は上級管理職にも参加してもらうことにしました。

　「地域に新しい競争相手が出現しました。私は、わが社が地域のトップの会社であり続けることを望んでいます。そのためには、皆さんを含めた有能な人材にとってわが社が待遇を含めて魅力的な職場であることが重要です。私は各自の業績に応じて賃上げ方法を検討してきましたが、早く実施しないと、今後会社が大きくなるに伴い、優秀なエンジニアや販売員の確保が困難になると思われます」

　こう言うと、ジョナサンは資料の詰まったファイルをチームに配り、4日間の出張に出ていってしまいました。彼が帰ってくると、上級管理職チームは、不安で動揺している状態でした。さまざまな質問や噂が飛び交っていました。「強力な競争相手の出現で会社は危機に陥るのだろうか。利益が減るのだろうか。給料を得るために社内の競争が激化するのだろうか。ジョナサンは何かを隠しているのではないか」と。

　数日にわたってジョナサンは、上級管理職チームと会社全体に大丈夫だと訴え続けましたが、不安を払拭できませんでした。ジョナサンは利益共有に関して詳細な情報を与えすぎ、チームが意思決定するための方向性を示しませんでした。その結果、チームは圧倒され、参ってしまったのです。

C　グラウンド・ルールとは、チーム活動が円滑に効果的に行われるための一連の行動基準で、メンバーの合意に基づいて設定される。

ジョナサンは再度会議を招集し、チームで意思決定すべきポイントを絞り込みました。彼は会社に適していると思われる２つのモデルを示し、話し合うことにしたのです。チームは２つのうちから１つを選択し、利益共有の基礎となるポイントを洗い出すことにしました。会社の利益が上昇している限り、全員の給料はアップするという点をジョナサンは強調しました。それから２〜３日で、議論は収まり、メンバーの自信も回復し、噂は消えました。

　状況とその規模に応じて、支配が適切に使用されると、自信と信頼が確立されます。緊張を伴う重要な状況や曖昧な状況では、指揮を執る人が必要です。そして、思考をまとめるためには、人々は複雑な意思決定にかかわる基礎的な指標を知る必要があります。

⑦権力の基盤を強化しよう

> ときには、支配は役職以上の権力の蓄積を必要とします。

　起業した会社が急速に成長し始めたので、オーナーは社の組織化と専門化のためにレジナを人事部長として採用しました。長年、人事担当を務めてきたシンディは、さまざまな役をこなし、残業も厭いませんでした。「シンディは状況に臨機応変に対応してきた」とレジナは表現しました。しかし、シンディが人事に関して、専門知識がほとんどないことに気づいたレジナは、彼女に「報酬と手当に関する13週間コース」を受講するように提案しました。「あなたは何でも複雑にしすぎます」とシンディは抵抗しました。でも、レジナは受講させました。

　8週目に入ると、シンディは出席しなくなりました。レジナは能力不足と不服従を理由にシンディを解雇しようと思いましたが、まずオーナーに相談することにしました。

　オーナーは「シンディは創業当初から働いてくれました。彼女は忠誠心があり、長年働いてくれました。私はシンディを失いたくない。何と

か働き続けられるようにしてください」と言いました。

　シンディの上司であるというだけでは、レジナには力不足でした。一方、シンディには長年勤めてきた既得権がありました。それ以来、レジナはシンディとの会話を記録し、シンディの犯した間違い、欠落、知識不足を注意深く記録しました。それと同時に、レジナはオーナーと会社の長期目標について頻繁に話し合いを持ちました。

　その結果、人事の仕事が拡大する中でシンディにはさらなる教育が必要であること、さもなくば、会社の荷物になってしまうことをレジナはオーナーに説得できました。オーナーはようやく同意しました。レジナはシンディを再び学校に送りましたが、シンディは無駄なことだと、またもや途中でやめてしまいました。

　今度は、レジナとオーナーとの間には社会関係資本[D]が蓄積されていました。レジナはシンディにコースを最後まで受講しなければ、解雇すると伝えました。シンディはサポートしてもらえると思い、オーナーのもとに直行しました。オーナーは「人事はレジナの管轄なので、レジナの指示に従うように」とぎこちなく答えました。シンディにはショックでした。

　シンディが再度抵抗したので、レジナは3日間の無給休暇を与え、この職場で働き続けるかどうかを決めるように言いました。シンディは頑固に拒否し続けたので解雇されました。

D　社会関係資本（ソーシャル・キャピタル）とは、人々の協調行動が活発化することにより社会の効率性を高めることができるという考え方の下で、社会の信頼関係、規範、ネットワークといった社会組織の重要性を説く概念。

⑧タイミングに合わせて、支配を用いよう

> 有能な従業員であっても、変化に対して徐々に抵抗するようになった場合は、支配を用いなければならないときもあります。

　スコットは高級食材卸売会社の有能な従業員でした。ところが、新しい上司のレベッカ（かつての同僚）は、彼が管轄するIT部は変わらなければならないと思っていました。

　レベッカはスコットと技術のアップグレードと、会社にとって中核的でないITのアウトソーシングについて話し合いました。彼女は、IT部は他の企業で働いたことのない人だけで構成されていたので、新しい人を入れる必要があると感じていました。

　スコットは自分を守ろうとムキになったわけではありませんが、それに反対しました。彼は、IT部はゆっくりではあるが、より効率的で専門性の高いレベルに向かっていると思っており、レベッカは急ぎすぎていると感じていました。

　レベッカはスコットに無理強いしたくありませんでした。同時に、彼女はスコットに簡単に妥協すべきではないと強く感じていました。彼女は同業他社のIT部長たちから情報を得ていたのです。彼女はスコットと交渉することにしました。

　ミーティングを何回か繰り返しているうちに、数カ月が過ぎてしまいました。それでも、レベッカの協調的アプローチは、スコットの考えを改めることはできませんでした。そこで、彼女はプレッシャーをかけることにしました。彼女は改革を望む項目リストを作成し、締切日を明記したものと、しばらくは待てるものとを区別して示しました。

　スコットは最初の2つの締切を守りませんでした。彼の業績評価のとき、レベッカは会社、顧客、企業に関する彼の知識と人間関係のスキルを長々と称賛しました。しかし、これからの5年間、スコットがIT部をリードしていくのは無理ではないかと危惧していることも伝えました。

レベッカは彼に、IT部で変革を起こすため、90日間の猶予を与えました。

「僕を解雇するつもりですか」とスコットは尋ねました。

「いいえ。会社はあなたを失いたくないのです。それで考えたのですが、今週いっぱいで、あなたが変革にコミットするか、他の部署に異動するかを考えてもらいたいのです」

数日後、スコットは異動について、「僕はあなたが求める変革や、そのスピードに同意できないものがあります。でも、この会社が好きなので、会社に貢献したいのです」と交渉しました。

スコットは他の部署で成功を収めましたし、レベッカはコンサルタントの力を借りながらIT部を立て直すことができました。

⑨鼻持ちならない天才的な支配者は、緩衝壁で包囲しよう

> 信じがたいほどの才能を持ちながらも極端に気難しい性格の人には、周囲に緩衝壁（バッファー）を設ける必要があります。壁は天才の集中力を保護するだけでなく、周りの人々を天才から保護します。

スティーブ・ジョブズは異常なほど創造的で、飛び抜けたビジョンを持ち、技術とデザインの世界に数々の革命をもたらしました。[10] しかし、彼は劣った考えを持つ人や自分と意見が合わない人を虐げたり、自尊心を傷つけたりしました。

ジョブズの協力は、ギブ・アンド・テイクではありませんでした。最高に優れたものを勝ち取るための戦いでした。そして、彼は耐えられないほど、不完全な人物でした。納品業者が納品に苦労していると、彼は怒鳴りつけました。[11] アイディアが気に入らなければ、面と向かって発案者を「クソ」呼ばわりしました。[12]

ジョブズは大人になるにつれて、自分が非常に有能だけれど、口汚いことを自覚しました。アップルのCEOとして返り咲いたとき、彼は組織に害を及ぼさずに貢献したいと思いました。ジョブズは自制心が不足

していることを自覚していたので、自分の強すぎる感情表現や口汚さから人々を守るための緩衝壁となってくれる管理職を雇いました。

　支配戦略を真に理解しているリーダーは、横暴なスタイルを自動的に心の病と決めつけたり、道徳的に劣った性格の産物だと判断するのではなく、その背後に素晴らしい才能があることを見抜きます。

　ビジネスのオーナーや重役がよく犯す間違いは、最高の営業マンを管理職（マネジャー）に昇進させることです。ケンを営業部の責任者に任命したとき、ジョナサンはこの間違いを犯してしまったのです。ケンは営業が天職のような人でした。顧客と関係を築く天才で、会社が行うサービスの説明もわかりやすく、ずば抜けていました。そのうえ、売買契約を次から次へと成立させました。

　当初はジョナサンも、ケンを管理職に就かせるのを躊躇していました。営業はマネジメントとは異なるスキルです。しかし、ケンはその任を欲しましたし、説得力もありました。彼は、営業チーム全員が成績を伸ばすためのトレーニング計画を提案しました。たとえ完璧なマネジャーでなくとも、営業部員たちはケンから多くのことを学ぶだろうとジョナサンは思いました。

　しかし、ケンは自分が作成した営業部員のためのトレーニング計画を実施しませんでした。代わりに、相手が自分と同じように行動できないと叱りつけました。彼は部下を悩ませることで「やる気を起こさせよう」としました。電話営業中に休憩しようとした部下を怒鳴りつけました。ケンは、逆らう人には誰がボスかがはっきりわかるようにしごきました。

　ジョナサンは何回も介入して、ケンを別室に呼び、コンフリクトの解決の方法、スタッフの良い点を伸ばすこと、チームの異なる捉え方などを話し合いました。しかし、自己陶酔的なケンの耳にはジョナサンの提案は届きませんでした。3週間に2人の優秀な営業担当者が辞めたとき、ジョナサンは自分の間違いに気づきました。彼はそれ以上、営業担当者を失いたくありませんでしたが、天才的な営業マンであるケンも失いた

くありませんでした。

　ジョナサンは経営判断をしました。ケンには経験がありすぎて営業の初心者指導には適任でないことを伝え、「ビジネス開発スペシャリスト」という新しい役職を与え、ジョナサンの直属としました。ケンは新規に採用した営業部員のマネジメント業務から解放され、現場に戻り、最も得意とする営業の仕事を再開しました。そして、契約に次ぐ契約をものにしました。

⑩時には強硬戦術もあり

> 協調的な方法が失敗したら、相手側に強制的に譲歩を迫らなければ
> ならないときもあります。

　支配する側は最後の手段として、強硬戦術を持っています。相手を直接威嚇し、脅迫するだけではありません。微々たる譲歩を相手から得ることから始めてそれを広げていく「嚙り取り戦術」、自分の主張は一切変更がきかないと明言して相手の譲歩を引き出す「立場固定戦術」などがあります。

　刑事ドラマでおなじみの「善玉・悪玉戦術」は、怖い刑事と優しい刑事の交互の対応で相手の心に揺さぶりをかけて自白（交渉では合意）を誘う方法です。また、時間を必要とする相手をわざと急がせてペースを崩すこと、意図的に低い見積もりを出して相手の出鼻をくじくなど、相手をより不利な状況に追い込むためのさまざまな手法があります。[13]

　カーリーが化学薬品工場での４つのシフトのうちの１つが、他よりも生産性が低いことを発見したとき、彼女は生産性の低いシフトの労働者たちと本音の話し合いを持ちました。彼女はデータを共有し、自分の考えを明らかにすると同時に、他のシフトの人たちが彼らを良く思っていないことも伝えました。

　しかし、彼女が真剣に話し合おうとすればするほど、シフトリーダー

たちは傲慢でふざけた態度を示しました。彼らはカーリーより権力があり、彼女の心配など無視できるというような口ぶりでした。

　シフトリーダーたちの言い分では、彼らこそが悪い上司と不公平なポリシーの犠牲者なのでした。カーリーは彼らの言い分を真剣に受け止めても良かったのですが、他のシフトの人々は、彼らとは異なる見解でした。彼女はすでに、3つのシフトチームとは協調的関係を構築するのに成功していました。したがって、彼女は敵対的なシフトリーダーたちに生産目標を達成するよう、より厳格に言い渡しました。

　「目標値は現実的ではありません」と彼らは答えました。

　「他の3つのシフトチームは毎月の目標を達成していますし、目標値は高いけれど不可能なものではないと言っています」とカーリーは反論しました。

　当初、カーリーはシフトリーダーのふてぶてしさと軽薄な態度に圧倒されていました。しかし、彼女は他の人たちと相談し、熟慮するうちに、このシフトのメンバーの中には工場にとって悪影響しかもたらさない人たちがいることに気づきました。シフトリーダーたちの行動を黙認したり、要求を入れたりしたら、彼らの態度が現場に広がり、生産に影響し、カーリーの評判と信用にも傷がつくことになります。カーリーの気持ちがどうであろうと、彼らは戦いを望んでいるのだと彼女は理解しました。

　カーリーはもう一度ミーティングを招集しました。

　「私はあなた方の要求を考慮しました。そして他のチームの代表者たちとも相談しました。あなた方のチームを、他のシフトチームに振り分けます。それが、あなた方の考えや行動の変化の一助にならないようなら、私は変われない人を解雇します」

　グループの中心的人物が、彼女を「援護射撃」してくれました。

　「こんなクソみたいなことは受け入れられない！　俺は辞める！」と彼はわめき、席を蹴って出ていきました。

　「OK、それが彼の選択ですね」と彼女は冷静に言いました。数日後、彼女はもう1人を不服従を理由に解雇しました。

その後数週間のうちに、不満分子の影響から解放されたチームは、分割する必要がなくなりました。チームメンバーは、カーリーのリーダーシップの下で協力し合い、生産性が改善できることを証明しました。

9 | 建設的な支配をマスターする方法

支配戦略が機能するとき、組織やそのメンバーに最小限のダメージしか与えずに競合的なコンフリクトを解決できるのは、支配戦略を使うリーダーが、支配中毒ではないからです。支配は、明確な目的を持った人の意識的な選択なのです。

有能なリーダーは権威を保持し、支配戦略を選択的にコントロールして用いることができます。権力の座にある人は、自分と組織に有利な交渉ができる人でなければなりません。さらに、攻撃的にならずにアサーティブ[E]に主張できることは、パワーハラスメントを回避しながらリーダーが強制力を持つことを可能にします。

最後に、リーダーは複雑なことも肯定的に受け止められねばなりません。複雑な状況に対して妥協を許さない単細胞的思考は、戦略的支配を報復か中傷に変えてしまう危険性が大きいのです。

有能な支配者は調整スイッチを持っています。紛争解決のための協調的方法を使い切ってから、支配戦略を持ち出します。このように、チームや組織の目的に応じて、支配の量と強さを適切に調整することができる人が、有能なリーダーなのです。

E　アサーティブとは、自他を尊重した自己表現もしくは自己主張を意味する。人には自分自身の意見や主張を表現できる権利があり、過度に受け身になることを良しとせず、相手を尊重し、攻撃的にならずに適切に自分の意見を主張することである。

10 | 建設的支配のまとめ

指令・監督状況

あなたが相対的に強い権力を持ちながらも、相手と競合的もしくは矛盾する目的またはニーズを持ち、しかも将来にわたって相手と交渉を続けなければならない状況です。そうした状況下では建設的支配は有効です。

戦略

権力が弱い側にあなたの権威と支配力を気づかせ、あなたへの依存度とあなたの優先事項を認識させることです。同時に、彼らの単独での力を弱め、あなたが彼らに依存するレベルを下げましょう。

戦術

①権威を明確化する
②ハードパワーをソフトパワーで緩和しよう
③複数の段階でモニターしよう
④支配権を委譲しよう
⑤話の切り出しとしての支配
⑥集団の意思決定に枠組みを設定しよう
⑦権力の基盤を強化しよう
⑧タイミングに合わせて、支配を用いよう
⑨鼻持ちならない天才的な支配者は、緩衝壁で包囲しよう
⑩時には強硬戦術もあり

スキル習得チェックリスト

習得したスキルをチェックしましょう。信頼できる人とあなたの答えについて話し合いましょう。

- [ ] **私は協調的ですし、理性的なプレゼンができます。** ほとんどの場合、私は支配戦略を用いる前に、合理的説明、傾聴、交渉、説得のような意見の不一致を解決する方法を用います。支配は私が道具箱から取り出す最初の道具ではありません。

- [ ] **私は傾聴し、相談します。** 支配戦略が必要なときでも、単独では行動しません。信頼できる同僚や仲間との強固な関係を私は築いています。難しい折衝の前後には彼らに相談し、知恵を求めます。

- [ ] **私は自分の考えを強く主張し、立ち位置を固め、守ることができます。** 私は相手に自分の要求を明確に伝え、要求に応じない場合は、どのような結果になるかを正確に伝えることができます。私はしっかりと立ち、曖昧でいい加減な態度は取りません。

- [ ] **私は明確なコミュニケーションが取れます。** 非常にストレスのかかる紛争時でも、明確にメッセージを伝えられるスキルを持っています。

- [ ] **私は非常にストレスがかかる紛争時でもプレッシャーに耐えることができます。** 攻撃されても、話題をそらすことなく論じることができます。相手側が聞く耳を持たず、理解しようとしない場合でも、私は毎回繰り返し主張し、明確に伝えます。

- [ ] **私は感情をしっかりコントロールできます。** 怒鳴ったり、荒々しい表現や皮肉、相手を愚弄する言葉を使うことなく、自分の考えを強く主張することができます。怒ったりして、自分の感情がコントロールできなくなったときは、謝罪し、事態を修正します。私は激しい怒りを制御し、組織に感染しないよう、協調を妨げないようにできます。

- [ ] **私は一歩下がって広い視野から状況を見ることができます。**誰かを叱責したり解雇することはストレスがかかり、不快でもありますが、幅広く長期的視点から組織にとって何が良いかを決断できます。

- [ ] **私は批判を受け止めることができます。**意見の不一致は私にかなりの不快感をもたらしますが、防御的になることや、反撃したいという衝動を抑えることができます。私は批判を個人攻撃として受け取らない方法を知っています。

- [ ] **迷うこともあるし、助けを必要とすることもありますが、大局的な善のために難しい決断を下すことができる自信があります。**

- [ ] **自分の決断に自信を持てます。**難しい決断をしたとき、私は罪悪感や迷い、恥ずかしさなどにさいなまれません。私は意見の不一致の結果が不快で、思わぬ代償が生じることもあることを知っていますが、自分の決断を信じ、自分の選択に責任を持ちます。

話し合ってみよう！

　繰り返し指摘しているように、コンフリクトのときには、支配戦略を多用してしまう危険性があります。しかし、支配戦略を使えないとか、絶対使いたくないというのは、大きな損失です。以下の項目について、思慮深く正直な人と話し合ってください。

- 自己主張の強い人に私が即座に反論した状況を話してください。言い換えれば、早すぎるタイミングで支配戦略を使ったために、建設的な話し合いができなかったのに気づいたことがありますか。
- 意見の不一致を解決するために、支配戦略を用いたほうが良かったのに、用いなかった状況があったでしょうか。あれば、どんな状況でしたか。私が優柔不断で、我慢しすぎたために、コンフリクトに直面するまでに時間がかかった状況を話してください。私が影響力を発揮しきれていないとしたら、この組織の中で私の力を効果的に使うにはどうしたらよいでしょうか。
- 過去から現在にわたって、賢明で優れたスキルを持ち、コンフリクトに勝利した人について話してください。その人は支配戦略をあまり使わなかったのか、間違った状況では使わなかったのでしょうか。そのリーダーに関して知っていることを話してください。組織のためにどのように権力を使いましたか。どのように権力差があるコンフリクトの舵取りをしましたか。

Chapter 7

戦略的譲歩

目的に向かっての私のやり方は……
- 上司の権威を借りたり、自分でパワーを創り出す
- 上司が私を頼りにせざるをえない方法を見つける
- 合意できないときには、相手の言い分に従うように見せかける
- 上司と私の目的が異なることを認識する
- はっきりとはわからない間接的なやり方で、上司に影響を与える競合的な戦術を使う

意見が合わないときは「服従」

戦略的譲歩

自分が相手より権力的に弱い存在であり、目的が全く競合しているにもかかわらず、相手との関係を維持し続けなければならない状況に有効です。

状況	人間関係の維持	双方の目的共有度	相手に対する自分の権力
不幸な忍耐	重要	競合	弱い

1 | はじめに

フィル・ジャクソンはバスケットボールのチャンピオン選手で、当時はニューヨーク・ニックスに所属していました。身長は2メートルを超え、100キロに近い体重の巨漢で威圧的でした。彼は有能で攻撃的なディフェンダーでしたが、選手生活を引退し、新しい仕事をするために、自分のやり方を変える必要がありました。

1989年にジャクソンは、シカゴ・ブルズのヘッドコーチに就任しました。それはプロバスケットボール界史上最高のスター選手たち（たとえば、マイケル・ジョーダン、スコッティ・ピッペン、デニス・ロッドマンなど）、つまり、強大なエゴを持つ人々のコーチになったことを意味します。

ジャクソンはこうしたスター選手とのコンフリクトや選手間のコンフリクトのマネジメントをするために、自分自身を調整する必要がありました。東洋思想とネイティブアメリカンの哲学に影響を受けていたジャクソンは「禅マスター」というニックネームをもらいました。その理由は、静かで、相手を尊重し、賢いコーチングスタイルを確立したからです。

彼が最も難しく道理が通らないと思う選手（たとえば、デニス・ロッドマン）に食って掛かられたときでさえ、ジャクソンは選手たちへの懸念を静かに表明し、敬意を持って選手たちをまとめていきました。

ロッドマンに対して、ジャクソンは忍耐することと、彼の反抗的な行動（練習をさぼる、練習に遅れる、報道陣への下品な発言、性的逸脱）の舵取りをする方法を見つけ、ロッドマンを試合に出場させ続け、レベルの高いプレイをさせました。

ジャクソンは11回の優勝とNBAで最高の勝率（0.717）を稼ぐコーチとなり、今日では史上最高のNBAコーチの1人と考えられています。

本書では、読者の皆さんがご自身の目的を実現していただくことをめ

ざしています。そのためには、コンフリクトの舵取りをすること、言い換えれば、率直さ、創造性と問題解決力を高め、パワーを上手に利用することができるようになることを目標としましょう。

　譲歩は、こうした目標達成の戦略には思えないかもしれません。結局、譲歩は権力者の意志に服従するということであり、抑圧された犠牲者のマインドセットなのです。しかし譲歩は、戦略として実際に機能します。それは直接的な戦略でないかもしれません。そして、本書の大部分で紹介している率直な戦略を用いるときの温かくポジティブな気持ちを喚起するものではありません。

　しかし譲歩は、7つの戦略の中で最も独創的で、工夫に富み、自分自身のパワーを強める方法ともいえます。中間管理職は直属の部下との意見の違いに勝利することができますが、上司と一緒に自分の目的を果たすためには、最初に上司をなだめ、そして、交渉するために繊細な方法を使う必要性があることでしょう。

　CEOは自分のチームとうまくいかないとき、場を牛耳るかもしれませんが、取締役会では必要に応じてメンバーにしぶしぶ同意するかもしれません。きつい要求をする人よりもあなたの権力が弱いとき、または上役が理不尽極まりないとき、譲歩はピッタリの戦略かもしれません。

　たとえば、クリスティンについて考えてみましょう。彼女は人事部のマネジャーで150人の生産部門の人たちに財政状況について説明する責任がありました。人事関連の規則と業界関連の法律についての体系的な知識、予算と経理的問題について正確さを重視し、彼女は二重の役目を上手に果たしていました。

　また、彼女は必要なときには従業員のために立ち上がるので、人気がありました。彼女の直属の部下であり、最大のファンであるマリーナは、「クリスティンは公平で強い管理職です。私は彼女をここで働く女性のためのロールモデルだと思っています」と語っていました。

　ところが、評判だけが先行するハンクが、人事部の部長職を引き継ぎ、クリスティンの上司になりました。第2次世界大戦の映画から抜け出し

た悪役キャラクターのように、ハンクは「司令官」として会社の至るところで知られていました。

　ハンクは手段を選ばず、どんなときでも結果を出せという男でした。断定的で、論争好きで、要求が厳しく、相手をおとしめるやっかいな「何がなんでもやるリーダー」でした。そして、彼はコンフリクトを扇動するのが大好きでした。

　ハンクはめったにクリスティンの意見を聞きませんでした。彼は彼女にただ命令するだけで、彼女はそれに我慢しているようでした。そのことに彼女の部下たちはすぐ気がつきました。

　「クリスティンは前の上司には率直に意見を言っていたものでした。しかし今、彼女はハンクの召使いのように振る舞っています。ただ静かに命令を聞いているのです」とマリーナは嘆いていました。

　ハンクがクリスティンのことを「オレの簿記係だ」と言ったとき、彼女は礼儀正しい微笑みを浮かべました。ハンクが急いでスターバックスからカフェラテを買ってこいと頼んだとき、彼女はそのとおりにしました。会議で彼が無作法に話に割り込んだとき、彼女は文句を言いませんでした。クリスティンの女性の同僚は、彼女の行動の変化に当惑していました。

　「彼女は仕事を失うことを恐れているに違いない」とクリスティンのアシスタントは推測しました。「しかし、そんなのクレージーよ。会社での彼女の評判は素晴らしいものなのに！」

　クリスティンはどうしたのでしょうか。なぜ、彼女は有能で適切な自己主張をするマネジャーから、一晩で簡単に譲歩する人になってしまったのでしょうか。

　ほとんどの米国人にとって、「譲歩（appeasement）」という言葉は、あまり好ましくない単語です。英語では服従、軟弱、無力といった言葉を連想させます。自分が臆病で無価値であるように思われます。

　それを人称名詞として使うと、さらに否定的な感じがします。「クリスティンは譲歩を唱える人（appeaser）だ」という表現には、いくじ

なし、臆病者、弱虫というニュアンスが含まれます。

しかし、私たちが「勝ち負け（Win-Lose）」型の競合的交渉に陥り、良くない結末に拘泥しているようなときに、「譲歩」はパワフルなツールにもなりえます。事態を悪化させないように、耐え難い上司に対して忍耐強くなだめることを意味します。時間を稼いだり、仕事を維持するために、私たちは譲歩します。最悪の状況が過ぎるまで！

事情通で対応力のあるリーダーとチームメンバーのやり取りにおいて、譲歩は必要で、戦略的に用いることが可能です。戦術的に良いとは思えなくても、自分の目的に向かって動くことは、無力になるよりはるかに良いことでしょう。

譲歩戦略が適合するコンフリクトの状況は、「不幸な忍耐状況」にあるときです。この状況では、あなたは支配的な上司と「勝ち負け」型のコンフリクトに陥ってしまい、簡単にはそこから逃げられないと思うでしょう。

以下のようなコンフリクトの状況のとき、譲歩戦略を取ることが有効だと思えるでしょう。

- 自分の目的達成のためには、相手との人間関係維持が必要である場合
- 相手があなたと共に、ではなくて、対抗しようとしている場合
- 相手の権力が非常に大きい場合

2 | 人々を譲歩に導くものは何ですか

支配権がある人とのコンフリクトにおいて、より譲歩的な行動を取る傾向の人々がいます。あらゆるタイプのいじめに、それが当てはまります。たとえば、虐待的な両親、攻撃的な兄弟、残酷な仲間、厳しすぎる上司、嫌悪感を感じる配偶者、横暴な独裁者などです。

こうしたいじめは、ある種の反応を引き出します。いじめにさらされ

る時間が長くなるほど、その扱いに慣れ、深く染み込んでしまうのです。自尊感情が低い人、あるいは、「自分の人生は、外部のさまざまな強制力によってほとんど決まっている」と強く信じている人は、自分の不運を簡単に受け入れ、諦めやすくなり、コンフリクトの場面では譲歩することが多くなります。

　私たちの住んでいる場所、職場の文化もまた、譲歩する傾向に影響を与えます。権威の険しいヒエラルキーのある組織や団体があります。たとえば、軍隊、カトリック教会、スポーツチーム、多くの企業組織などがあります。こうした組織では、上司に対して従うことを部下は要求されます。そうでなければ制裁措置が科せられます。譲歩以外は反抗的なのです。

　権威を尊重することを重視したり、集団主義的な国家文化があるところでは同様のことが当てはまります。国家や組織の文化が結びつき、下位の者からの「譲歩・服従」を育成していくと、それは深く染み込んだ習慣的なものになり、疑問の余地がないものになる可能性が非常に高くなります。[A]

　しかし、「譲歩・服従」が習慣になり、それが私たちの唯一の選択肢になると問題です。それは健康に悪影響を与えます。感情面においても激怒、頑固さ、敵意を醸成する可能性があります。これは、譲歩した人、譲歩させた人、および組織全体にとって、より貧しい結果をもたらします。

A　2018年に日本では「悪質タックル」や「奈良判定」など、体育会文化におけるさまざまな事件が続出した。

3 | 自己診断──あなたは譲歩する人ですか

あなたはどのくらい「譲歩」する傾向があるでしょうか。下記の文章を読んで、自分が反応しそうな項目について当てはまる数字を記入してください。

1 ＝非常に反対　　2 ＝反対　　3 ＝中立
4 ＝賛成　　　　5 ＝非常に賛成

1 生涯を通じて、私は上司に反論したことはありません。あるいはめったに反論することはありませんでした。 □

2 たいていの人は、私より適切に自己主張ができます。 □

3 人生でがっかりすることの大部分は、私に運がなかったせいです。 □

4 自分に起きることに対して私自身が及ぼせる影響はほとんどないと、何度も感じます。 □

5 権威者を無視するならば、私は彼らに気づかれないようにやります。 □

6 私が何をしようとも、起こるべきことは起こるのだとよく思います。 □

7 良い仕事に恵まれるには、主に適切なタイミングで適切な場にいることが重要です。 □

8 権威に挑戦したり批判するのは、通常、極端に犠牲を伴うものです。 □

9 私は上司に反論できません。むしろただ流れに身を任せます。 □

10 物事が安定しており、予測可能であることが好きなので、 □

あえて事を荒立てるのは好みません。

11 職場で行われていることが気に入らないとき、状況が良くなるまで私は我慢します。 □

12 職場では、私はいつもみんなに合わせる人だと思われています。 □

13 私が多くを達成できない理由は、与えられた状況のせいです。 □

14 権威ある人に同意しない人々は、話し合いの前より悪い状況に終わります。 □

15 職場のほとんどの状況では、自分が気に入らなくても合わせていくことが最善です。自分の意見を表明することは物事を好転させたり、問題を解決したりしません。 □

〈採点〉

　記入した数字を合計してください。高得点であれば、あなたは「譲歩戦略をよく使う人」です。しかし、より重要な問題は、あなたが無意識に習慣的にやることではなく、戦略として「譲歩」を活用しているかということです。前述したように、あなたの組織や仕事の性質という文脈が、「譲歩」がどの程度効果的になるかを決めます。

得点	意味	自分に問いかけてみましょう
40点未満	あなたはめったに譲歩する人ではありません	譲歩戦略が環境に合っていないのか、それとも、あなたが使おうとしていないのでしょうか
40〜49点	あなたはこの戦略を使いたいと思っています	あなたは適切な状況で十分に使っていますか
50〜59点	あなたはこの戦略をかなり使います	あなたは不適切な状況で使いすぎていませんか

60点以上	ほとんどの場合、この戦略を使っています	あなたは譲歩戦略を使いすぎている可能性が高いです。この戦略を採用するのにふさわしい状況で活用しているでしょうか。環境がそうさせているのでしょうか。適切な状況で効果的に使っていますか。他のスキルを使ったほうがよいと判断する能力を高める必要がありますか

4 組織診断
──あなたは譲歩しなければならない環境に置かれていますか

　以下の質問に答えてください。この質問は現在の職場があなたに「譲歩」をどの程度要求する環境であるかを知るためのものです。文章を読んで、あなたの意見に近い数字を選んでください。

　　1＝非常に反対　　2＝反対　　3＝中立
　　4＝賛成　　　　　5＝非常に賛成

1 私が働いているところでは、権威のある者に疑問を呈することはほとんどありません。　☐

2 上司が意思決定をするとき、部下に相談することはありません。　☐

3 結局、経営陣は最終的に自分たちの欲しいものを得るのだから、わざわざ彼らに反対するのは無駄です。　☐

4 ここでは上司に逆らうと、うまくいきません。　☐

5 職場では、言われたことをやるのがベストなのです。 □

6 上司に同意しないと、非難されるか罰を受けることになります。 □

7 私の上司は部下が考えていることにほとんど関心がなく、非常に独裁的です。 □

8 職場では、権力のある上位者は、自分たちの権威に疑問を呈されることを好みません。 □

9 ここでは、部下はめったに上司に反論することはありません。 □

10 私の組織の上司は、非常に支配的です。 □

11 会議中、上司は部下が自分の意見に同意しないと、部下を笑いものにしたり、とげとげしくなります。 □

12 私の上司は、すべてをコントロールしようとします。 □

13 部下は上司の指示に従い、表立って質問することは一切ありません。 □

14 職場では、私たちは本当の意味で協力し合うことはありません。ただ言われたことをするのみです。 □

15 上司はコミュニケーションを好みません。私たちの意見を求めることもしません。 □

〈採点〉

　自分の点数を加算しましょう。合計点は15点から75点の間になります。点数が高いほど、その組織内では「譲歩戦略」を取るほうがよいと考えられます。ここで、あなたの自己診断の得点を組織診断の得点と比べてみましょう。

自己診断	点
組織診断	点

　たいていの場合、2つの得点が近ければ、あなたは現在の状況に合わせて、適切な判断力を持ってこの戦略を活用しているといえるでしょう。

5 ｜ コンフリクトで戦略的に譲歩すべき6つの理由

①**あなたは苦しみ、先が見えません**……あなたが派閥のメンバーになり、昇進するためには、派閥の親分（独裁者）のテストに合格する必要があります。あなたは、ここの経営陣が新入りの根性をテストする傾向があると薄々感じています。しかし、それは一時的なものだとも考えています。あなたが生き残り、彼らに受け入れられ、序列が上がるに従い、物事は変わるでしょう。

②**あなたは大脱走を計画しています**……あなたは最近、支配を強く受けていますが、より良い選択肢を見つけられるまでは、この仕事（給料）を維持する必要があります。それは、まさに「最悪！」ですが、失業ほどひどくはありません。とにかく、地獄から抜け出せるまで、あなたは勇敢に、そこで我慢し続けるまでです。

③**あなたは「交換条件」と呼ばれるゲームをしています**……あなたは昇給、配置転換、推薦状や褒め言葉などの見返りを期待しています。だから、短期的戦略として譲歩するのです。

④**あなたは組織システムとゲームをしています**……あなたを虐待する上司たちがどう作動し、何が彼らを動かすかを知っています。だか

ら、あなたは彼らより上手に立ち回って、自分のためになるように
します。そして、最終的には彼らにとどめを刺すのです。

⑤**あなたは授業料を払ってもよいと思っています**……支配的な上司、
ひどい上司でさえも、あなたにいろいろなことを教えてくれるもの
です。彼らに自己顕示欲と支配する喜びを持たせておきましょう。
そして、あなたはそこから何かを学び、次のステップへ移動すれば
よいのです。

⑥**あなたは追い詰められています**……追い詰められたボクサーのよう
に、対戦相手はあなたより優勢です。今、あなたには頭を下げ続け、
パンチを受ける以外のオプションが見当たりません。他の選択肢が
あればよいのですが。今の状況では譲歩戦略が最適であると判断し
て、あなたはパンチを受け続けているのです。

6 | 譲歩を誤って使ったらどうなるか

　英国の歴史家であり、政治家であるジョン・アクトン卿は「権力は腐
敗する、絶対的権力は絶対に腐敗する」と警告しました。しかし、この
格言の反対も真実です。

　ハーバード・ビジネススクールのロザベス・M・カンター教授は、
「悲観主義、学習性無力感、受動的攻撃」が増幅することによって、無
力も腐敗すると言っています。彼女は責任感が強いマネジャーや従業員
が、自分たちより権力がある側に影響を与えられない場合、無力感が押
し寄せてきて、彼らのモチベーションや態度を腐らせてしまうと指摘し
ています。

　極端な場合、無力感は潜在的に激しい恨み（ルサンチマン）や憤りの
感情を蓄積させて、建設的にコンフリクトにかかわる能力を損なってし
まいます。こうしたことは深刻な健康問題、頑なさ、奇抜な行動、権力
者を傷つける攻撃行動などが増えていくことにつながります。

組織に与える見えないダメージを想像してください。譲歩が戦略的に活用されず、しかも長期にわたるのであれば、譲歩は罠であり、身体的にも精神的にもダメージを受けていくことでしょう。

　譲歩が習慣的に使われない場合であっても、マイナス効果が生じることがあります。一部の人は、文脈を考えずに使用しています。必要がないときに、譲歩を使ってしまうのです。彼らは他の選択肢があるとは思わないので、譲歩を戦略的に使うチャンスを逃してしまうのです。

　譲歩戦略の誤用は、時間とチャンスの浪費です。本書で紹介する他の戦略と同じように、譲歩はあなたの目的達成のために使われるべきものです。したがって、適切なコンフリクトの状況で、適切なやり方で、適切なタイミングで譲歩戦略を使用することが重要なのです。

　さらに、戦略としての譲歩を、上司を打倒したり、組織を傷つけるような悪質なシナリオと混同してはいけません。自分のキャリア、評判、そして同僚にとって妥当な理由と整合性を持って、戦略的に譲歩を使用する必要があります。

7 ｜ 効果的な譲歩の実践はどのようなものか

　コンフリクトの中での効果的な譲歩戦略には、次の4つのレベルがあります。

- おとなしく時間を稼ぐレベル
- 権力者側が自分に依存する度合いを高めるレベル
- 共有する目的の本質を競合的なものから協調的なものへ変化させるレベル
- 権力者側に対して、自分の権力と影響力を強めるリソースを増やすレベル

コンフリクトに効果的に対処し、建設的な方向に持っていくことが、職場でのコンフリクトの最善策です。支配的な管理職やいじめを楽しむ上司、あるいは権力を握ることが人生だと思っている人々とのWin-Lose型のコンフリクトにあなたが置かれたとき、譲歩戦略は危うくなります。そのとき、有効なアイディアは物事を再定義したり、可能であれば、長期的な視点で考えることです。

　ときどき譲歩という苦い薬を飲み込むのは悪くありませんが、譲歩が習慣になり、自分自身が傷つくような憤りを溜め込むまでにならないようにしましょう。そして、戦略を工夫し、実施することで、自分が無力であるという感情をコントロールする意欲を回復させるのです。

　完全な譲歩は一時的なソリューションでしかありません。使いすぎると、おそらく否定的な波及効果をもたらすでしょう。職場でのコンフリクトでは、あなたにはBATNA（合意が成立しない場合の最良な代替案）があることを忘れないでください。つまり、辞めて出ていくという選択肢です。それは良くないか、痛みを伴う代替案かもしれません。しかし、もし状況が本当に悪ければ、オプションがあるということを思い出すことが重要なのです。全く逃げ道がなくなったわけではないのです。

　あなたの上司は非常に権力があり、支配的だという事実に直面したところから譲歩戦略は始まります。ですから、初めは何のチャレンジもすることなく、上司に降伏します。あなたがより建設的な方向に物事を進める方法を把握するまでは、これで時間稼ぎをすることができます。

　そして、上司が意見の不一致に対して、善意のあるアプローチを持てるようにならないなら、あなたはゆっくりとアクセルを踏み込み、上司にプレッシャーを与える戦術を取る必要があります。しかし、「私ではありませんよ」と常に言い訳できるようにやってください。譲歩は上下関係の性質を徐々に変化させます。そして、結果的にあなたは目的達成ができるのです。もし、あなたが反抗的な部下に見えるようなら、譲歩は失敗してしまうでしょう。

　クリスティンは、支配的な上司ハンクとのコンフリクトに効果的に対

処する前に、自分の目標を明確にする必要がありました。コンフリクトのためのコンフリクトは、ほとんどの場合、建設的ではありません。そして、ハンクの独裁的で支配的な態度から、彼女は直接交渉する余地がないと思っていました。だから、ハンクが職場に着任する前に、彼女は以下のような長期的なゴールを書き留めていました。

①この会社に勤め続けたい。
②昇進と昇給を実現させたい。
③引っ越して、自分の故郷に戻りたい。

　クリスティンは、転職できるという自分のBATNAを知っていたのですが、この会社に勤めてすでに数年が経っていました。そして、彼女は「一難去ってまた一難」を知っていたのです。クリスティンは、ひどい上司が嫌で会社を辞めた友人の一言を思い出します。「どの会社にも支配的な上司が存在し、良い上司でさえ悪い上司に変容することもある」。それで、彼女は心の奥に、最後の手段としてのBATNAを維持していたのです。

　彼女はまた、会社内での自分の才能や能力はハンクのやり方に完全に依存しているわけではないことをわかっていました。そして、会社には支社がありました。そこは今のオフィスよりも昇進のチャンスがあり、しかも彼女の生まれ育った都市のそばにあるのです。

　したがって、彼女は自分の長期的なゴールを明確にして、戦略的にハンクに譲歩戦略を取る理由があったのです。より高次の目的があれば、不快な状況で生きていくのも難しいことではありません。

8 | 戦略的譲歩のための10の戦術

①あなたを不当に扱う人をなだめる

> 相手に一時的に降伏し、譲ることで、権力闘争から抜け出ましょう。
> 意見の対立を避すべてけましょう。

　これは簡単なことです。愚痴を言わずに負けを認めましょう。大変ですが、あなたに解放をもたらすでしょう。

　本書の著者の1人は一時期、ニューヨーク市のビジネス街のレストランでウェイターとして働いていました。彼が雇われたとき、そこで働いているウェイター（すべて男性）のほとんどは激しく競い合っていました。たとえば、チップ、上客用のテーブル、メニューについての知識、スポーツの話、さらにギャンブルについてもです。

　その場には対立や敵対心と、テストステロン（男性ホルモン）がみなぎっていました。彼は働き始めたとき、困惑と疲労を感じ辞めようかと思いました。

　しかし、ヨレヨレになりながら、ついに彼はここでの人生が楽になる単純な戦術に気がついたのです。彼は黙認したのです。午前中、他のウェイターが上客用のテーブルについて争っているとき、彼はそこから離れた座席を担当したのです。

　他のウェイターたちは動きを止め、疑わしそうに彼を見ていました。実際には、彼がどの座席を担当するかは関係ないのですが、とにかく、彼の担当するテーブルは毎日お客さんで埋まりました。

　しかし、単に勝つことが他のウェイターにとっては非常に重要なことでした。チップの金額、いかにモテるか、いかに魚をきれいに取り分けるかのスピードに至るまで、すべてを先輩たちが自慢し合っているとき、「そうですね。先輩が最高ですね」と彼は言いました。再び、周囲は驚きの目を向けました。

この「譲る」という戦略は非常に奇妙で、この場ではありえないことでした。そして、ウェイターたちのトップ争いのゲームを崩壊させて、その場のダイナミクスを完全に変えました。それはいつでも楽しいことではありませんでしたが、より良い仕事が決まるまでのしばらくの間は機能しました。

クリスティンにとっては、これが彼女の上司ハンクへの第一歩でした。彼女はハンクにコーヒーとランチを持っていき、その他の雑用を何でも引き受けました。ハンクが「Yes」という言葉を求めているなら、彼女は「Yes」と言うことにしました。この戦術は、彼女がより洗練されたアプローチが見つかるまでの時間稼ぎになりました。

②ご機嫌取りをする

> あとで権力者を搾取するために、彼らの前で自分自身がより魅力的な存在になることです。

この戦術の効果は、どのように巧みに表現するかにかかっています。そして、コンフリクトに直面したとき、どのくらい自分の魅力を出すかにかかっています。迎合(ご機嫌取り)は、他の人があなたの真意に気がつかないままである場合にのみ機能します。

興味深いことに、権力がある人ほど、ご機嫌取りをされることが当たり前なので、かなり地位の高い上司にやっても効果はありません。それより、あなたの身近な上司に有効でしょう。あるいは、人間関係や人の感情に無関心なハンクのような人には効果的でしょう。

クリスティンのご機嫌取り作戦は、ハンクへのお世辞(彼の長所を誇張し、短所を却下する)、彼の意見には合意を表明する、彼に頼まれたことは何でもやる、といったことの組合せです。

アリゾナ州立大学の研究者は、社会的影響と印象操作に関する約100の研究をレビューしました。職場で男性と女性が他人に影響を与えるた

めに、「女性らしさ」や「男性らしさ」といったステレオタイプを利用した行動をする傾向があると結論づけました。

男性は、自分を売り込み、手を貸そうとし、結果への手柄を主張する可能性が女性よりもあります。女性は、謙虚さ、相手を褒めること、謝罪をする可能性が男性より高くなります。研究者たちは、性別に一致する行動（つまり、ある文化的状況下で男性として、女性として、期待される行動と反応をすること）は、性別に合っていない行動をすることよりも、目的を達成する可能性が高まると結論づけました。

カリフォルニア大学バークレー校とロンドン・スクール・オブ・エコノミクスの研究者は共同で、男性と女性がさまざまな場面で交渉する実験をしました。

女性交渉者は、「中立的なスタイルの条件（情報に焦点を当てること）」か「女性的な魅力の条件（頻繁なアイコンタクト、笑顔、笑い声)」をするようにランダムに割り当てられました。「女性の魅力」を使用した交渉者のほうが、全体的には良い結果を得ました。

しかし、女性が男性の交渉相手と競合しているように見えたとき、このアプローチはときどき裏目に出ました。

クリスティンは直感的にこのことをよく知っていました。他の人の成功と失敗を踏まえて、彼女は戦略的譲歩に磨きをかけ始めました。彼女はエンジニアリング部門のニラジがハンクとスポーツの話をしながら、実はエンジニアリング部門が成功していることを自慢しているのに気がつきました。

これはうまくいっているように見えました。ハンクは徐々にニラジの意見を支持し、さらにいくつかのハンクへの反論を容認しました。クリスティンはまた、直属の部下のマリーナが、他の人より叱られることが少なく、より多くの褒め言葉をハンクからもらっていることに気がつきました。なぜなら、マリーナはハンクに気があるそぶりを上手にしていたからです。

しかし、クリスティンはニラジやマリーナのようなやり方は自分には

合わないことを知っていました。そこで彼女は、自分の長期的な目的達成を心に秘めながら、比較的気分良くでき、自分の印象を良くすることを考えて、慎重にハンクに影響を与える戦術を選んだのです。ハンクに気づかれない方法で、「ご機嫌取り」をしました。

　彼女は興味があるかのように、ハンクの長いおしゃべりにつき合いました。ハンクがおやじギャグを言えば、微笑みました。ハンクが人々、経済、会社について不平を言ったときは、偽りの共感を示しました。ハンクに気づかれることなく、彼女はさまざまな譲歩戦術を繰り出していきました。そして、彼女は目的を達成したのです。

③詮索されないために、目立たないようにする

相手の視界から消える、または相手の要求に従うように見せて、細かくチェックされないようにします。

　ハンクの支配が始まった頃、クリスティンは彼の視界から消えるという実験を始めました。彼女はハンクが旅行しているときは、確実にオフィスにいるようにしました。ハンクがオフィスにいるとわかっているときに、彼女は休暇を取りました。ミーティングを欠席する、会話を短くする、自分の机から離れられないという正当な理由を、彼女はたくさん作り出し、静かにしていました。そして、彼女はハンクがかかわらなくてもできる仕事を徐々に見つけていきました。

　ハンクを完全に避けることは仕事上できませんが、クリスティンは彼にどう話すか、いつ話すか、どのくらい話すかを変えることができました。ハンクの要求を完全に満たすように見せながら、彼女の目標は対立しそうな状況に挑んで、ハンクに詮索されることをできるだけ避けることでした。

　クリスティンは、ハンクに伝える情報の順番を変えることもしました。もし、情報がハンクの支配欲を強めるものであれば、彼女はそれを会話

の後のほうに紹介するようにしました。会議は通常、最後のほうが急ぎ足になります。もし、ハンクが次の会議で「あの件はどうなったか」とフォローアップしようとしても、そのときには「問題は解決しました」とすぐに報告することができます。

この「視界から消えて避ける戦術」は、ハンクに「クリスティンは、オレの忠実な召使いだ」という認識を持たせ、彼の鷹の目のような細かいチェックを逃れて、クリスティンに多少の余裕を持たせます。

そして彼女に、ハンクをよく知るための時間をも与えます。彼の本当の関心や目的を理解し、彼とうまく働けるように建設的な手段を探すための時間稼ぎができます。クリスティンにとって、簡単なことではありませんでしたが、ハンクと長く働くほど、彼がわかりやすくなり、彼の反応が予想できるようになりました。

④独裁者をさらに依存させる

第一秘書のように働き、自分の権力を構築しましょう。

クリスティンは、社会人になりたての頃、成功した上司の多くが完全にアシスタントに依存していたことを学んでいました。組織図は、どんなあからさまなコンフリクトでも上司が勝つことを示していますが、アシスタントが異議の一言も言わずして、どのように上司の意思決定に影響を与えるかをクリスティンは知っていました。

クリスティンは、いくつかの方法でハンクとの仕事にこの戦術を応用しました。彼女は会社の必要な会計手続きを完全に理解している、現場の唯一の人物でした。ですから、ハンクは自分をよく見せるためには、クリスティンに頼るようになりました。彼女は喜んでそれを受け入れました。しかし、ときどきハンクが暴君的で意地悪になると、クリスティンは表向きに正当な理由を使って報告を遅らせました。

これによってハンクは会社の締切に間に合わないと思い、パニックに

陥りました。そして、土壇場になるとクリスティンは一歩を踏み出して、報告書ができたことを知らせてハンクを安堵させ、感謝の言葉まで言わせていたのです。「私の邪魔をしないでね、ハンク！」とクリスティンは心の中でよく言ったものです。

クリスティンはまた、ハンクが頻繁にあまりにも多くのタスクを引き受け、あまりにも多くの人々に、いちいち細かい指示を与えていることに気づきました。これはハンクの逆手を取る機会にもなりました。

クリスティンはさらに、ハンクの要求に応じることから始めました。彼女はより一層の努力をして、彼の仕事を整理することを手伝い、細かい仕事を引き受けることを提案しました。時間が経つにつれて、彼女とスタッフはハンクの第一秘書になって、完全に彼のスケジュール管理を引き継ぎました。

ハンクはクリスティンがスケジュールを管理してくれることに感謝していました。一方でコンサルタント、営業担当者、会社の幹部でさえ、クリスティンと彼女のスタッフを飛び越えて、ハンクと連絡を取ることが難しくなりました。

クリスティンは必要と感じれば、いつでもハンクの部屋のドアをノックできるようになりました。なぜなら、ハンクは自分の目的を達成するためにはクリスティンが必要だということを理解するようになったからです。

このことは、他のマネジャーが自分たちのニーズをハンクに理解させるためには、クリスティンに頼らなければならないということを意味します。彼女は上司にめったに異議を表明しないように見えても、物事を起こす（あるいは遅らせる）ことができました。ハンクはクリスティンをコントロールする手綱を徐々に緩めるようになりました。

⑤「Yes」と言って、反対することを減らす

対立するよりも合意する割合を高めましょう。上司に反論せずに、
反対するポイントを配慮して選択しましょう。

数年前、クリスティンは営業職としてのキャリアについて、ちょっと
考えたときがありました。最終的には管理職としての道を追求すること
にしましたが、彼女は営業職のときに学んだことを思い出しました。

それは「イエス・セット話法（Yes Set Close）」というテクニックで
した。営業職は相手から一連のYes（少なくとも3回）を引き出そうと
します。つまり、営業は顧客が「Yes」と答えそうな質問を続けた後に
購入話を持ち掛けると、顧客がYesと答えてしまうテクニックです。

クリスティンは、この方法を応用してハンクに使いました。ハンクに
「Yes」と言わせる代わりに、彼女は我慢できる限り何度もハンクに
「Yes」と言うようにしました。最終的には彼女が「No」と言ったとき
に、今までの一連の「Yes」のおかげで、ハンクが無意識のうちに彼女
を信用して、彼女の意見を受け入れてしまうことを狙ったのです。

それはときどき効果がありました。たとえば、彼が決して変更しない
と思われる意見に、クリスティンは個人的に同意できなかったときでし
た。彼が「君は同意するだろう」と聞いたとき、彼女はそっけなく、
「ええ」と反応しました。

さらにハンクがある行動を提案したときでした。彼女は「機能的だけ
ど、やや非効率な提案だ」と思いましたが、「ええ、それはうまくいき
ますね。私が手配しますね」と言いました。

このような連続した「Yes」のあとで、「No」を示すと、ハンクのよ
うな上司でさえ、一瞬立ち止まって話を聞こうとします。クリスティン
は「あなたの意見は現場や会社にとって有害です」とは言いませんでし
た。信用と影響力を考えて、彼女は丁寧に言いました。

「ハンク、あなたが提案していることは、あまりにも多くの費用がか

かると懸念しています」（彼はお金を無駄にするのが嫌いだった）

「これは上層部には正しいと思われないかもしれません」（彼は権力者に自分がどう見られるかを非常に意識する人だった）

「イエス・セット話法」の応用として、直接的な「No」の使用を避けるテクニックで、意見の対立があっても、ハンクに支配的なリアクションをさせずに、クリスティンは彼に時折、影響を与えることができました。

⑥良い天使を引き出そう

> 上司の思いやりとマネジメントスキルと私利私欲にアピールして、
> 魅力的な優しさと媚びた口調でデリケートな問題を提起しましょう。

クリスティンのスタッフのポーミンが、老いた母の介護のための休暇を必要としていたときでした。それは社の規定と連邦法を超えた期間でした。クリスティンはハンクのところに行くと、「絶対にダメだ！」と彼は怒鳴ったのです。

クリスティンはうなずき、冷静さを保ちました。「覚えてる？ ハンク、あなたは従業員たちとその家族に、非常に親切なことを何度もやってきました。だから、職場のみんなはあなたをリスペクトしているのです」と彼女は説得力を持って言いました。

「そして、みんなはポーミンを非常に気遣っています。このことは会社に何の損失も与えないし、私のスタッフはきちんと仕事を終わらせます」

ハンクは彼女の言葉に不快そうに眉をしかめましたが、彼女の提案を再び却下することをためらいました。

「それから……」と、クリスティンは付け加えて言いました。「これは主なポイントではないけど、上層部はあなたの厳しさと優しさを併せ持った資質を高く評価すると思うわ」と言って、彼女は退出しました。

数分後、ハンクの電話が鳴りました。すでにこの問題についてクリスティンが簡潔に話をしておいた幹部からでした。彼はハンクに現場がうまくいっていることを聞いていると伝えたのです。良い数字も出ているし、すべてにわたって満足できる成果を出し、だいたいにおいて素晴らしく順調だと。次に、従業員にアンケートを取ることを話し、ハンクに前任者のときよりも現場の士気が上がることを望んでいると伝えました。

　この連続パンチは報われました。ハンクの価値観と自己利益にアピールするには上層部からの応援なしでは成功しなかったでしょう。しかし、それは最終的にクリスティンの意図した結果をもたらしました。クリスティンは、スタッフ全員にハンクがメンバーの母親のことまで心配していると伝えることを忘れませんでした。

　もちろん、この戦術は、上司が人並みの良識と思いやりを持ち合わせていることが前提です。もし、冷たく計算高い虫けらのような嫌な人に対応するならば、次を読んでください。

⑦職場のネットワークを使って、上司に圧力をかけよう

> 部下、同僚、会社でリーダーシップを取る人々から一目置かれることでネットワークを構築しましょう。こうしたネットワークは職場での影響力を強め、相手へのプレッシャーになります。

　クリスティンが、自分のネットワークを活用したことは、1回だけではありませんでした。長年にわたって彼女は、会社のために働いており、多くの友人から尊敬を得ていました。人間関係の構築が成功と満足のいくキャリアの基礎であることを彼女は常に意識していました。

　もし、ハンクが従業員に対して厳しすぎたり、頑固であると思ったら、彼女のネットワークから適切な人物を選び、ハンクにフィードバックをするように頼むことができました。これらの人物は、常に権力の座にいる男性たちで、クリスティンを重んじて守ろうとする人物たちでした。

ハンクから見れば彼らの信用度は高く、彼女のメッセージを伝える代理人としてはうってつけでした。

クリスティンの仕事ぶりは素晴らしく、会社のリーダーたちからの尊敬も得ていたので、ハンクは会社の上層部から彼女は素晴らしい社員であり、何度も会社のために大きな成果を出していることなどの評価を聞かされることがたびたびありました。

このような情報は、ハンクをクリスティンのファンにはしませんでしたが、ハンクが彼女に無理難題を押し付けるのを防いでくれました。ハンクは支配欲の塊でしたが、社内政治には敏感でした。

「ハンクは独断的ではあるが、少なくとも協調もできる正常な人間というレベルになりました」とクリスティンは会社の上層部に伝えました。

⑧現実を再構築して新しい可能性を提供しよう

> 権力者の状況認識と理解を変化させましょう。

これは権力を持たざる者が用いる古典的な交渉戦略です。アパレルショップの店員は、この戦術を使います。「この服を着ると、あなたはもっと素敵に見えますよ」と店員は言いますよね。

選挙に出る政治家も使います。あなたのメリットについて耳に心地の良い表現を使って、あなたの1票を得ようとします。外出禁止と親に言われている15歳の子どもが親に交渉を試みるときにも使っています。「ねえ、家にいるだけじゃなくて、社会勉強も必要でしょう」

部下が上司に交渉するときは、上司の目的や目標を変更させようとします。期待するような成果を出すには上司が思っている以上にコストがかかるとか、あるいは他の目標のほうが上司にとって価値があることを納得させることです。

これはある意味でリスキーな戦術です。なぜなら、意見の対立が中心になり、上司が手綱を強める可能性があるからです。そして、さらなる

支配をもたらすことになりうるからです。しかし、抜け目のない部下は譲歩のベールをかぶって上司を説得することができるのです。

クリスティンはこの戦術を一度使いました。

ハンクは1人の従業員を辞めさせようとしていました。クリスティンは、その従業員がプライベートな問題を抱えていて業績を落としていることを知っていました。もし、クリスティンが上司だったら、外部のカウンセリングを受けることを組み込んだ業務計画を、この従業員に与えたことでしょう。しかし、ハンクは従業員を解雇すると決めていました。

クリスティンは人事担当者に電話をかけ、少なくともハンクの決定を遅らせるようにすることもできました。しかし、彼女はもしこのコンフリクトが制度的で官僚的になるのなら、問題がエスカレートしてしまうこともわかっていました。彼女はハンクに反対するよりも影響力を行使しようと決めて、声を掛けました。

「ハンク、この状況であなたがやれということをすべて私は実施するつもりです。ただ、上層部があなたを今後どう見るかということが気になります。この従業員にプライベートと業績の問題を立て直す時間を与えないで、あなたの結果重視志向をアピールするのが得策かどうか。でも、シンプルに便宜を図ったかに見せることができるんじゃないかしら。みんながあなたのことをどう考えるかを想像してみてください。もちろん、さっき言ったように、私は全部の書類作業をするし、あなたが決めたことをすべてやるつもりです」

ハンクは黙って自分自身が発表しようとした決定の代償を再計算しました。そして、従業員に自分の問題を解決するための90日の猶予を与えることにしました。

⑨もっともらしい拒否権を維持しよう

拒否権と雇用保障を維持しながら、上司に影響を与えるための受動的攻撃戦術を開発しましょう。

　日本で行われた非常に魅力的な研究があります。無神経で無能な重役たちの秘書をしている人たちは、幅広い受動的攻撃 (passive aggressive) 戦術を発達させてきました。秘書たちは自分の仕事を確保しつつ、拒否権を示す方法で重役たちに復讐をしているのです。[1]

　たとえば、日本の女性社員、男性上司から「女の子」と呼ばれる人たちは、男性の評判を傷つけることで、組織の中で男性が成功することを妨害します。もし、男性が親切で女性秘書に筋の通った対応をしているのであれば、その噂は職場のすべての女性に広まります。そして、彼は尊敬され、彼の仕事はスムーズにうまくいくよう、女性たちは舞台裏から支援するのです。

　しかし、男性上司が無作法で過酷な要求を突きつける人であれば、女性スタッフ全員がひそかに彼に抵抗します。上司から清書を頼まれた書類の提出を遅らせたり、書類上の大きなミスの訂正をあえてしません。そして、男性が自分の上司に「女の子」の不満を言うならば、女性を管理できない人として上司からの評判を失うのです。

　クリスティンとハンクの状況とは同じではありませんが、似ているのです。会社の指導層からハンクは非常に才能があり、成果主義であると認められていました。しかし、彼は部下につらく当たり、コンフリクトのときは傾聴スキルがなく、好戦的で、支配的な振る舞いしかできない、つまり、職場の士気を下げる問題を抱えていることも知られていました。

　ハンクがどの部署に異動しようとも、毎年の従業員満足度調査の結果は良くないものでした。何度もコンサルタントとコーチが彼に割り当てられましたが、効果はありませんでした。ハンクの周囲の誰もが、彼の前では従順な顔を見せることをすぐに学ぶ一方で、彼に対する悪い噂が

消えたことはありませんでした。

　多くの噂と同様に、その噂はすべてが嘘でもなく、すべてが本当でもありませんでした。もし、ハンクが会議中に声を荒らげれば、「彼はチームの人たちを怒鳴りつけた」という噂が広まりました。ハンクが事務補助をする若い女性職員に腹を立てたとき、人事部に「ハンクは女性職員を『毎週』泣かせている」という噂が届きました。

　クリスティンや事務スタッフには、ハンクの経歴に影響を与えるような正式な権限やリソースがほとんどありませんが、非公式な力を使って、彼の評判に影響を与えることはできたのです——そうした噂を否定しないことさえ、パワーなのです。

⑩許可を求めることをあえてしない。
　でも、謝罪を忘れずに

> 誰も気づかないほどシステムが非効率であることを願って、あなたがやりたいことを行い、ルールを破りましょう。万が一に備えて、謝罪する準備もしておきましょう。

　ギリシャ・カトリック教会のパレスチナ大司教であるエリアス・シャーア氏は、地域識字プロジェクトのために2人の修道女を派遣できるかどうかについて、修道院に問い合わせたことを回想しています。修道院長は司教に確認しなければならないと言いました。

　「司教様は2人の尼僧を派遣することに許可をくださらないことは明白でした。私は司教様に従わないわけにはいきません」と修道院長はのちにシャーア氏に語りました。そして、付け加えて、「ですから、私は3人の尼僧を派遣しました」と言いました。

　この戦術は短期間の場合においては効果がありますが、失敗する可能性もあります。そして、繰り返し使える戦術ではないでしょう。クリスティンは、この戦術をごく稀に限定した場合にのみ使いました。ハンク

と対立しそうな案件ではあるが、いったん決めたことが覆せないときです。たとえば、取引先の中規模な支出や期限の延長などについての問題です。クリスティンはハンクの承諾なしに決定を先方に伝えて、あとでハンクに「誤解して申し訳ありませんでした」と謝るようにしたのです。

9 | 戦略的譲歩をマスターする方法

　譲歩が戦略として有効な場合、ある種のスキルと態度によってそれが可能になります。失敗する場合はスキルと態度が伴っていないからです。あるいは「譲歩」的な態度が職場に合わない状況ともいえます。

　戦略的な譲歩に関連する習得可能な基礎的スキルと態度には、「自分自身への気づき」、「自己コントロール」と「レジリエンス (resilience)」[B]などがあります。戦略的志向と職場のネットワークが現在の困難な状況からあなたが逃れることを助けてくれるでしょう。そして、職場の犠牲者になったり、犠牲者になることを良しとする考え方を避けることにも役立ちます。自分の強み、戦略、自尊心を持てるところから、譲歩を用いるほうが効果的です。

　優れた譲歩戦略を取る人は、独裁者にとっては協調的で、真面目な人に見えます。同時に、同僚たちからの信頼も得ています。自分の同僚や仲間を信じ、協力して独裁者に対して影響を与えましょう。

　多くの支配欲に取りつかれた人々は、さまざまな視点が大切で、話し合いで「Yes」ばかりを聞きたくないと主張します。しかし、彼らの本音は、「Yes」を聞き、それを信じたいということです。

B　レジリエンスは、「回復力」「復元力」「弾力性」などの訳語があてられているが、「しなやかな強さ」というニュアンスがある。たとえば、堅い木は負荷をかけると折れてしまうが、しなやかな釣り竿は、大きな負荷がかかっても簡単には折れない。そして、負荷がなくなると、元の形状に戻る。これがレジリエンスの意味するところである。

「戦略的譲歩」が下手な人は、上司の不信感を拭うことができず、し
たがって、やる気がなさそうに見えたり、受動的攻撃をしているように
見えることがあります。下手な「戦略的譲歩」はキャリア形成に不利で
す。一日をつつがなく終わらせ、組織体制の変化や幸運な転職を漠然と
望んでいるのであれば、「譲歩」は運を天に任せているだけです。戦略
的行動の本質は、運任せを最小限に抑えることです。

　クリスティンは本当に「戦略的譲歩の達人」になりました。当時、ハ
ンクをなだめられなければ、彼女の目的を達成する方法は他にありませ
んでした。彼女がファイティング・スピリット（戦闘精神）を発揮した
ならば、彼女は高貴な犠牲者として会社を辞めていたでしょう。代わり
に、彼女は戦略的に譲歩を用いたのです。

　2年後にクリスティンは昇進しました。もちろん、ハンクから推薦状
をもらうことも成功しています。彼女は自分が好む都市に引っ越し、大
幅な昇給を受けました。彼女の戦略的な譲歩は、大きなリターンをもた
らす投資だったのです。

10 ｜ 戦略的譲歩のまとめ

不幸な忍耐状況

　自分が相手より権力的に弱い存在であり、目的が全く競合しているに
もかかわらず、相手との関係を維持しなければならない状況。こうした
コンフリクトの状況では、権力の弱い者は不安、いら立ち、ストレスや
怒りを感じています。

戦略

　権力者側を立てて、時間稼ぎをすることです。目立たないように、相
手があなたにより依存するように仕向け、目的を競合的なものから、あ
なたと共有できる協調的な目的に変化させていくことです。

戦術

①あなたを不当に扱う人をなだめる

②ご機嫌取りをする

③詮索されないために、目立たないようにする

④独裁者をさらに依存させる

⑤「Yes」と言って、反対することを減らす

⑥良い天使を引き出そう

⑦職場のネットワークを使って、上司に圧力をかけよう

⑧現実を再構築して新しい可能性を提供しよう

⑨もっともらしい拒否権を維持しよう

⑩許可を求めることをあえてしない。でも、謝罪を忘れずに

スキル習得チェックリスト

自分の習得しているすべてのスキルをリストアップしましょう。自分の信頼できる人と、あなたの回答について話し合ってみましょう。

☐ **自分の欲求がすぐに満たされることを望みません。**ストレスを感じていても、私には自分自身の目的があり、集中することができます。将来、長期的に自分が何をしたいかを考えています。それがあるから、私は短期間の妥協や見解の相違に我慢できます。私が権力者に譲歩するとき、自分が譲歩する理由と自分がどこに向かっているかを意識できます。

☐ **私より権力が強く、影響力のある人とうまくやっていけます。**私自身が責任を負う必要もなく、自分の目的に合っているならば、相手の権威を立てることもできます。私は自分の意見やアイディアを差し控えるべきタイミングを知っています。

☐ **私は組織内で自分をサポートしてくれる人々とのネットワークがあ**

ります。私は組織全体に人間関係を築いて、私を好きな人、私のことを気にかけてくれる人を増やしていきます。このネットワークは私の状況をサポートしてくれます。私が依頼しなくてもサポートが得られることもあります。そして、支配的な上司に害を及ぼすような姿勢を見せずに、サポートを受けることができます。

☐ **私は組織の外に良好な人間関係を築いています。**私をリフレッシュさせてくれ、助言と心理的なサポートをくれる友人や親友がいます。

☐ **私は組織のポリシーと規則を知っています。**この知識を使って、意見の対立があるとき、私は他の人に影響を与えることができます。ときには権力がある人に、その要求や提案がポリシー違反であると指摘することもできます。このようなコンフリクトでの私のパワーは、自己主張からではなく、権力者が遵守しなければならない規則の力によるものです。

☐ **私は物事をあまり個人的に受け取らない方法を知っています。**全体像を考えたり、他の人に相談したり、ときにはユーモアに耳を傾けることで、上司との間に問題が生じたときに、自分自身が広い視野を持って対応できます。私は傷つくかもしれませんが、自分自身をケアすることもできるので、傷ついたままでいることはありません。支配的な上司が不当に、あるいは厳しく私を批判しても、自分の仕事を着々と進めることができます。すべてを完璧にしようとは思いません。

☐ **私は間接的な方法を使って、他の人に影響を与えることができます。**私の目的が権力者と一致しないときは、反論することなく状況に影響を与える方法を知っています。私が完全に言いなりになったり、協力していないことを悟られずに、タイミング、仕事の流れ、会議

の準備、スケジュール調整や他のことを通じて、ひそかに支配的権力者に影響を与えることができます。

☐ **私には強い倫理観があります。** 私が上司に間接的な方法で影響を与えているとき、所属する組織の評判や機能に害を及ぼすようなことはいたしません。

☐ **権力者が私を必要とするように仕向けることができます。** 私は自分の組織と上司に価値を提供します。意見の不一致があっても、私自身の価値を高めることを学び、実践しているので、上司は私に頼らざるをえません。したがって、私を完全に支配したり、痛めつけることはできません。

☐ **私は自分の最新の履歴書をいつも用意しています。** 人生は予測不可能で、組織は変化するからです。私はこの仕事に完全に依存してません。転職情報などから新たなチャンスを絶えず探し、私の人生の代替案を持つようにしています。

話し合ってみよう！

　自分より強い権力を持っている人とのコンフリクトにおいて、譲歩しすぎることや長期間譲歩を続けていることは、健康に良くありません。しかし、それはまた、あなたの求めるものを得ることに役立つでしょう。以下のポイントについて、思慮深く、信頼でき、率直な人と話し合ってみましょう。

- 私の本当の意見やアイディアを、あからさまに受け入れない支配的な上司と仕事をしなければならないとき、私はどんな行動に出ると思いますか。反抗的に見せずに、私はどんな方法で意見の合わない上司に影響を与えればよいでしょうか。そうした状況で過去に私が失敗したことについて率直に語ってください。どうしたら、より上手に（戦略的に）権力者に私は譲歩できるか、何かアイディアはないでしょうか。
- 心の狭いリーダーに対して議論したり、強く出たことで、私が自分の目的をないがしろにしてしまったことがありますか。直接的な方法がうまくいかないとき、私が権力者に対してもっと上手に影響を与える方法はあるでしょうか。
- 戦略的譲歩の達人と思われる人はいますか。その人は目的を犠牲にして単に降伏する人々ではありません。さまざまな支配的権限の舵取りができ、少なくとも自分の目標のいくつかを達成させることのできる人たちかもしれません。うまくいくために、彼らはどんなことをするのでしょうか。

Chapter **8**
選択的自立

目的に向かって動くときには……
- 他者に頼ることを減らす
- より良い結果を出すことで、相手のパワーを減少させる
- 関係性よりも自分の目的に焦点を当てて、意見の不一致に対処する
- 私の成功には他者の力はそれほど、あるいは全く必要ない

意見が合わないときは「距離を置く」

選択的
自立

特定の状況やコンフリクト、あるいは論争相手との人間関係にとどまる必要がほとんどないので、権力差や目的が競合することは、ほとんど関係のないことです。

状況	人間関係の維持	双方の目的共有度	相手に対する自分の権力
独立	重要ではない	無関係	無関係

1 | はじめに

　1986年1月28日、スペースシャトルのチャレンジャー号が離陸後73秒で爆発し、乗組員全員が死亡するという大惨事が起きました。当時のレーガン政権は、NASAのシャトル・プログラムを継続し、NASAのイメージを修復することを決意し、その悲劇的な事故を調査する「独立委員会」を速やかに招集しました。

　ジャーナリストのジェームズ・グレイク氏が報じたように、同委員会はNASAの「象徴的な価値を体現する人物と内部者」で構成されていました。たとえば、人類で初めて月面に立ったニール・アームストロング氏、人類初の音速を超えたパイロットのチャック・イエーガー氏、ウィリアム・P・ロジャーズ元合衆国国務長官らが含まれていました。[1] しかし、物理学者のリチャード・ファインマン博士は例外でした。

　ファインマン博士はノーベル賞を受賞した理論物理学者で、他のメンバーとは異なる独立した立場にありました。また、ヒアリング時には末期ガンで瀕死の状態でした。同委員会はNASAとスペースシャトルのミッションを守るためのキャンペーンを実施していましたが、大惨事の背景にある科学的・技術的事実を独自に究明しようというファインマン博士の声に反対する人はいませんでした。

　それは委員会の公聴会で記憶に残る劇的な瞬間でした。ファインマン博士は、コップ一杯の氷水を要求し、チャレンジャー号に使用されたOリングという密閉ゴムが、摂氏0度で弾力性を失うことを実証しました。摂氏0度、それは大惨事の朝のスペースシャトル発射場所の温度でした。

　ロジャーズ元国務長官は、このデモンストレーションの直前に男子トイレでアームストロング氏に「ファインマンはマジに面倒なヤツだ！」と言ったことを立ち聞きされています。

　ニューヨーク・タイムズ紙の調査報告は、ファインマン博士が証明したOリングの低温のリスクをNASAはすでに知っていたと推測しています。しかし、委員会の報告書には、NASAによる不正行為は、ほとん

ど記述されていませんでした。

一方、ファインマン博士は個人的な意見として次のように述べています。「技術を成功させるためには、事実が公式発表よりも優先されなければならない。自然現象は騙すことはできないのだから」

結局、ファインマン博士の科学的事実が政治よりも優先するという考え方が事故に対する解決案を導きました。そして、未来の多くの宇宙飛行士の命を守ることにつながったのです。

「自立」とは、不快で恐ろしいコンフリクトから逃れることではありません。逆のこともあるのです。この戦略は、優先する目的の達成に強く焦点を当てることから生まれます。もしコンフリクトがあなたの目的達成に役立つならば、必ず立ち向かいましょう。

しかし、そうでない場合や報酬がストレスに見合わない場合には、放っておくか、他人の抗議や懸念に関係なく、一方的に自分の目的を達成することもできます。自立戦略を利用する人々は、通常コンフリクトを取り巻く人間関係や特定の出来事に重きを置きません。むしろ、異なった方法で最終的なゴールに到達することに価値を置くのです。

結局、自立戦略を採用するかどうかは、他の目的を達成するために特定の人や集団との関係を継続する必要があるかどうかで決まります。ファインマン博士にとって、大惨事の背後にある科学的事実と安全性を究明することは、仲間からの評判、関係、立場への関心よりも勝っていたのです。特に、彼が末期ガンの状態であったにも鑑みると、他人からの評判を気にせずに自説を述べられたのかもしれません。

「自立」は、自分が望むものを得るために相手を必要としなくても、相手があなたを必要とする場合に経験できる権力です。それは他者と距離を置くパワーなのです。

交渉において相手への依存を減らし、独立性を高めることで交渉の成果を向上させることができます。[2] そのための2つの主要な戦術があります。

第1は、魅力的なBATNAを持つことです。交渉相手が提供するものに代わる優れた選択肢を持つことで、コンフリクトでの自分自身の力と

相手に依存しないからこそ得られる自由を得ることができます。

　第2の戦術は、相手があなたに依存する度合いを高めることです。自分が必要とする以上に相手が自分を必要とするようにすることです。

　以下の場合、選択的自立を実行し、直接的なコンフリクトから解放されることでメリットを得ることができます。

- 目的達成のために相手との関係を維持する必要がない場合
- 相手があなたに敵対している場合
- あなたが論争相手に対してどのような立場を取るのかを判別するのが難しい場合

　もしあなたが自立戦略を追求しているのであれば、相手の相対的なパワーは、重要ではありません。

2 ｜ 人々を自立に導くものは何ですか

　自立を好む人は、組織に頼らずに自分自身で働き、仕事以外で対人関係のニーズを満たすことを好みます。彼らは、自分自身をグループの一員であることやチームプレイヤーとしてではなく、個人として捉える傾向があります。[3] 多くの営業担当者は、コンフリクトを管理し、回避する方法として、自立戦略をよく採用しています。

　個人主義や独立独歩が高く評価された家族や文化の中で育ったため、自立を望む人もいれば、すぐに行動に移す人もいます。彼らは、自分で何かをやり遂げた人たちをロールモデルとして持ち、人の助けを借りずに仕事を成し遂げる能力に誇りを持つことを学びました。

　特に人との対立に関係したときには、他人に依存することを避けるのは気高いことだと信じていることさえあります。自立を志向する人々の中には、単純に他者とのやり取りが面倒で、自分自身で問題を解決する

ことが最も楽だと感じている人もいます。ある状況で自立が選択されると、自分の目的と関係のないことに努力や執着をしません。あるいは、非生産的な争いから遠ざかるという選択肢が提供されます。

この戦略の賢明な選択は、本書のすべての戦略と同様に、反射的反応や習慣、性格、パニックに基づいたものではありません。それは、誠実で大切な目的達成に役立つ可能性を明確に分析することに基づいています。しかし、他のすべての戦略と同様に、過剰な自立が優れていることはめったにありません。その使いすぎは、他人を疎外し、怒らせ、社会的または仕事上の排除につながります。わがままで、自己中心的で冷たい人に見られるかもしれません。

ファインマン博士は「面倒なヤツ」と思われました。したがって、自立戦略を採用することは、覚悟して用いることが最善といえます。

3 ｜ 自己診断——あなたは習慣的に自立的ですか

以下の文章は、コンフリクトで自立的な戦略をあなたがどれだけ使う傾向があるかを理解するのに役立ちます。文章に対するあなたの回答を最もよく表す数字を選んでください。

1＝非常に反対　　2＝反対　　3＝中立
4＝賛成　　　　　5＝非常に賛成

1　職場でコンフリクトがあれば、私はいつも当面の状況を我慢することを選びます。そして、何もしません。　□

2　私はコンフリクトを無視しがちです。ほとんどは私に関係ある問題ではありません。　□

3 職場のコンフリクトでは、その状況から離れて他の場で
自分自身のニーズを満たす機会を探すことが多いです。 ☐

4 職場のさまざまなコンフリクトでは、本当に何もしませ
ん。なぜなら、ほとんど問題ではないからです。 ☐

5 職場の人と意見が分かれたら、まず自分が望むもの、あ
るいは必要とするものを手に入れる独自の方法を探して
から、相手と話し合います。 ☐

6 私にとっては、1人の個性ある人間として行動すること
が大切です。 ☐

7 私は他人に依存するのではなく、自立しているほうが好
きです。 ☐

8 私は自分の行動に全責任を負います。 ☐

9 他人と違うことが楽しいと思います。 ☐

10 他人に頼ることは好きではありません。 ☐

11 私は他人とは距離を置いて、独立した立場で活動します。 ☐

12 私に何が起こるのかは、自分自身のせいです。

13 グループの決定が間違っているとわかっていたら、私は
それを支持しません。 ☐

14 自分で自分の将来を決めます。

15 もし私の価値観と私の属する集団の価値観が対立するな
らば、私は自分の価値観を優先します。 ☐

〈採点〉

数字を合計してください。ここでも、あなたの職場での文脈が最
も重要です。以下の表を参考にしてください。得点が非常に高い場
合、この戦略を過剰に使っている可能性は高いです。しかし、低く
ても懸念の原因となりえます。

得点	意味	自分に問いかけてみましょう
40点未満	あなたはコンフリクトにおいてめったに自立戦略を取る人ではありません	自立戦略が環境に合っていないのか、それとも、あなたが使おうとしていないのでしょうか
40〜49点	あなたはこの戦略を使いたいと思っています	あなたは適切な状況で十分に使っていますか
50〜59点	あなたはこの戦略をかなり使います	あなたは不適切な状況で使いすぎていませんか
60点以上	ほとんどの場合、この戦略を使っています	あなたは自立戦略を使いすぎている可能性が高いです。この戦略を採用するのにふさわしい状況で活用しているでしょうか。環境がそうさせているのでしょうか。適切な状況で効果的に使っていますか。他のスキルを使ったほうがよいと判断する能力を高める必要がありますか

4 組織診断
──あなたは自立志向の世界に住んでいますか

　次の問いに答えてください。現在の職場環境がどれだけ自立戦略を求めているかがわかります。以下の各文章に対するあなたの回答に近い数字を記入してください。

　　1＝非常に反対　　2＝反対　　3＝中立
　　4＝賛成　　　　　5＝非常に賛成

1　職場では、社員1人1人が、自分らしい能力を発揮でき　　□

ることが奨励されています。

2　優れたアイディアを出す人は、そのアイディアが自分の
　　ものであることを経営陣が確実にわかるようにしていま
　　す。　☐

3　職場では、従業員が自分たち自身で思考することが大切
　　にされています。　☐

4　私の組織では、優秀なチームで目立っている人は評価さ
　　れています。　☐

5　従業員は業務での独立性を大切にしています。　☐

6　人の幸せはそれぞれで、私の幸福は同僚たちの幸福とは
　　ほとんど関係ありません。　☐

7　上司たちの意見は、私たちの意思決定に重要な影響を与
　　えるものではありません。　☐

8　同僚の1人が失敗した場合、決して私に責任があるとは
　　見なされません。連帯責任はありえません。　☐

9　同僚の意見は、個々人の意思決定に影響を及ぼしません。　☐

10　私の同僚が成功したとしても、私がよく見られるわけで
　　はありません。　☐

11　ここでは、チームワークは、個人の貢献ほど重要ではあ
　　りません。　☐

12　あなたが人と違っていても、多少変わっていても、私の
　　職場ではかまいません。　☐

13　ここにいる人の大半は、個人主義的な傾向を持っていま
　　す。　☐

14　私の組織では、忠誠心は創造力ほど重要ではありません。　☐

15　私たちの多くは、自分自身の目的に執着しています。　☐

〈採点〉

　回答を合計してください。15点から75点の間になります。点数が高いほど、独立戦略を使う意味がある組織です。次に、自己診断の点数と組織診断の点数を比較してください。

自己診断	点
組織診断	点

　一般的にいえば、点数が近いほど、洞察力をもってこの戦略を採用している可能性が高くなります。もちろん、さまざまなコンフリクトの状況のニュアンスによって、いつ、誰とこの方法を使うかを区別しなければなりません。

5 コンフリクトで選択的自立戦略を使うべき6つの理由

①**今のところ、あなた自身の目的は人間関係よりも大切です**……ときには、人間関係に緊張をもたらしたり、人やチームを無視してもいいと思うほど、何かを強く求めることがあります。人間関係を重視せず、目的達成をめざしましょう。

②**努力する価値がないコンフリクトもあります**……コンフリクトはコンフリクトのために起こってはなりません。当事者全員が価値あるものを求めるプロセスの一部として、コンフリクトはあるべきです。しかし、もしあなたの目的の価値が、コスト（時間、金銭、煩雑さ、機能不全、虐待）に値しないならば、コンフリクトの外側で、目的

を達成する別の方法を見つけ出すほうがよいでしょう。

③**あなたの目的は相手に依存しません**……他人の抵抗に対処せずに目的達成できるならば、そうしましょう。特に妨害しようとする人や、あなたよりも強力な人がいる場合、目的だけを追求しましょう。

④**コンフリクトの結果に無関心なのは、それがあなたの目的達成に役立たないからです**……つまらないことに時間や感情を費やしてはいけません。集中力を維持しましょう。

⑤**相手の動機や判断を信用していません**……交渉に誠実さが欠如している場合、あるいは悪意のある意思決定者に対処する場合、報酬よりもリスクが大きくなります。相手のいいカモにならないでください。別の方法を見つけましょう。

⑥**失うものが得るものより多い交渉を始めた場合**……ゲームが負けるように設定されている場合は、そのゲームをしてはいけません。

6 ｜ 自立を誤って使ったらどうなるか

すべての戦略と同様に、極端な自立戦略には問題があります。自立に固執する同僚は、過度に個人主義的で、自己中心的で、ナルシストで、コンフリクトに回避的であると見なされることがあります。あるいは、チームや組織に無関心であると見なされることでしょう。自立戦略を使いすぎると、チームプレイヤーではないという烙印を押されるリスクを負うことになるでしょう。

ラリーは卸売会社に勤務し、毎月最高の数字をあげて営業のマネジャーに昇進しようと考えていました。彼自身の営業目標を達成するためには、ミーティングを欠席し、同僚たちとの雑談を無視し、営業チーム内のコンフリクトを緊張を見ようともしませんでした。

もし彼の唯一の目標が数字を出すことだったら、それで良かったでしょう。しかし、もう1つの彼の目標は、マネジャーへの昇進でした。マ

ネジメントに必要な信頼と協力を得るための関係構築をラリーは見落としていたのです。

自分よりはるかに数字の低い（けれども、チーム内のメンバーが打ち解け、意見の相違を乗り越え、共通基盤を見つけるのを支援することに多くの時間を費やした）人物がマネジャーに昇進したとき、ラリーはショックを受けました。

意見の不一致や困難は、心地良いことではありませんが、人を束ねることができます。問題解決と交渉過程を通じて人々の距離が近づくことがよくあります。意見の相違が解決されると、結果としてユーモア、絆、安堵が生まれることが少なくありません。

問題解決をするための議論を拒否すれば、あなたは人に興味がなく、思いやりがなく、友好的でないように見られるでしょう。一匹狼だという評判が立つと、あなたが特権意識を持っている、または生意気な人と見られたりする可能性があります。

最後に、自立戦略を間違った状況で使用する場合があります。この戦略は、安全なゲームをすることや、弱腰で逃げを打つことではありません。もし、あなたがそうした選択をしているなら、あなたは自立して行動しているのではなく、恐れからその行動をしているのです。

7 | 選択的自立の実践はどのようなものか

コンフリクトで自立戦略を効果的に使うには、自分自身のニーズを重視することと、大切な同僚を無視しないというニーズとの間で、うまくやっていく必要があります。自立は目的を達成するために他人に頼る必要がない（少なくとも、それほど多くはない）場合に有効です。したがって、状況に対しても、あなたの目的達成に対しても、権力差とコンフリクトの関連性は低くなります。

上手に使えば、自立は時間と手間を節約できます。理想的には、コン

フリクトによって人間関係にマイナスの影響を与えることはほとんどないことでしょう。ドラマチックなことや無用な騒ぎを起こさず、問題を解決できる人として同僚の評価さえ得られるかもしれません。しかし、うまく使えなければ、同僚を疎外し、将来の新たな面倒な問題をもたらすことにもなるでしょう。

　この戦略の主要な焦点は、他の論争者と直接的に関与することなく、コンフリクトにおけるあなたのニーズやインタレストを満たす方法を見つけることです。依存関係を減らすために使える戦術はたくさんありますが、他者との関係性を悪化させることなく使える戦術は、ごく少数です。

　では、自立戦略の10の戦術を紹介します。

8 │ 選択的自立のための10の戦術

①並外れた価値を提供する

> もし、あなたが十分な価値を組織に提供しているのであれば、他者の干渉から自分自身を守ることができます。

　映画『摩天楼を夢みて』では、アル・パチーノが不動産会社のトップセールスマンのリッキー・ローマを演じていました。リッキーは通常、自分の販売目標が脅かされている場合にのみ、激しいコンフリクトを始めようとします。リッキーは、他のセールスマンやセールスマネジャーの協力を必要としません。彼はただ情報を必要としているだけです。

　彼はまた、顧客の不安を操作し、売り切るために嘘をつくような、かなり卑劣な性格でもあります。道徳的には問題があっても、リッキー自身の自立の源は目的が明確でブレがないことなのです。とんでもない売上をもたらすので、会社も上司もリッキーの欠陥に目をつぶっています。

ナディアは大学病院の循環器科長として、チームプレイヤーであり、チームリーダーでした。患者のケアと新しいポリシーの実施には、部下である多くの医師や看護師からの多大な協力が必要だということを彼女は知っていました。彼女はリーダーシップというものが好きではありませんでしたが、何年も全力を尽くしてリーダーシップを取ってきました。

　しかし、ナディアが最も情熱を持っていることは研究でした。「できるだけ早期に、できるだけ多くの効果的な心臓病治療薬を市場に出したい」と彼女は言いました。それでも、彼女は戦略的人物であり、リーダーシップと臨床的責任を全うしなければ、それから離れることができないことがわかっていました。

　15年の間に、ナディアは米国で最も優秀な心臓外科医の1人となり、医療センターの目的達成のためにたゆまぬ努力を続けた後、彼女は担当する7つの業務の一覧表を持って上司に掛け合いに行きました。「このうち4つをリストから外し、さらに2つを減らしたいのです。そして、6カ月後、補助金が更新されてから……、私を研究に集中させてください」とナディアは要求しました。

　ナディアの上司は、彼女に意志を変えるよう訴えましたが、やがて彼女の要求を承認しました。1年でナディアの研究活動は拡大しました。「人々は依然として、医療センターのあらゆる問題に私を引っ張り込もうとしています。たとえ効果的だとは思えなくても、私は事務方にその仕事を回します。私は研究に全身全霊で取り組みたいのです」

　ナディアは恐怖心からコンフリクトを避けるのではありません。もし、研究を妨害されるようなことがあれば、他の医師、事務方、そしてはるかに権力を持つ人、または持たない人と彼女は戦うでしょう。

　ナディアのキャリア戦略は、選択的自立です。彼女の主な戦術は、組織にとって非常に貴重な存在になることで、他の業務を持ち込まれないようにするというものでした。幸運なことに、彼女の組織は賢明で、ナディアを解雇せず、彼女の自立した目的を遂行できるようにしました。

②孤高の専門家であれ

他人があなたへより依存してくるように、専門知識を習得しましょう。これにより、あなたの目的を妨害する戦いから離脱することができます。

バリー・ベイテルは、ICATのテクニカル・アナリストとして働いています。ICATは、従業員90名で、地震、竜巻、洪水、ハリケーンなどの大災害に対する保険を中小企業に売っている企業です。

バリーは、さまざまなシステムを保守するITの一般スタッフとして働き始めました。15年間で彼は、政策運営を担当する非常に特化した分野の専門家へと成長していきました。彼は、州の規制当局が要求する文書を管理するために必要なデータベース構築とプログラミング言語を熟知しています。

バリーは経営陣ではありませんが、政策運営上のITシステムがどのように構築され、実行されるかを最も知っている専門家です。法律や契約に基づいて会社が配布するすべての文書は、バリーが管理・運用するシステムから出ています。彼の仕事をサポートする直属の上司や部下はいません。バリーが管理するITシステムについて、誰も十分に理解していないからです。

経営陣が何かを必要とする場合、バリーに「いつまでに必要だ」と命じるのではなく、「いつもらえるか」と尋ねます。「自分の仕事をしっかりやっているから、私は独立性を維持できるのです。私は必ず上司の要求に応えます。そして、お互いに信頼し合っています。上司たちは私の能力を信頼しており、彼らが邪魔しないで私が最善と思うやり方を実行させてくれると信じています」とバリーは語りました。

バリーの哲学は単純です。自分の仕事を知り、きわめてうまくやるのみです。バリーの邪魔をしなければ、要求する以上の成果を得られることを会社のみんなが知っています。

数年前、CIO（最高情報責任者）は情報技術部長を雇いました。CIOは新任の部長に、日々のIT関連のタスクを任せ、自分が他の経営陣と戦略的イノベーションに集中できるようにしました。新しい部長は、優れた経歴を持っていましたが、ITスタッフが最もうまく働けるやり方を理解せずに、彼自身のやり方を実行しようとしました。期待に反して新しい部長は組織に溶け込めず、チームにランダムに仕事を割り当てたり、変革のための変革をするような形で組織を混乱させました。バリーは新任の部長に面と向かって異論は唱えませんでしたが、CIOが組織内の緊張を感じ、その根本原因についてスタッフにインタビューした結果、新しい部長は辞めさせられました。

　バリーを管理する最悪の方法は、常に彼を管理することです。バリーは素晴らしいキャリアを持ち、1週間後には高給でIT関連の新しい会社に引き抜かれることでしょう。バリーが退職をしようとしていたこと、そして、バリーは会社を必要としていないことを上司たちは知っています。十分に理解しているか否かにかかわらず、権力がある人々は、自分の目的を達成するために他人を必要とする傾向があります。

　もしバリーがより大きな権力を得るというような別の目的を持っていたら、経営陣への階段を上り、重要な意思決定に参加するほうがよいでしょう。しかしバリーは、権力には興味がありません。彼は自由と自立を求めているのです。

③ニッチな得意分野を広げよ

> 周辺から影響を与えられる役割と機会を見つけ、論争に巻き込まれないようにしましょう。

　ピートは、典型的な営業マンではありません。彼はとても内気で、近づきにくいタイプです。しかし、彼は機械エンジニアリング会社の営業マンであり、最先端の技術的な製品を専門としています。

他の営業担当者は、会社の製造ラインのほとんどの商品を売ることができますが、専門性の高い特定の製品を売ることができるのはピートだけです。そのために彼は、きめ細かく業務を計画し、絶えず勉強し、クライアントと直接話し合いが持てるように全国をまわっています。つまり、本社にいる時間を割いて外回りをしているのです。

　ピートは、機械の操作方法や修理方法を誤解したクライアントに控え目に異議を唱えることもあります。なぜなら、彼は売上を維持し、さらなる売上を狙いたいからです。また、会社の方針が彼の営業やクライアントへのサポートを妨げているのならば、ピートは会社の方針に礼儀正しく反対することも厭いません。彼がやりたがらないのは、対人関係の揉めごと、チーム内の口論、職場の政治的駆け引きです。

　クライアントや競合他社がピートに引き抜き話をよく持ってくるので、会社としてはピートが満足して、ここで働き続けられるようにしたいと考えています。ピートは組織から遠く離れて、彼のニッチな得意分野で王国を築いているのです。会社側はピートを失いたくないと思っているので、彼がやりたいようにさせています。

④丁重に独立宣言をしよう

> 競争、無関心、退屈と見られることなく、あなたの組織への貢献は自身の自立性に基づいていることを、権力を持つ人々や他の人々にはっきりと話しておきましょう。

　マリアは精神障害者養護学校の夜間プログラムの責任者を務めていました。午後4時から深夜0時まで、彼女は5人のスタッフの他、施設や生徒を監督する責任がありました。上司のノラが午後5時に帰宅した後から引き継ぎの担当者が来る深夜0時まで、マリアは施設運営の責任を負います。

　マリアの目的は明確でした。生徒たちが自分は必要とされ、重要であ

り、愛されている存在だと感じ、普通学級に移れるように手助けすることでした。そのことは学校側にも評価されていました。

しかし、25歳のマリアは権威を疑い、一緒に働くスタッフに対しては非協力的な傾向がありました。マリアから見れば、他のスタッフはそこにある「もの」で、簡単な補助を頼むことはあっても、一緒に問題に取り組み、何かを成し遂げる仲間ではありませんでした。

彼女は「私たち」というチーム意識を持っていなかったのです。マリアは自分個人の目的を追求していました。それは情緒障害のある子どもたちの肯定的感情を育み、どのように行動するかを教えることです。彼女は保護者や子どもたちには人気がありました。

マリアは午後遅くのチームミーティングを何回かすっぽかし、出席していても集中せず、退屈していました。プログラムの改善方法、教室の配置方法、家族の訪問日に何をすべきかなどに関する話し合いのすべてに彼女は身が入りませんでした。

しかし、彼女の愛する子どもたちについての話し合いならば、子どもを守るために会議に飛び込み、支援するための議論やアイディアの提案を厭うことはありませんでした。子どもたちのためなら、マリアは必要以上の職務をこなします。彼女は子どものために歌を作って、ギターで演奏し、子どもたちのためのゲームを作りました。彼女は特別に時間を割いて、情緒不安定な子どもの話に耳を傾け、話し合うこともしました。

ノラは理事長として、マリアの子どもたちへの情熱とチームへの情緒的コミットメントのすべてを望んでいました。もし、理事長がマリアに彼女の個人的目的とは関係のないタスクをするように求めたとしたら、最低限のレベルでマリアはタスクを終わらせました。備品棚が雑然としたままなので、金曜日までに整理するように依頼されたとき、マリアは先延ばしにしていましたが、何とか月曜日になる前までには済ませました。

年次人事考査のとき、ノラ理事長はマリアに、あなたは組織にとって貴重な存在であるが、「チームの一員であるという意識をもっと持つよ

うに」という明確なフィードバックを与えました。そして、マリアが他のスタッフとの協力関係を深めるために、彼女を日勤のシフトに変更すると伝えました。

マリアは、誠実に対応しました。「備品棚の片づけのように、割り当てられた仕事をより早く完了することにはコミットできます。しかし、私が楽しく、学校に対して最も熱心に取り組めるのは、夕方から夜にかけて子どもたちと一緒に時間を過ごすことなのです。寝る前に子どもたちの気分を良くしてあげたいのです。昼間のシフトは20人の教員と一緒に仕事をしなければなりません。そうなれば、きっと理事長を失望させてしまうと思います。私がここにいる理由はありません」

ノラ理事長は、マリアが詳しく説明しなくても、2つの選択肢があることに気づきました。自立した存在としてのマリアを認めるか、彼女を解雇するかの選択肢です。

⑤些細なことは避けて、自分の目的に集中せよ

> あなた自身の目的に焦点を当て続け、やっかいなことや細かいことは他人に回しましょう。ミーティングをサボり、ウェブ会議を忘れたふりをし、熱い議論よりも小さな譲歩を積み上げることで、あなたは自分にとって、より重要な仕事に労力をかけられるのです。

マルコムが州立大学で英語の准教授として雇われたとき、非常に喜びました。今や彼は、映画に関する研究と執筆活動を広げ、その関連講座を作るためのプラットフォームを得たのです。

着任して間もなく、直前に退職した教授がマルコムを脇に座らせて、こう言いました。「私はこの大学で30年間、チームプレイヤーになろうと熱心に試みてきました。そのために、多くの仕事をしました。特に管理職の任務に就いてきましたが、これは地位や報酬の面であまり役に立ちませんでした。そんなことをしていなければ、私の業績は、はるかに

立派なものになっていたでしょう。そうであれば、私はより多くの利益を得て、おそらく他の機関で、より有利なポジションを提供されていたでしょう」

　その男の発言は、マルコムが大学院生のときの教授たちを思い出させてくれました。教授たちは、論文を書いたり出版したりするよりも、自分の情熱とは関係のない事柄に時間とエネルギーを費やしているようでした。そうした教授たちは、終身在職権（テニュアトラック）さえも得られませんでした。「私はそうならない！」とマルコムは強く思いました。

　大学組織の政治にかかわることは、時間がかかり、疲れ果てることもあります。マルコムの新しい同僚の多くは、内気で、社会的にうまくいかないタイプでした。どちらかといえば、研究室のドアを閉めたまま、研究だけをしていたいタイプです。

　そんな同僚たちの協力があったとしても、終身在職権を得て、研究者として全国レベルの評判を得るというマルコムの目的達成に役立つとは思えませんでした。マルコムはまず、出版と終身在職権を得て自分の自由を確保するまで、コツコツと仕事を続けることにしました。

　そこで、マルコムは教授会に出席しても、ほとんどの議論や交渉事のときは静かにしていました。同僚の雇用や、予算の割り当てなど、自分が重要と考える限られた問題以外、自分の意見を述べることを差し控えました。学部内の多くの決定事項は、彼にはほとんど関係がないように思われました。彼は棄権するか、明らかに過半数であるほうに投票するか、あるいは単純に自分が中立であると述べました。

　教授会の討論の多くは、廊下に出てまでも続き、煮詰まるまで熱い論争が何日も繰り広げられていました。しかし、マルコムはそうではありませんでした。教授会が終わったら、彼は速やかに退出しました。その代わりに、素晴らしい授業評価を受け、権威ある学術誌に論文を掲載し、全国レベルの学会で講演を行い、外部からの信頼を得ました。そして、自分の最高傑作のために多くのエネルギーを注ぐことを選択したのです。

マルコムの目的は、終身在職権審査に通るために疑う余地のないポートフォリオを構築することと、彼と彼の目的の間に立ちはだかり、貴重な時間を浪費させる論争を回避することでした。

⑥ゲートキーパーを雇おう

> あなたが組織と自分にとって有益な目的を追求している間、関係ない人を遠ざけてくれる人とともに取り組みましょう。

　ラルソン氏は医療技術の新興企業のCEOです。彼が管理する人たちのほとんどは自称オタクです。実験室を持たせれば、オタクたちは幸せです。彼らにビジネス上の意思決定権を与えれば、苦痛に感じます。それでも、彼らは話したり、分析したり、議論したりするのも好きです。彼らが意思決定に関与しすぎると、小規模な会社のCEOで忙しいラルソン氏は、時間を浪費することになります。

　そこで彼は、オペレーション・マネジャーのデブラをゲートキーパー（門番）として採用しました。彼女にはオタクたちを傾聴し、妥当性を確認し、賞賛し、助言する忍耐があります。ラルソン氏が社内にいない場合、デブラはスタッフを管理し、彼らの懸念やトラブルの大半に対処し、ラルソン氏が考えたくない決定を下します。デブラはみんなに配慮しながら、着々と仕事を進めていきました。彼女はエンジニアや科学者のエゴや不安と会社の日々の業務を担当し、一方、ラルソン氏は会社が頼みとする外部ネットワークや交渉を担当します。

　ラルソン氏とデブラは、毎月1回ミーティングを持ち、グループが決定すべき特定の事項について話し合います。方針、慣行、設備投資、日程調整などの日常的な事項に重点を置いています。デブラはチームの懸念やアイディアを集めて意見を述べ、ラルソン氏はチームに検討してもらいたい懸念事項を追加します。審議事項によっては、非常に活発な議論になることもあります。

ミーティングの間に、ラルソン氏は方向性、戦略的計画、主要な投資、顧客に関する重要な意思決定の大半を行います。彼は選択的自立を取るCEOです。彼はマイクロ・マネジメントをする人でも支配者でもなく、重要な意思決定のほとんどを自ら行うにすぎません。

彼の目的は、できるだけ効率的に会社を成長させることであり、こまごまとしたことで下の者に汗をかかせることではありません。ラルソン氏は全体像を見据えたリーダーで、彼ひとりで戦略的マーケティング部門として機能するためのバッファーがデブラなのです。

ラルソン氏のスタイルは、専門性のあるマネジャーが何層にも階層化しているような大企業ではうまくいきません。リーダーシップを身につけた人たちのほとんどは、より大きな意思決定の一端を担いたいと思っているからです。

しかし、ラルソン氏のために働くエンジニアや生物学者は、現場に関係した決定について相談されることに満足しています。つまり、自分たちが実際に見たり聞いたり触れたりできる事柄についてです。大きな契約、財務分析、そして企業が5年後にどのようなものになるかといった、より大きな、より抽象的な事柄から切り離されていてもかまわないのです。

⑦ひたすら行動するのみ

許可を求めたり、励ましを待ったりしてはいけません。今を楽しみましょう。

アディーが特別支援学級で教えていたとき、自立戦略を実践しました。彼女の目的は、行動上の問題を抱える8年生（中学2年生）が中途退学しないようにすることでした。生徒たちのBATNAが町で揉めごとを起こすことであることをアディーは知っていました。彼女は生徒たちの成功を支援するために何でもする覚悟でした。

他の教師たちは、必ずしもアディーと目的を共有してはいませんでした。彼らは特別支援教育の訓練を受けておらず、子どもたちは扱いにくく、面倒だとさえ感じていました。問題児の1人が中退したり、退学処分を受けても、眠れなくなるようなことはありませんでした。他の教師たちは、学校の委員会や特別イベントのほうに注意を払うほうがよいと考えていました。

　しかし、アディーは1つのことを念頭に置いていました。それは、子どもたちを学校に通わせることです。そこで、彼女は管理職に許可を求めずに何度か行動しました。

　彼女は他の教師たちに、生徒たちが最後までやり通せる可能性の高い異なるタイプの宿題を出してもらうように説得しました。彼女は問題のある生徒たちがクラスの主流のよくできる生徒たちとノートを共有できるようにしました。それは問題のある生徒の学習の良い情報源となりました。

　それぞれの授業の話題や課題を前もってアディーに教えてくれるように教師たちを説得し、生徒たちが新しい教材を予習する手助けをしました。彼女は、施設管理責任者に金曜の午後7時まで体育館を開放しておくように頼みました。そして、良い行動をしたり、宿題を完全に終わらせた生徒へのご褒美として、金曜日の夕方にバスケットボールの試合ができるようにしました。

　当初、アディーのやり方と粘り強さに他の教師たちは悩まされましたが、1年以内にその成果を見て彼女に何かを押しつけることをやめました。教職員の投票によってアディーが「最優秀教員賞」に選出されるまで、管理職はそうしたことをほとんど知りませんでした。

⑧すぐに目的地に向かえない状況なら、バイパスを使おう

> チームの人々の感情や意見よりも目的のほうが重要な場合は、バイパス（迂回路）を選びましょう。

　ベヴはチームワークを大切にする看護師です。多くの人と同じように、彼女も仕事上の目標を持っています。報酬を得て、良い仕事をやり、学び、成長するなどです。しかし、ベヴにとって、ある目標はチームワークや他のことより優先すべきものでした。それは患者ファーストで病人に最善で最高の看護を提供することでした。

　24歳の健康的な建設労働者が虫垂切除の手術後に病室に入ったとき、彼女は夜勤のチームと協力して必要なケアがなされていることを確認しました。数日間は日常のルーティンワークでした。

　しかし、ベヴは気づいたのです。患者の様子が何か変なのです。患者は肌の色がいつもより青白く、生気がないのです。彼女は何か嫌な予感がしました。ベヴはチームメンバーに相談しました。彼らは礼儀正しいのですが、同意しませんでした。ベヴは看護師長に主治医を呼ぶように依頼しました。

　「今日、先生にはたくさんの患者が殺到しているし、先生を呼ぶほどのことでもないと思うけど」と看護師長は答えました。それでもベヴは自ら主治医を呼びました。「彼のバイタルサインは正常？」と医師は尋ねました。午前1時でした。

　「はい」

　「彼の睡眠に変化はある？」

　「いいえ」

　「熱はあるの？」

　「いいえ」

　「完全腸管外栄養（TPN）の問題？」

　「いいえ」

「じゃあ、朝の回診になったら、彼を診るわ」

翌朝、主治医は患者が正常に回復していると言いました。彼女はそれをカルテに記入しました。

次の日の夜も、ベヴは同じように不安を感じていました。彼女の直感は、そのままにしてはいけないと警鐘を鳴らしていました。彼女は患者と話すために、明け方近くに彼を起こしました。

「看護師さん、僕はもう死ぬと思うんです」

彼女はすぐに主治医に電話をかけていました。

主治医は文句を言いました。「私をほっといてくれないかな！」

「先生、この患者さんは死にそうです。私にはわかるのです」

「あっ、そう」と医師は面倒くさそうに言いました。

「腹部と骨盤をCTにかけて」

CTスキャンによって腹部からの致命的な漏れが明らかになりました。1時間後に患者は手術を受けていました。

ベヴは彼女のチームがイライラしていることも、医師が彼女を迷惑と思っていることも知っていました。しかし、気にしませんでした。

「私は自分の仕事をしていたのです。私の目的はその患者をケアすることだったのです。ほとんどの場合、私はチームと一緒に行動しますが、そのときはメンバーが何を考えているのか、医師が私についてどう感じているのかなんて、知ったことではありませんでした。ときにはチームを迂回してでも、やらなければならないこともあるのです」

⑨常識の枠を超えよ

> 因習打破的なアプローチを受け入れましょう。変なことをしてみましょう。ありのままに、組織の枠を越えて考えてみましょう。

チームワークを誇りにしている、ある劇団が公演の初日の準備をついに終えました。準備には数週間を要し、彼らは舞台の上に立ちたいと熱

くなっています。確実に面白く、洗練された、喜劇的シーンを作り上げるために、いつも風変わりで内気なダンは、リハーサルでは演出どおりにやっていました。演出家は作品に満足し、ついに本番を迎える日になりました。

しかし幕が上がると、突然ダンが変身しました。彼は台詞を変え、新しいギャグを加え、すべてのシーンを乗っ取ってしまいました。他の俳優たちは最初は憤慨しましたが、観客の大きな笑い声が聞こえてからは、彼の演技を認めました。

ダンは、ジム・キャリーやエイミー・ポーラーのように、ライブの観客の前では変身するのです。どんな場面もリハーサルよりも面白かったのです。ショーが終わる頃には、彼は演出家の賞賛をも勝ち取っていたのです。

ダンは、俳優がアンサンブル・パフォーマーと呼ぶタイプではありませんでした。彼の目的は、他の俳優や監督を喜ばせたり、付き合ったりすることではなく、単に観客を笑わせることでした。彼は劇を台無しにしたのではなく、劇を改良しました。そして、毎晩違ったやり方をしました。彼はチームプレイヤーではなく、単に並外れたコメディの天才なのです。演出家はダンに協調を強いるのではなく、彼の自立性を活かすことに決めたのです。

自立した個人の中には、社会的規範や組織規範で求められる調和の枠にとどまることができない人もいます。彼らは因習打破を得意として、非常に革新的です。ハリウッドは、ティナ・フェイ[A]やアンディ・カウフマン[B]といった因習打破をする役者に報いています。変化の激しい業界では、スティーブ・ジョブズやマーク・ザッカーバーグのように自立

A　ティナ・フェイは米国の女優、脚本家。NBCの『サタデー・ナイト・ライブ』初の女性ヘッドライターとして有名であり、エミー賞5回をはじめ、数多くの賞を受賞している。

B　アンディ・カウフマンは米国の伝説的なエンターテイナー、俳優。映画『マン・オン・ザ・ムーン』は彼の伝記的映画で、ジム・キャリーが主演している。

したイノベーターを持ち上げます。

⑩脱出する

> 状況があなたの目的達成を妨げている場合、最終的な独立の形態は、
> コンフリクトや組織から抜け出すことです。

　自立戦略は、何よりも2つのことに依存しています。強力なBATNA
と素晴らしい成果です。どの業界、業務に属していても、あなた自身の
並外れた価値と相手の意見に合わせる以外の選択肢が正規雇用の立場を
守るか、組織からの独立を選択するかのカギとなります。突破口を手に
することは、さまざまな形で現れます。

　それは、プロジェクトから外してほしいとマネジャーに頼むチームメ
ンバーです。なぜなら、組織にとって、より価値のある目的に集中した
いからです。

　それは、仕事の安定と自立性の究極の形は素晴らしい業績と経歴だと
確信している営業担当者です。

　それは、勤務先の病院を変えた看護師です。なぜなら、患者のケアへ
の情熱が収入や官僚主義に勝っていたからです。

　それは、外部資金を得る方法を常に見つけることで所属機関の気まぐ
れに振り回されない学術研究者です。

　それは、転職する選択肢がある重役です。会社がやりたいことをやら
せてくれないとき、彼は築き上げた人脈があるので、辞めるという選択
肢が持てるのです。

　それは、他の選択肢を持ち、いつでも「首にしろ、クソくらえ！」と
言って辞職できる、あるいは少なくとも、礼儀正しい退職願を書く余裕
がいつもある才能豊かな人です。

　多くの人々にとって、職場はコミュニティです。しかし、一部の人々
にとっては、職場は彼らの目的を達成するためのプラットフォームにす

ぎません。私たちの大部分にとっては、両方の組合せになります。

9 │ 選択的自立をマスターする方法

　この章で紹介した人物は、事後に考える人ではなく、事前に考える人たちでした。組織内で自分の独立を宣言する（あるいは静かに進める）ためには、いくつかの能力が欠かせません。

　第1に、優れたBATNAを開発するには、現実的で創造的でなければなりません。社内のトップ営業マン、病院一の外科医、学校で最も優秀な教師なら、選択肢があります。こうした選択肢を磨き続けましょう。自分の選択肢が固定的で永続的であると想定してはいけません。自立にはメンテナンスとイノベーションが必要です。

　第2に、何度も何度もあなたの目的を明確化しましょう。多くの人は、少なくともある時期、目的を与えられることに満足しています。しかし、疑う余地のないほど鮮明に自分の目的を知っていれば、いつ戦うのか、いつ撤退するのか、いつ論争を無視するのかを決めるのに役立ちます

　第3に、少なくとも仕事の一部で独立性を保ちたければ、他人に依存しない方法を考えなければなりません。自立に価値を置くなら、相手があなたを必要とするほど、そして、あなたが相手を必要としないほど良いのです。

　最後に、自立戦略では、微妙な影響力、間接的なコミュニケーション、普通ではない行動をときには取ります。あなたが人と違うことに慣れて快適になるほど、周囲もあなたをユニークな存在として認めていきます。

10 | 選択的自立のまとめ

独立状況

あなたは、特定の状況やコンフリクト、あるいは論争相手との関係にとどまる必要がほとんどないことに気づきます。したがって、権力差や目的が競合することは、ほとんど重要性を持ちません。

戦略

競争や疎外感を生み出すことなく、対立する相手への依存を減らすことです。

戦術

①並外れた価値を提供する
②孤高の専門家であれ
③ニッチな得意分野を広げよ
④丁重に独立宣言をしよう
⑤些細なことは避けて、自分の目的に集中せよ
⑥ゲートキーパー（門番）を雇おう
⑦ひたすら行動するのみ
⑧すぐに目的地に向かえない状況なら、バイパスを使おう
⑨常識の枠を超えよ
⑩脱出する

スキル習得チェックリスト

すでに身につけたスキルをチェックします。信頼できる人たちと自分の反応について話し合いましょう。

☐ **自分のゴールを明確にするのが得意です。** 私は、自分自身の方向性を知っており、組織の中で何を成し遂げたいかがわかっています。

私の目標は、組織の目標に一致し、価値をもたらすものです。

☐ **私はぶれずに目的に向かって行動し続けることが得意です。**私は目的と自分自身の間に立ちはだかる雑多なことには負けません。私の注意力を奪おうとする人々や仕事がどれだけあっても、本質的でないものを排除し、目的に集中し続けることができます。

☐ **私は他人と距離を置くことができます。人々との交流をあまりしなくても、必要に応じて自分の道を歩くことができます。**他人と交流するときには、自分の目的と合う人を選びます。

☐ **私は自分自身で考えるのが得意です。**他人のアイディアを聞き、ときにはそれを取り入れますが、人を喜ばせたり、妥協するために人のアイディアを使うことはしません。自分が何を望んでいるのかを知っており、何かをする最善の方法と最適な結果を得る方法を自分自身で考えます。

☐ **事を荒立ててもかまいません。**目的に向かう私の行動が誰かの迷惑になっても、私はかまいません。私の目的は周囲の人たちの気持ちよりも大切です。すべての人に好かれようとは思っていません。

☐ **私は、目的を追求するために人から多くの賛辞やサポートを求めません。**目的を達成すると自尊心が高まり、精神的に大きな満足を得ます。だから人から評価されないことが大きな問題とは思いません。

☐ **自分のチームや組織の外でも、うまくやっていけます。**チームが私の目的の達成に役立つなら、メンバーの1人として働くことができます。自分の目的達成にチームが必要でない場合やチームが私の目的達成の邪魔になるならば、私は物事を自分だけで進めることがで

きます。

☐ **人が陰で私の悪口を言っていたとしても、それを無視することがで
きます。** 私が自立した立場にあることを気に入らない人は陰で噂を
したり、批判したりするでしょう。でも、そんなことは、たいして
気にならないのです。

☐ **監督する人がいなくても、仕事を上手にやり遂げることができます。**
私が組織に価値を提供しているので、上司たちは満足して私に仕事
を任せて放っておいてくれます。私の目的が会社の目的と整合性が
ある限り、何をすべきかを誰かに教えてもらう必要はありません。
誰かがチェックしたり、詳しい説明をしなくても、結果を出すこと
ができます。

☐ **私には、議論や意見の不一致の重要性を評価する能力があります。**
自分の目的を成し遂げなければならないときはコンフリクトになる
ことを恐れませんが、明確な目的なしにコンフリクトに引きずり込
まれることには抵抗します。

話し合ってみよう！

　本書のすべてのコンフリクト戦略と同様に、自立して動くことにはメリットとデメリットがあります。以下のポイントについて、あなたのキャリアや組織への洞察力があり、率直に意見を言ってくれる人と話し合ってみてください。

- 私は自立しすぎていますか。言い換えれば、他者とかかわらずに自分1人でやることが、私の目標達成を不利にしていないでしょうか。つまり、私の自立が、評判、昇進、収入、人間関係、あるいは私が大切にする何かへのデメリットになっていますか。私にとって重要な人物に否定的に見られてはいないでしょうか。

- 私は十分に自立していますか。必要以上に他人に依存したためにタイミングやチャンスを逸したり、成果を上げられなかったりしていないでしょうか。何かを成し遂げる代償として、周囲の人間関係やその場の空気に合わせすぎていないでしょうか。

- 自立戦略を実践する程度やスタイルについて、正しく理解している同僚はいますか。権力のある地位に就いているか否かにかかわらず、効果的に目的を遂行するカギは何でしょうか。

Chapter 9
効果的な状況対応

自分の目的を達成するためには……
- さまざまなパワー関係を効果的に活用する
- 意見の相違があるときは、いろいろな戦術を使ってみる
- 他者と一致している目的と一致していない目的を識別する
- 権力者や部下たちに影響を及ぼすために、直接的―間接的、一方的―互恵的、協調的―競合的と、さまざまな戦術を組み合わせる

効果的な
状況対応

コンフリクトの状況は、時間の経過とともに刻々と変化していくものです。その変化に対応して複数の戦術を適切に使っていくことが状況対応力です。状況変化に応じて、7つの戦略（仁愛、支配、サポート、譲歩、自立、協調、競合、場合によってはプチ革命）を自在に使っていきます。

1 | はじめに

　2008年、ニューヨークの連邦検察官として仕事に十二分に満足していたニール・バロフスキーは、ワシントンDCの不良資産救済プログラム（TARP）基金の特別監察長官に就任しました。引き受けた理由は、前年の金融破綻に伴い、税金を7000億ドルもばら撒くという、さらなる銀行詐欺から米国民を保護する道徳的義務があると感じたからです。

　しかし就任当初から、バロフスキーは前ブッシュ政権と新オバマ政権双方の財務省から監察業務が妨害されていることに気づきました。検察官として訓練された彼は、これらの妨害に対して賢明で粘り強く、直接対立するアプローチを取りました。議会と正義が彼に味方してくれると信じていたのです。

　仕事を始めて数カ月、彼は一歩も先に進んでいませんでした。

　しかし、バロフスキーが検察官として学んだことの1つは、いかにして学ぶかということでした。彼は粘り強く課題に取り組み、結局、錦の御旗をかざしたやり方を後退させ、利用できるあらゆる手段を利用して取り組まなければならないことがわかりました。彼は、財務省とのコンフリクトを双方にとって、より大きな善のために共に働くという枠組みで捉えるように改めました。

　彼は自分がワシントンDCの政治ゲームに無知であることを利用しました。たとえば、わざと「ホワイトハウスからの要請を拒むことはできないって、本当ですか？」と質問したりしたのです。

　彼は一貫して透明性を保つことで、メディアとの信頼と支持を築きました。情報と戦略的指針を得るために、元同僚やワシントン内部の人々との強力なネットワークを使いました。

　結局、うまくいかなかったときは、TARP基金を設置した議員に頼りました。ワシントンDCで彼が仕事をした期間は短く、人気はありませんでしたが、非常に効果的に仕事をしました。

　チャールズ・ダーウィンは、「生き残る種は最も強力な種でも知的な

種でもなく、むしろ変化に最も対応する種である」という言葉を残しました。バロフスキーの経験と私たちのコンフリクトへの状況対応に関する調査は、これを支持しています。

　私たちは、人々がコンフリクトに対する1つのアプローチ（サポートや支配など）だけに固執したり、戦略が現状や要求にうまく適合していない場合、問題が生じることを見出しました。この観点から、特に長期にわたる効果的なコンフリクト・マネジメントのためには、環境の変化を見極め、柔軟に対応する能力が不可欠であることがわかりました。

　ほとんどの人は、コンフリクトに対して自分の好みに基づく特定の対応を取ります。状況が非常に異なったアプローチを必要とするとわかったときは、苦痛を感じます。どんなアプローチを好むかは、個々人の人格と社会的要因の組合せによって決まりますが、最終的には、各戦略における人々の直接的・間接的経験の程度と質によって決まります。

　神経科学の研究によれば、脳では同時に発火する神経細胞は互いにつながることがわかっています。特定のパターンで繰り返し発火する関連ニューロンは、脳内に経路を生み出し、それが私たちの神経の「超高速道路」となり、使われない神経対合（＝経路）は「旧道」となり、ますますアクセスされなくなり、使用しにくくなります。[1]

　私たちの習慣的な認識、コミュニケーションのパターン、行動には限界があり、コンフリクトの解決に効果がないことを知りながらも、そうなるように神経が文字どおり配線されているのです。

　ただし、私たちだけが問題ではありません。仕事上の慣例や人間関係への期待も、行動パターンを型にはめてしまいます。権力関係の変化が起こっても、最初に持った期待が元のダイナミクスを維持させてしまいます。これは状況対応に対するさらなる挑戦なのです。

　本章では、コンフリクト状況対応を分析し、対応力をうまく機能させるための傾向、能力、条件、戦術について説明します。

2 コンフリクト状況対応とは
──適応＋誠意＋フィードバック

適応とは、あるもの（アメーバ、脳、ヒト、グループ、組織、個体群、種など）がその生息場所や環境に適するようになる発展過程または進化過程のことです。組織という観点からは、適応とは、はっきりと現れている手がかりに反応し、機能的な結果をもたらすための行動の変化と定義できます。[2]

適応には基本的に2種類あります。順行性（proactive）のものと逆行性（reactive）のものです。順行性の適応は、現状の変化がなくても、現在のアプローチが適切でないと気づき、自分が適応すると決めたときに起こります。逆行性の適応は、現状の変化に反応して起こります。

コンフリクト・マネジメントの分野では、適応とは、異なる状況下で必要になったり、有益になったりする戦略を採用する能力です。第4章〜第8章で概説した各戦略には価値があり、それぞれ特定の状況に適合するものですが、それぞれの戦略には関連するメリットとデメリットがあります。

支配が過ぎると抑圧的になり、人々を疎外します。間違った文脈では、仁愛は消極的で弱いように見えます。サポートは、誤って応用すれば、困窮している哀れな状態と誤解されます。常に自分の自立性を保とうとする人は、利己的で冷淡に見えます。常に譲歩し続ける人は、自分の心を傷つけることがあります。

コンフリクトの適応力は、順行性または逆行性にかかわらず、環境の変化を特定し、適切に対応する能力と柔軟性を意味します。

コンフリクトでの適応力には恩恵がありますが、あまりにも強すぎる、または弱すぎる適応は、あなたにとって良くないことかもしれません。心理学者たちは、環境に対する人々の考え方や捉え方があまりにも急速に変化すると、人は不安定になり、大変動にさいなまれている感覚になることを発見しました。[3]

柔軟すぎることも、社会的なカメレオン（日和見主義者）、気弱な性格、あるいは人を操ろうとしている人というような評価を受けます。状況の変化に適応するためには、コンフリクトの当事者は正しさ、重要性、必要性にかかわる自分のぶれない判断力を維持し続ける方法を見出さなければなりません。

　私たちの見解では、コンフリクト・マネジメントに対する適応的アプローチは、適応と誠意という、いくぶん相反する2つのプロセスから成り立ち、それらのバランスが取れていることです。適応は、変化する状況に合わせる能力であり、誠意は、価値観、世界観、目的、そして願望との一貫性を持ち続ける能力を意味します。

　この能力は、ちょうど良いスピードで自分の目的を達成するための戦略の柔軟性と安定感をもたらします。そして、より建設的で、満足感のある持続可能なコンフリクト・マネジメントのアプローチを提供します。適応的アプローチでは、原則と実用性を同時に満たさなければなりません。[4] 目的は確固としていても、手段は柔軟でなければなりません。[5]

　持続可能な状況対応には、もう1つのステップが必要です。フィードバックを読み取ることです。メアリー・P・フォレットが1920年代に職場でのコンフリクトについて述べたように、人々はコンフリクトを静的な事象と考え、瞬間的に固定された存在と見なす誤りをよく犯します。

　経営者が一方的にコンフリクトを解決しようとして、「一件落着。さあ、次に進みましょう！」と言うときは、この捉え方が根底にあります。

　コンフリクトの状況対応は、進行中のプロセスです。それは、紛争前、紛争中、紛争後のいずれにおいても、コンフリクトの原因と結果、そして、コンフリクトにかかわっている人々の反応と状況を認識し続ける必要があります。これは、労力と努力を要する大変なことと思われがちですが、能力のあるマネジャーは、本能的にできるようになります。

3 人々を状況対応に導くものは何ですか

　開放的で、社会に目が開かれていて、感情的にも行動的にも成熟し、内省力がある人は、状況対応力が高い傾向にあります。しかし、これは、繰り返しさまざまなタイプのコンフリクトを経験することで、時間の経過とともに向上するスキルでもあります。

　私たちが育ち、住み、働いてきた社会的・文化的環境も、私たちの状況対応に影響を及ぼしています。コロンビア大学にある私たちの研究から、ある文化集団が異なる文化集団の人と交渉するために、非常に単純な規則（もしXならY）を持っている場合、彼らはより対立的になり、不満足な結果に終わる傾向があることが判明しました。たとえば、「人が私を欺いたら、その人を二度と信じない」というような規則です。

　しかし、「ある集団のメンバーがあなたを欺いたら、二度と信じない。ただし、その人が欺くように強制されたり、自分の行動の意味に気づいていなかったり、善意で行ったものであったりした場合は、この限りではない」といった、より複雑で微妙なコンフリクトの交渉ルールを集団が持っている場合、そのダイナミクスはより建設的であり、交渉が成功する確率ははるかに高まります。[6]

　研究の結果、ある職場環境は他の職場環境よりも状況対応力に向いていることが示されました。[7] それは、以下のような環境です。

①緊急事態あるいは危機的状況への対処ができている。
②高レベルの作業ストレスへの対処ができている。
③問題の創造的な解決ができる。
④不確実で予測不可能な勤務状況に対処ができている。
⑤新しい仕事の方法、技術、手順を学べるように配慮がある。
⑥相手に合わせてコミュニケーション行動を変える必要がある。
⑦異なる文化に合わせた対応が求められる。
⑧新たなチャレンジに対して心身の健康を維持できるようなケアがあ

る。

その後の研究で、状況対応力を向上させる労働条件の心的要因は心理的安全性であることがわかりました。[8] この概念は、エドガー・シャインとウォーレン・ベニスの独創的な研究に由来し、心理的安全性は十分なレベルの対人的信頼と相互尊重を特徴とする状況のことです。[9] 心理的に安全な職場環境がなければ、上記の8つの環境は状況対応力を育むよりも不健全な硬直化を引き起こす可能性が高いのです。

4 自己診断——あなたは自然に適応できるでしょうか

あなた自身が本質的にどれほど状況対応を用いる傾向があるかを知るために、下記の文章を読んで、あなたの意見に近い数字を記入してください。

1＝非常に反対　　2＝反対　　3＝中立
4＝賛成　　　　　5＝非常に賛成

1 私の長期的な目標に役立つことがわかっているので、通常用いない戦術をときどき用いることがあります。☐

2 コンフリクトを解決するための「最善の方法は1つ」ではないと私は考えています。☐

3 長期的な目標に役立つと感じているので、コンフリクトの際にはさまざまな戦術を使います。☐

4 私は、結果を考慮することなく、コンフリクトの現状に衝動的に反応することはめったにありません。☐

5 私は、自分のキャリアを成功に導く力があると感じています。 □

6 いろいろな場面で、さまざまな人々に合わせるために、私は異なるキャラで振る舞うことがよくあります。 □

7 私は人に好かれるように行動するのが得意です。 □

8 ときには、誰かを喜ばせたり、相手の好意を勝ち取るために、自分の意見や行動を変えることもあります。 □

9 さまざまな人々や状況に合わせて自分の行動を変えるのは、大変なことではありません。 □

10 仕事で要求されるならば、コンフリクトのとき、私は非常に支配的になることができます。 □

11 目的に到達するために必要ならば、職場のコンフリクトの状況の中で自分を弱く、依存的に見せることができます。 □

12 仕事上のコンフリクトでは必要に応じて、対立的で支配的な態度を取ることができます。 □

13 私が他人に従わなければならない仕事上のコンフリクトに対処できます。 □

14 これまでの人生を通じて、さまざまな感情を経験してきました。 □

15 私がやろうとしたことは、たいてい、成功します。 □

〈採点〉

　数字を合計して以下の表を参照してください。得点が非常に高い場合、この戦略を過剰に使っている可能性があります。しかし、得点が低くても懸念の原因となります。

得点	意味	自分に問いかけてみましょう
40点未満	あなたはコンフリクトで状況対応を使うことはめったにありません	この戦略が環境に合っていないのか、それとも、あなたが使おうとしていないのでしょうか
40〜49点	あなたは状況対応戦略を使いたいと思っています	あなたは適切な状況で十分に使っていますか
50〜59点	あなたはこの戦略をかなり使います	あなたは不適切な状況で使いすぎていませんか
60点以上	ほとんどの場合、この戦略を使っています	あなたはこの戦略を使いすぎている可能性が高いです。この戦略を採用するのにふさわしい状況で活用しているでしょうか。環境がそうさせているのでしょうか。適切な状況で効果的に使っていますか。他のスキルを使ったほうがよいと判断する能力を高める必要がありますか

5 組織診断
──状況対応が効果的な環境で働いていますか

　以下の質問に答えてください。この質問は現在の職場がどの程度「状況対応戦略」を用いることを奨励する環境にあるかを知るためのものです。文章を読んで、あなたの意見に当てはまる数字を選んでください。

　　1＝非常に反対　　2＝反対　　3＝中立
　　4＝賛成　　　　　5＝非常に賛成

1 私の職場では、厳密に一貫したアプローチを実践するのではなく、対立した状況も含め、異なる状況では異なるアプローチを用いることが強く求められます。 □

2 緊急事態でも、冷静に考えることができる職場環境です。 □

3 職場では、自分の文化とは異なる文化を学ぶことがよく奨励されています。 □

4 予測不能になると、私たちの作業チームはやる気が増してきます。 □

5 私の組織は、詳細な指示よりもむしろ、業務遂行のための緩やかな原則とガイドラインを示すことを重視しています。 □

6 私のチームは、やっかいな状況のときに能力を発揮します。 □

7 私の職場では、新たに発生した不慣れな問題に取り組むことがよくあります。 □

8 私のチームは不透明な状況に上手に対応できます。 □

9 私は職場の大多数の人々に敬意を払っています。 □

10 適切な行動が取れる同僚たちだと私は信じています。 □

11 職場は、業務遂行上の欠陥を是正するための行動を取ることを奨励しています。 □

12 私の作業部会は、多面的な問題について独自の分析をするのが得意です。 □

13 職場では、他者と柔軟に対応するコミュニケーションを奨励しています。 □

14 職場の組織構造とルールには柔軟性があります。 □

15 結果が予測不可能な場合でも、リスクを恐れないことが奨励されています。 □

〈採点〉

　あなたの点数を合計すると、15点から75点の間になります。点数が高ければ高いほど、あなたの組織で状況対応戦略を使うことには意味があります。次に、自己診断と組織診断の点数を比較してみましょう。

自己診断	点
組織診断	点

　一般的に、2つの点数が近ければ、あなたは現在の状況に合わせて、適切な判断力を持ってこの戦略を活用しているといえるでしょう。もちろん、さまざまなコンフリクトの状況は微妙に異なりますから、この戦略をいつ、誰に、どのように使用するかを見分ける必要があります。

6 | コンフリクトで状況対応を使うべき6つの理由

①**効果があるからです**……国際交渉に関する事例では、当事者が相手の相対的な（そして関連した）権力に合わせて戦略と行動を調整することができれば、より効果的に交渉できることが明らかになりました。[10] これは、権力が弱い側とより強力な側の双方にとっていえることでした。

　他の研究によれば、有能な交渉担当者は、1つのコンフリクト・マネジメント・スタイルだけを用いることはめったになく、代わりに、さまざまな戦術の効果的な要素を活用し、より融合した、また

は「コングロマリット」アプローチを採用していることがわかりました。[11] 実際、弁護士を対象に行った調査はこれを支持しており、効果を上げている弁護士は、コンフリクト・スタイルのどの区分にもきちんと収まらない特質や行動パターンを交渉に用いていることが実証されています。[12]

②**コンフリクトの痛みを和らげます**……コンフリクト体験について振り返ったとき、ネガティブな結果を出した当事者よりポジティブな結果を出せた当事者のほうが、状況に応じた行動を取ったという研究報告があります。[13]

③**多くの学びがあります**……別の研究では、状況対応力の低い人よりも高い人が、コンフリクトからより多くを学び、よりグローバルな視点を持ち、長期的ゴールと短期的ゴールの両方に焦点を当てることが報告されています。[14]

④**対立相手をあまり憎みません**……状況対応力が高い人ほど、ともに仕事をする人に対する満足度が高いです。

⑤**仕事でのストレスが軽減されます**……状況対応力が高い人は、職場でのストレスレベルが低くなります。

⑥**より良いリーダーや管理職になれます**……長い目で見れば、効果的な行動ができる経営者やリーダーは、行動の複雑性（behavioral complexity）[A] と社会的知性（social intelligence）[B] が高い人であることが、組織研究の分野で明らかになっています。[15]

A　行動の複雑性とは、自分自身の一貫性、誠実さ、方向性を保ちながら、必要に応じて相反する行動を取れる能力のこと。行動の複雑性がある人はない人よりも行動にさまざまなレパートリーを持っている。たとえば、自分の意見を通すために強硬に主張したが、効果がないとわかると泣き落としをして懇願する、というように行動を変化させられるような能力である。

B　社会的知性とは、人間関係の対応能力である。EQを世に広めたダニエル・ゴールマン博士は、「他者との関係において高い知性を発揮する能力」と説明している。相手と向き合い、相手と波長を合わせること、共感すること、効果的にコミュニケーションを取ることなどが含まれる。なお、社会的知性は状況対応力の基本的な構成要素である。

7 状況対応の実践はどのようなものか

　状況対応は7つのコンフリクト状況すべてを横断します。恩情ある責任、指令・監督、協調的依存、不幸な忍耐、独立、パートナーシップ、敵陣の各状況の文脈に効果的に対応できます。

　戦略を1つか2つに絞る必要のあるコンフリクトも、時にはあります。しかし、長期的に見れば、状況対応を採用することが、より満足のいく職場状況をもたらす可能性が高いのです。

　状況対応は、以下のような基本的段階を踏みます。

①コンフリクトのとき、あなたにとって何が本当に重要なのかを明確にする。
②あなたがどのような状況に置かれているかを明確にする。
③あなたが利用できる可能性のある多くの戦略と戦術を把握しておく。
④最も適した（問題が最も少ない）オプションを選択する。
⑤うまく実行する。
⑥学ぶ。

　簡単ですね。

　では、何が障害物となるのでしょうか。たとえば、「感情」「感情の貯蔵庫」「習慣化した嗜好」「関与する人々」などがあります。これらの障害物がかかわってくると複雑になります。以下に、状況対応戦略を構成する主要な戦術をより包括的に示します。

8 │ 効果的な状況対応のための10の戦術

①状況に合わせて戦略を変更せよ

> コンフリクトが進展するにつれて、戦略から戦略、戦術から戦術へ
> と移動します。

　マイクは年間5億ドル規模のメーカーのゼネラルマネジャーを務めて
います。状況対応力がなければ彼の1日は終わりません。マイクの上司
はCEOのウォルターです。彼はビジネスに精通していますが、対人ス
キル能力が高くありません。激情家のウォルターはマイクを頼っていま
すが、困らせることもあります。
　マイクは、よく戦略的譲歩を使って目的を達成します。
　「ウォルターは突然15分から1時間、口頭で激しく攻撃してきます。
それは、私たちが話し合っていることや問題についてのこともあります
が、全く関係ないことで急に激することもあります。単なる感情です。
そういうときに私は、目に見えない壁を作ります」
　マイクの「壁」は意識的な解離です。彼は意識を自己の内側に向け、
夕食に何を用意するか、週末に誰と会うかについて考えます。ときどき
うなずいて、ウォルターの目を見たり、彼の言った言葉を繰り返したり
して、聴いているふりをします。
　それ以外にも、マイクは戦略的譲歩と賢明なサポートを組み合わせる
こともあります。
　ウォルターは、マイクと最終決断が異なるとき怒鳴ります。重要な意
思決定でない場合や、コミットメントが短期の場合、マイクは「はい、
わかりました。おっしゃるようにやってみましょう」と言います。しか
し、数日が過ぎ、ウォルターが穏やかな精神状態になれば、マイクはそ
れを再び持ち出します。
　そんなとき、ウォルターと再検討や再交渉をすることもあります。マ

イクは、「時として、私たちの意見の違いについて非常に協力的に話し合いをすることがあります。実際、2人で非常に生産的な話し合いをすることができます」と述べています。

ときには、期限が迫った重要事項で、取り返しのつかない意思決定に関する長々とした激論があります。「そんなときは壁を作りません」とマイクは説明します。マイクは、ウォルターの権力に対抗できる事実、数字、自己主張力を使って建設的支配戦術を用いて、ウォルターの不当な言いがかりに異論を唱えます。

マイクは、部下とコンフリクトがあるときは現実的な仁愛を好みます。彼は、ウォルターの激しい攻撃的スタイルが浸透して企業文化になるのを確実に防ごうとしています。マイク自身はほとんどの場合、チームとのコンセンサス・アプローチ（メンバー全員が合意すること）を実践します。部下がミスを認めたり、悪いニュースを伝えたりすると、マイクはまず報告してくれたことに感謝します。

部下たちと意見を異にするとき、マイクはさらに詳しく説明することを依頼します。彼はコンセンサスを重視し、部下の意見を聴きますが、10回のうち1回は、チームの決定より自分の決定を優先させます。ミーティングや社内イベントが楽しいものになるように尽力することも忘れません。チームのメンバーが1週間入院したとき、マイクは毎日お見舞いに行きました。

最後に、マイクが事業にとって重大なことで、ウォルターの反応に付き合っている暇がないと思うときには、ただそれを実行するのみです。ときには選択的自立を使うことでウォルターの怒りを買うことがありますが、ときには怒りを買わないこともあります。

マイクは最終責任者ではありませんが、パワフルな人間です。状況対応を基礎に、上下に関係なく人に配慮しているマイクは輝かしい成果を出しています（これはCEOのウォルターが成功するかどうかも左右します）。

②現状維持を打破せよ

既存の条件や枠組みを利用して変化をもたらす、あるいは現状を不安定にする新たな条件を創出しましょう。身体的な変化を取り込むこともできます。たとえば、環境、身体の動きを変えてみる、外部の人々と話し合うことなどです。関係者全員を旅行に連れ出し、違った見方、考え方、感触、反応を得るのも一つの手段です。

　現状を打破すれば、習慣化した機械的反応や対処から解放され、新たな戦略を策定・推進する手助けになります。

　私たちが日々直面しているコンフリクトは、繰り返し起こりえます。狭量な暴君が何度も何度も同じようなことをするたびに、毎回同じ戦略を採用したい誘惑に駆られます。そのような場合のチャレンジは、組織論の専門家であるガレス・モーガンが「不安定への扉を開く」[16]と呼ぶものです。

　筆者の同僚の1人であるミシェル・レバロン教授は、1993年に世界各地の外交官グループがアイルランドのダブリン近郊に集まり、イスラエル・パレスチナ紛争に対処するための新たなアイディアを生み出したときの体験を語ってくれました。

　「私たちは中東問題について、同じ枠組みで自分のポジションを語り、限定的な仮定から、中東のトラブルの定義と対応について話す傾向がありました。そのとき、ファシリテーターたちにとっての最大の課題は、このグループがマンネリを打破する方法を見つけることでした。

　最初の2日間は、標準的な問題解決フォーマットに従って話し合いが持たれましたが、価値ある結果はほとんど得られませんでした。

　3日目に外交官たちはベルファストへのバス旅行をしました。以前から使われていたスクールバスに乗って肩をすり合わせて揺られている間に、型にはまっていた参加者たちは異なる体験をしました。私た

ちは互いに共通点や共通の情熱を発見し、遊び心を持って話し始めました。

　北アイルランドのPKO関係者との数回の話し合いやコミュニティ・プロジェクトへの訪問は、グループ内の協力関係を深めました。夕食後、ダブリンに戻る道中、参加者は薄暗いバスの中で声を合わせて歌い出したのです」

レバロン教授は、次のように書いています。「このバス旅行の後、会話が活発になって初めて独創性が生まれ、イスラエル・パレスチナ間の難解な紛争を変える想像力に満ちた可能性が出始めました」[17]

　会議のファシリテーターたちは、参加者同士の関係性の変化に驚きました。何が起こったかを理解することに苦労しましたが、彼らはあることに気づきました。

　レバロン教授は次のように述べています。

「明らかなのに隠れた見えざる真実に気づきました。それは、参加者全員がクリエイティブな能力と遊び心を持ち、美しさを愛し、生身の人間だということです。

　なぜ、わかりきったことを述べるのでしょうか。それは、他の数々あるワークショップと同様に、このワークショップは参加者の首から上にしかフォーカスしていなかったからです。身体を動かすことは、態度の変化を促す大きなきっかけになることを私たちは理解し始めたばかりです」[18]

　人間は肉体ある存在なのです。話し合いや交渉をするときに、これを無視したり否定したりするのは間違いです。運動、触れ合い、部外者との話し合い、新しい場所への旅行などの身体的変化は、コンフリクトに対する私たちの習慣的対応を揺るがし、おそらく変化させます。それによって私たちが異なった見方、考え方、感じ方、対応をすることを可能

にするのです。

あなたの組織にとっての可能性を想像してみましょう。

チームを社外に連れ出し、互いに異なるやり方で交流するように会社は奨励することができます。組織の部署の異なる従業員が、理解し合えなかったり意見が合わない場合、従業員の業務を交換することで、固定的な考えから脱却することが促せます。倉庫担当者を顧客と直接接触させることで、彼の顧客サービス担当者に対する批判的な見方を変えることができます。他方、高温の倉庫で期限が迫る中で実際に働くことで、顧客サービス担当者は顧客を満足させるために、舞台裏で何が起きているかを体験し、見方を変えることができます。

③全体像を見極めよう

> コンフリクトによって感情が刺激され、激化するにつれて、私たちの考え方、気持ち、選択肢に対する意識は狭まり、単純化されます。すべての当事者にとって重要なステップは、コンフリクトをより全体的に捉えることです。

ほとんどの人は、自分がコンフリクトに直面したとき、相手がどれほど間違っているかだけに焦点を当ててしまいます。そして、「白か黒か？」「正しいか、間違っているか？」「私たち 対 彼ら」といった二者択一的思考に陥り、結果、単純化しすぎた状況把握しかできなくなります。これは脅威に対する自然で合理的な防御反応です。その一方で、私たちの経験値と利用できる戦略を意識することの妨げになってしまうのです。

コンフリクトの当事者とミディエーターにとって重要なステップは、問題把握の早期単純化を避け、状況の性質において利用可能なさまざまな戦略を考えていくことです。

ジムは米国の政府系研究所の課長に就任したばかりでした。上司はジ

ムに、主任のトムに対する部下の反乱にどう対処するかが「今の君の仕事だ」と言いました。ジムはコンフリクトの全容を調べて検討する時間をくれるよう、上司に頼みました。ジムは過去の経験から、ある種のコンフリクトは個人に関するものではなく、システムに関するものであることを知っていました。彼はどのようなパワーが作用しているかを理解したいと思いました。

ジムは多角的に問題を検討し始めました。まず、ジムはトムの部下の10人の科学者たちからの聞き取りをしました。出てくるのは、主任のトムは科学者たちをただ怒鳴りつけ、科学者たちも怒鳴り返したという話でした。ジムが聞き取りを進めれば進めるほど、耳に入るのは、科学者たちの激しい怒りばかりでした。

最も重要なことは、トムへの聞き取り調査からわかりました。トムから科学者たちへの不満や仕事に対する苦情をさんざん聞いた後で、ジムはトムのインタレストについて掘り下げて質問しました。トムは科学に対する秘めたる情熱と、大学に通う2人の子どもへの愛情を語り始めました。

「この仕事を自ら求めました。しかし、今や私の研究は停滞しています」とトムは語りました。

話し合っているうちに、トムはマネジメント業務が増えることを望んでいないことにジムは気づきました。好きな仕事ができなくなるような昇進は、トムにとって、全く意味のないものだったのです。ジムはトムを研究職に戻しました。

翌年、ジムは主任の地位に何人かの科学者を交代で割り当てました。こうすることでグループの科学者たちが主任の仕事を尊重するようになり、コンフリクトは減少しました。そして、4番目に主任になった科学者は適任で、その地位に落ち着きました。

コンフリクトに関するジムの助言は、「最初に傾聴してから質問しましょう。最初に語られる不平不満だけではなく、全部のことを理解するように心がけてください。最初に当事者から提案される解決策は、通常、

最適なものではありません」でした。

④建設的な明日に向かって、今日は状況に合わせよう

> 状況対応力のある人は、与えられた状況で適切な行動を取ります。
> しかし、すべての当事者に利益をもたらすための合意形成をすると
> いう長期的な目的を決して見失うことはありません。

　短期的には、状況対応はコンフリクトの不測の事態に対応できるアプ
ローチです。このアプローチは、当面の状況の必要性に合わせた対応を
するのに役立ち、コンフリクトが拡大する可能性を軽減し、建設的なや
り取りのための、より安定した環境をもたらします。

　しかし、より協調的なアプローチ（仁愛、協調、サポートなど）は、長
期的にはすべての当事者に良い結果をもたらす可能性が高いのです。[19]
状況対応力のある人は、みんなが満足する合意を形成する目的を見失う
ことなく、自己の行動の妥当性を常に検討しています。実例を挙げて説
明しましょう。

- あるNGOのマネジャーは、声高に異論を唱える新人に適当に話を
  合わせています。それは締め切りに間に合うようにうまく仕事をし
  たいからです。その一方で、マネジャーはこの議論好きな新人は有
  能な人材に成りうるとみて、この先、協力して仕事をする基盤を作
  ろうとしています。
- あるリーダーは有能な専門家チームを作ることを楽しみにしている
  のですが、ベンチャー企業の立ち上げ段階にある今は、自分自身が
  多くの仕事をしなければなりません。彼女は自分の目標を立て、そ
  れに向かって邁進しています。最初に、数人の従業員をアシスタン
  トとして使い、今のところは彼らとの意見の不一致をほとんど無視
  しています。なぜなら、初期段階ではこれが目標に届く唯一の方法

であるからです。しかし、長い目で見れば、このアプローチは彼女が将来必要とする、違いを超えて協働する強力なチームを育成することの障害になることもわかっています。

- 隣の部署に新たに着任した課長が、支配欲の強い政治的策略家であることを発見した管理職がいます。そこで、彼女はその課長とのやり取りでは、政治的配慮を欠かさず、自分の言葉に注意し、背後から襲われないように気を配っています。この会社は協調に価値を置く企業なので、時が経てば、課長の言動に変化が生じるか、もしくは、彼が組織から排除されると予測して彼女は行動しています。

- 学生の両親からの友だち申請を承認した後で、フェイスブックに不適切なコメントを掲載した若手講師がいました。大学の教務部長は、何の指導もしませんでした。教務部長はとりあえず、権限を使って一時的な方針を決め、問題が大きくなることを防ぎました。近いうちに多くの学部を関与させて、話し合いの場を設け、ソーシャルメディアに関する規則を策定するつもりです。

- 新任のマネジャーが業務に圧倒され、まだ彼が事業を理解していないことがわかるベテランのヒラ職員がいます。彼は短期的には自立戦略を実践し、部門内の混乱のほとんどを避けています。経験から、彼は自分自身の目的とその実現方法がわかっています。彼は新任マネジャーが知識と協調的なリーダーシップを習得して、職員とともに目標を立て、事業戦略を遂行する日が来ることを期待しています。

⑤シャトル外交を実践せよ

コンフリクトの当事者たちの間を往復し、異なる段階で異なるコンフリクト・インテリジェンス戦略を用いましょう。目的は、すべての関係者と組織にとって容認できる解決です。

「シャトル外交」という言葉は、1973年の第4次中東戦争（ヨム・キ

プール戦争）後の紛争を調停するヘンリー・キッシンジャー米国務長官の努力を表す言葉として最初に使われました。[20]

その後、この言葉は、直接対面することを拒否したり、顔を合わせることで激しく動揺してしまう当事者の間を、代わる代わる行ったり来たりするミディエーターの行動を表現するものになりました。

重役のアルマンドは、営業担当マネジャーのジェーンと購買担当マネジャーのラルフの間に対立関係があることを感じました。2人は互いに避け合い、陰で相手についての嫌みを言い、お互いがかかわらないように仕事をしていることを他のマネジャーたちは知っていました。

そこで、アルマンドは三者会談を開きました。最初はジェーンもラルフも口を閉ざしていました。しかし、アルマンドの質問に答えるうちに、やがて互いが強い嫌悪感を抱いていることが明らかになりました。

アルマンドはシャトル外交を試すことにしました。ジェーンとラルフに交互に会い、自分の意図と目的を伝え、2人が自分たちの意見の相違を解決するために、やがては顔を合わせて話し合うことを望んでいることを伝えました。

アルマンドは、2人のマネジャーがお互いを好きになる必要はないと思っていましたが、敵意と回避がなくなることを望んでいました。業務上、2人の部署は協力する必要があります。そうできなければ、彼らを配置転換するか、解雇することも考えなければなりません。アルマンドにはその権限があります。しかし、彼はもっと大きな利益のために自分の権力を使いたいと思っていました。

最初にアルマンドは「現実的な仁愛戦略」を使って2人に別々に会い、1対1の話し合いを進めました。

まずは、感情的にならずに、両者が相手との意見と性格の違いを言えるようにしました。次に、アルマンドはそれぞれに、2人がより協力していくためには何ができるか、もしあれば、どんな行動を相手に減らしてほしいかと尋ねました。

皮肉なことに、2人とも同じことを言ったのです。コミュニケーショ

ンを深め、依頼したことには素早く対応し、もっと礼儀をわきまえてほしいと答えました。さらに、ユーモアのセンスが異なるので、無駄なジョークは言わない、気分を害するＥメールのやり取りはやめ、相手のチームについての文句を言うことを減らしてほしいと言いました。アルマンドは、これらのことはきわめて解決可能な事柄だと考え、２人に伝えました。

そしてアルマンドは、２人から聞き出した要望と２人の組織貢献度についての彼の見解をシャトル外交で双方に伝えました。シャトル外交を終える前に、彼は「建設的な支配」と特徴づけられるミーティングをそれぞれ１回加えました。２人が顔を合わせて直接話す準備ができたと思われたので、アルマンドは事前に楔（くさび）を打ったのです。

２人の行動に変化が見えなければ、アルマンドは別の行動を取るだろうと伝えました。そして、「この時間のかかるシャトル外交をやったのは、仕事のできる２人だからだ。しかし、仕事ができるだけでは、会社にとっては不十分だ。たとえお互いが気に食わなくても、意見の相違が生じたときに、それを乗り越えて、２人がうまくやっていくことを期待している」とアルマンドは言いました。

その後、アルマンドは２人を一緒に呼び出し、「協調的なアプローチ」で話し合いの場を持ちました。彼は２人と一緒にシャトル・ミーティングを振り返り、２人がどのように違うのか、それぞれがどのように価値があるのか、そして、それぞれが相手に何をどれだけ求めているのかを見直しました。最後に、アルマンドは２人のために話し合われたことを文書にしました。

ジェーンとラルフはさらに２年間かけて、協働作業を改善しました。両者の関係は完璧ではありませんでしたが、２人の破壊的行動（嫌みや回避）は終わり、少なくとも他人の前では「礼儀をわきまえた」行動が取れるようになりました。アルマンドの目的は達成されたのです。

ラルフが転職したとき、おそらく３人全員はホッとしたことでしょう。多くのコンフリクトと同様に、２人のコンフリクトは決して解決される

ことはありませんでしたが、3人の善意によって2年間は良好にマネジメントされていたのです。

⑥多くの人々の状況対応の知恵を取り込もう

私たちは1人で状況に対応する必要はありません。友人、同僚、味方、そしてかつての敵でさえも、私たちの目的達成のためのネットワークとして役立ってくれます。彼らがそれぞれに持つ影響力のリソースとコンフリクト・マネジメントのアプローチを総合して応用することができるのです。

2代目経営者のアントニオのリーダーシップの強みの1つは、謙虚さです。彼はコンフリクトを解決するのに人の助けが必要なことを知っています。彼自身が認めるとおり、彼は常に協調的です。自分の状況対応力を向上させるために、アントニオには、コンフリクトについて助言してくれる人々のネットワークを構築しています。

彼は、複雑なビジネス上の大きな意思決定に直面したときにはコンセンサスが大切だと考えています。しかし、長年の経験から、最も優れた解決策は、多様な観点が提供できるネットワークから生まれ、最適な解決戦略を見つけるためには、あらゆる角度から問題を検討しなければならないことを学んでいました。

まず、アントニオは本当に大きな決断を下すときは、輸入・卸売事業を立ち上げて成功した創業者の父親に意見を求めます。父親は、人々の雇用を維持し、コストを抑え、コミュニティに還元することを熱心に主張しています。それが父親の成功の秘訣であり、彼はそれを熱烈に信じ続けています。父親は意見が合わないとき、自分の意見で人を支配する傾向がありますが、彼の器の大きさゆえに、独裁者とは呼ばれていません。

アントニオの会社のCOO（最高執行責任者）の関心事は数字です。彼

女にとって、コンフリクトは健全なビジネス論理と収支のボトムラインで解決されるべきものです。「合意できないときは、データが審判を下す」が彼女のCOOとしての信念です。彼女は妥協することを厭いませんが、誰もが「残酷な事実（数字）に直面するまでは妥協するつもりはありません」と語っています。

アントニオの弟は、みんなの気持ちに非常に関心を持っています。彼はアントニオの会社ではパートタイムで働きながら、ソーシャルワーカーとしての仕事もしています。弟は、論理や伝統と同じくらい重要なのは、意見の不一致に影響を及ぼす感情であることを知っています。アントニオは部下たちと意見が合わないとき、特に部下が経営陣に不安や怒りを感じ、それを隠そうとするとき、そこに流れる部下たちの潜在的な感情を見落としてしまうことを自覚しています。そんなとき、アントニオの弟は部下たちの感情を受け止め、彼らの感情を浮き彫りにし、根本的懸念が表明されるようにファシリテーターになってくれます。

数年前、アントニオはフォーチュン誌による全米総所得ランキングトップ500に選ばれた企業を退任した人を社外取締役として採用しました。彼を採用してから、取締役会はコンフリクト・マネジメントについて、大企業的な視点を持つようになりました。「法的影響は何か」や「メディアはどのように見るか」「このコンフリクトの結果は、最高の人材を確保し、維持することにどう影響するか」などの質問が出てくる可能性が高まりました。

その一方で、アントニオは倉庫で積み込み作業をする労働者に至るまで、従業員の声に耳を傾けています。賃金について社内の意見が分かれたとき、アントニオは、現場の労働者の意見を聴くだけでなく、何人かにも、アントニオ自身がこのコンフリクトにどう取り組むべきかという点を尋ねたのです。現場の労働者たちは、この状況について経営会議に参加し、発言できる自分たちの代表を選出することを認めてほしいとアントニオに言いました。

それから、あまりにも多くの人に怒鳴り声を浴びせたために、取締役

を解任された人がいました。アントニオは彼とは2年間、口をきいていませんでしたが、ときどき一緒にコーヒーを飲みながら、あるコンフリクトについての助言を求めようと思いました。

「このコンフリクトにどう対処すべきかだって？　簡単さ、『ボスはオレだ』と言えばいい。それでいいのさ！」と彼は強気な口調で説教しました。彼のように、アントニオはドスのきいた強硬な言い方はできません。しかし、支配的な態度を取る必要がある場合は、自分の代わりに効果的に伝えられる人物を現場に送り込むことはできます。

アントニオはコンフリクトをスピーディーに解決するには、自分の決定を社員に伝えるか、あるいは、しばらく社員の声に耳を傾けてから多数決を取ればよいことはわかっています。また、アントニオの助言者ネットワークの人々は、必ずしも彼のやりやすさに合致した方法をアドバイスするわけでもありません。

アントニオのように、さまざまな立場から多様な意見を取り入れながら、それをまとめて自分の意見を作り上げていくアプローチは複雑で、感情が絡み、時間もかかります。しかし、通常は他のやり方よりも効果的なのです。

⑦ボトムラインを忘れずに軽やかに歩もう

> 一定の問題に対しては創造的で、柔軟で、統合的であることです。しかし、交渉の余地がないと見なされる問題については、自分自身のボトムラインを明確にし、必要に応じて強硬戦術に移行する計画を立てましょう。

ジョンがマネジャーとして部署を引き継いだとき、上司は彼に事態を引き締めるようにと言いました。彼の前任者は人に甘く非効率的でした。ジョンは厳しく公正であれ、と指示されました。

ジョンは、この指示には矛盾する要素があることがわかっていました。

会社の文化は支配的なマネジャーには寛容ではありません。部内を揺さぶることなく、また従業員に不快感を与えることなく、事態を引き締めることをジョンは期待されていました。ほとんどの部下たちは才能とやる気があり、前マネジャーに不満を感じていました。部下たちは変化を望んでいたのです。

しかし、従業員の1人、デヴィッドは喜んでいませんでした。彼は長年にわたって勤務していましたが、パフォーマンスは必要最低限に近い状態でした。デヴィッドは業務に必要な新しいソフトウェアやその他のシステムを習得していませんでしたが、数年にわたって判で押したように、「期待に沿っている」と評価されていました。ジョンは、そんな記録があれば、彼を解雇することは不可能だとわかっていました。

そこでジョンは、自分の上司と部下の両方に交渉したのです。

最初にジョンは上司と会い、もしデヴィッドに十分な時間を与えても、依然として新しいスキルを習得できないならば、彼を別の部署に異動させてもいいという合意を得ました。交渉の焦点は、「十分な時間」の定義と、デヴィッドの異動先をどこにするかでした。

さらに2人は話し合い、デヴィッドが期待に応えられないのであれば、彼を同じビル内にある人員不足の部署に異動させることに合意し、ジョンが最終決定を下すことになりました。

その後、異動の可能性について告げずに、ジョンはデヴィッドに新たな職務と責任について交渉しました。デヴィッドに従来のソフトウェア・システムのパフォーマンスを向上させ、さらに新しいソフトウェア・システムを学ぶようにとジョンは依頼しました。デヴィッドは両方の課題を同時にこなすことはできないと不満げに言いました。

ジョンは妥協しました。それからジョンはデヴィッドに、離れた都市で開催される研修を複数受講するように依頼しました。デヴィッドは家族との時間が減るので厳しいと返答しました。ジョンは受講すべき研修の数を減らしました。

このように、ジョンはデヴィッドと交渉し、甘いマネジャーではない

が、デヴィッドの要望をある程度受け入れる気があることを示しました。

　新しい上司について尋ねられたデヴィッドは、ジョンを「仕事はちゃんとやれという主義だが、無理は言わない」と表現しました。

　しかし、デヴィッドが業務上不可避な変化に追いつくことに消極的な姿勢を続けたため、ジョンはソフトからハードなアプローチに対応を変えることにしました。まず、最初にジョンは上司との約束の再確認をしました。「わかっているよ。君がデヴィッドを変えられないなら、異動させて構わないよ」と上司からの確約を得ました。

　そこで、ジョンはデヴィッドに話しました。

　「デヴィッド、僕は君の成功を願っているのだが、部署で起きている変化は、君にとって大きなストレスのようだね。そこで、総務部の特別イベント課への異動を考えてほしい」とジョンは語りました。

　デヴィッドは、自分はその部署には合わないと言いました。

　「30日後に、君の態度とパフォーマンスが上がらなければ、異動してもらうよ。このことは僕の上司も承諾しているから」とジョンはきっぱり言い、交渉を打ち切りました。

　31日後、ジョンはデヴィッドを異動させました。

⑧全体の利益に焦点を当てて、
　直接的方法と間接的方法を組み合わせよう

> 権力差のある関係性で状況対応を用いてコンフリクト・マネジメントを行うのであれば、率直な説得とそれほど直接的でない方法の組合せが必要となる場合があります。これを策略や操作と区別するのは、あなたの誠意と誠実さによります。

　デールは真っすぐな道路がひたすら続くテキサス西部で育ちました。行きたいところへ行くには高速道路を真っすぐに運転すればよいのです。デールにとっては、人も似たようなものに思われました。「どこから来

たのかわかるし、どこへ行くのかもわかる」と語りました。

しかし、肥料と農薬を製造する世界的な規模の会社で働くのは勝手が違っていました。デールが仕えたリーダーの中には、数十億ドルものビジネスをしていた者もいました。彼らは非常に成果を重視し、巨大な権力を持っていました。直接ぶつかると、道は障害物でふさがれました。デールはテキサス西部の真っすぐな高速道路ではない道を見つけなければなりませんでした。

会社のカナダ本部に勤務していたとき、デールは北米担当CEOのチャックの下で働きました。デールは彼の下で働くことが好きでした。思慮深く自信に満ちた回答が得られれば、チャックは決定をほとんどデールに任せました。チャックが「オレのやり方でやれ」と言うことは、めったにありませんでした。

しかし、カナダ本部を東部のトロントから西に1400マイル（約2250km）に離れたウィニペグに移転させる問題に関して、チャックは議論の余地を残しませんでした。

「チャックは、20年間続いたトロント本部を閉鎖し、ウィニペグまで移動する対象者全員を説得するようにと私に言いました。ウィニペグは彼らにとって極寒のシベリアのようなところです」とデールは説明しました。「チャックはウィニペグで育ったので、零下25度など、問題ではなかったのです」

しかし、デールは同社の長期的な将来について考え、本社を活気にあふれた美しい文化都市カルガリーに移したいと考えていました。「チャックと私は、経費のかかるトロントから抜け出すことには全面的に意見が一致していました。そして、私たちの事業の80％が北米大陸の西側

にあるので、西部への移動は本当に理にかなっていると合意しました」

　それにもかかわらず、ウィニペグは無茶な考えだとデールは思いました。「でも、実際そんなことは言いませんでした。チャックに2人が対立しているとは思ってほしくなかったのです。私の個人的好みによるものだとも考えてほしくなかったのです」

　デールは数年後には米国に戻り、そこで働くつもりでしたが、彼は、会社にとっても、引っ越しさせられる家族にとっても役立つ長期的な解決策を求めていました。

　「だから、私はCEOのチャックと共通点があるように話を振りました。私はアメリカ西部のテキサス出身、チャックはカナダ西部の出身ですから、何かと上から目線のスノッブな東部人に対しては、同じような思いを持っていました。トロント周辺の東部人文化に染まった知的な専門職と、その家族を西部に移動させるのは大仕事です」

　デールは、移転を強制と感じた従業員の怒りの爆発を待つよりも、正面から従業員と向き合って話したいと考えていました。同時に彼は、チャックとの正面衝突も避けたいと思っていました。そうなれば、会社にとってメリットがないことがデールにはわかっていました。

　そこで、デールはチャックにあえて質問を投げかけたのです。「押しつけることなく、東部人を西部へ移動するように説得するにはどうしたらよいのでしょうか」

　チャックは問題を理解し始めました。彼は、最も有能で価値のある人々に移動を強制したらどうなるかがわかっていました。彼らはNoと言えるのです。すぐに転職先を見つけられるのです。人々が移動する意欲を持てるよう、そして、CEOのチャックの考えに影響を与えるためにも、ビジネスに最適な都市を見つけ、将来にわたり最高の人材を引きつけ、維持できるような都市を見つけるための計画を作成することをデールは要請しました。チャックは、ウィニペグが当然の選択だと思っていましたが、この提案に同意しました。

　そこで、デールは従業員とコンサルタントにインタビューし、主要ス

タッフとともに数都市を訪問しました。すると、ウィニペグは良好な選択ではなく、デールのひそかに望んでいたカルガリーが最良の場所であるというコンセンサスが得られました。

そのときデールは、チャックは主要スタッフの決定をつぶすだろうと思っていました。チャックはCEOとして、確かにその権限を持っていました。しかし、この計画はよく練られており、「デール対チャック」の問題ではなく、「私たちの」問題を解決することを目的としていたため、チャックはこの決定を拒否しませんでした。

⑨状況対応力向上のためのチームを作ろう

> 状況対応を使うときの高等戦術の1つは、チームによる戦術です。コンフリクトの状況で、チームメンバーが同じ目的を持っている限り、メンバーにさまざまな戦略と役割を委ねることで効果的な対応が可能になります。

ノラは、疾病とそれに関連する行動の研究を支援・指導する米国政府機関の支部長です。彼女の任務の1つは、外部のさまざまな科学者に、政府機関や他の研究チームと協力するように働きかけることです。

しかし、それは容易なことではありません。多くの科学者は疾患の理解、予防、治癒という大きな目的を共有していますが、研究の具体的プロセスに至っては、それぞれの専門性に基づく情熱と縄張り意識が出てくるため、なかなか話がまとまりません。研究の実施、期限、方法、測定技術、データの解釈、勧告など、多くの点で意見が分かれてしまいます。

ノラがプロジェクトを立ち上げるとき、彼女はプロジェクトをジグソーパズルと見なします。異なる研究グループのメンバーをまとめ、統合的な研究プロジェクトチームを結成して運営できるように、ノラと彼女の部下は支援していかなければなりません。

取扱いが楽な研究チームもありますが、そうでないチームもあります。特に難しい研究チームに効果的に対処するために、ノラと部下たちは一緒に戦略を立て、それぞれの役割を果たします。

　「制度上の権力を使って支配的な役割を私が担っているのは事実でしょう。通常、そのようにして、プロジェクトの範囲と制約条件、期間、期待、ルールを設定します。決められたやり方でやらなければならない期限や規則を強く主張するのが私の役割です」と、ノラは説明します。

　「その一方で、同僚の1人に科学者側の味方役をやってもらいます。彼女の役割は科学者の視点に立って彼らの要求を見つけ出し、それを支持することです。内向的だったり、はっきり意見が言えない科学者がいるようなら、彼女は彼らの見解を引き出すように努めます。

　さらに、もう1人の同僚に配慮あるミディエーターをやってもらいます。彼女の役割は活発な対話と意思決定の共有を促し、意見の相違が不当に早く解決されないよう努めることです。ときには、あえて物事をかき回すような、議論好きの悪魔役を加えることもあります。予定調和を避け、新たなアイディアを生み出すためには、それも必要な役割なのです」

　その結果は、どうなるでしょうか。

　「非常にうまくいきます。私たちは、さまざまな研究チームと協働し、生産性の高い仕事をしています。今週は大きなプロジェクトを始めたばかりですが、このような多様性のある研究チーム以外には考え出せない新しいアイディアを創出することができました。そのうえ、全員が次のステップで何をするかが明確にわかっている状態で会議を終えられました」

⑩新しい状況対応ハイブリッド戦略を創造しよう

日常生活の中ではさまざまなコンフリクトが起きており、それを観察し、実験し、他者から学ぶ機会が数多くあります。ニュース番組には上手に対処されたコンフリクト、されなかったコンフリクトの教訓がたくさん示されています。状況対応にはコンフリクト・マネジメントについて学び、関連づけ、統合しようとする意欲も含まれています。そうすることで、あなたのコンフリクト・マネジメントのレパートリーは常に広がっていきます。

本書で紹介しているコンフリクト・マネジメントのための7つの戦略のうち、6つは特定の状況に対応した戦略です。しかし、状況が特定できない曖昧なコンフリクトもあります。実践を積んでいくことで、複数の戦略を巧みに組み合わせ、そうした状況にも対応できるようになります。

当事者間で、共有できる重要な目的と競合する目的の両方を含むコンフリクトの状況を研究する科学者たちは、状況対応のハイブリッドを特定しました。これには以下のようなものがあります。

- **不測の事態のための暫定的判断戦略**……これは、状況とタイミングに応じて、強硬戦略と統合的なWin-Win戦略の両方を用いる戦略です。しかし、競合的な戦略ほどコンフリクトを拡大させ、疎外や、良くない結果をもたらすことを当事者は認識しています。
- **しっぺ返し(応報)戦略**……相手が取った戦術を模倣して相手にやり返す戦略です。これを続けていくと、最終的には当事者同士が協力して解決に向かって話し合うほうが、より良い結果になることに当事者自身が気づくことがよくあります(この戦略は、当事者が本質的に等しいパワーを持つことが条件です)。
- **陰陽戦略**……国際問題でますます使われるようになってきているの

は、1つの戦術を公に使う一方で、本質的に逆のアプローチを秘密裡に使う戦略です。たとえば、強硬で論争的立場を公に示しながら、舞台裏では共通の解決策を見出そうとする交渉を行うというものです。その逆もありえます。

- **交渉チェーン**……紛争に関与するリーダーが強硬な態度を取る必要があり、相手方と何ら接触を持つことが許されない場合に、秘密裡の個別交渉を含む戦術です。たとえば、表面上は敵対していることになっている国家の首脳同士は強硬姿勢を見せ、相手方と何ら接触を持っていないように振る舞います。しかし、水面下では担当省庁の部下や専門家たちが交渉を進めているようなケースです。なぜなら、交渉の失敗が許されない場合、何らかの落ち度が表沙汰になっても、双方のトップはそんなことは知らなかったと言える状況にしておけるからです。

- **内部分裂戦略**……政治と交渉の世界では、党路線のように、コンフリクトの当事者集団のポジション（主張）が1つにまとまっているほうが交渉に成功すると言い伝えられています。しかし、研究によれば、集団内にタカ派とハト派、強硬派と穏健派というように、見解を異にするグループが存在するほうが、交渉において良好な成績を収めることが示されています。なぜなら、強硬派は交渉で要求を突きつけ、柔軟性のある穏健派は当事者双方のニーズに対応した統合的な解決策を模索しているからです。これにより、バランスの取れたアプローチと最適なソリューションが得られます。

- **短期／長期戦略**……大胆な交渉者によって試みられるもう1つのアプローチは、典型的なけんか腰で交渉が始まったら、協調的で柔軟な態度で取り組むというものです。しかし、このアプローチでうまくいかないなら、最終的には強硬戦術に訴える方法です。これには、統合的交渉における高いレベルのスキルが必要です。

こうした戦略は、コンフリクトに対応する機敏さとスキルが向上する

につれて、あなたが採用できるハイブリッド戦略の一部にすぎません。ミディエーション研究の第一人者のバルーク・ブッシュは、コンフリクトは「人間に与えられた特別な試練」であり、自分自身や他人について学ぶ絶好の機会を提供してくれるものと述べています。[21]

　素晴らしいことに、私たちの生活にはコンフリクトが蔓延しています。そのため、私たちは戦略と戦術を実践できる数え切れないチャンスがあるのです。

9 │ 効果的な状況対応のまとめ

　この戦略はその本質から多くのコンフリクト状況に対応できます。本書では恩情ある責任状況、指令・監督状況、協調的依存状況、不幸な忍耐状況、独立状況、パートナーシップ状況、敵陣状況を紹介しましたが、これらの状況は時間の経過とともに変化していきます。そうした文脈でも役に立ちます。

戦略

　状況を正確に読み取り、状況に適した方法で、7つの戦略（仁愛、サポート、支配、譲歩、自立、協調、競合、そして場合によってはプチ革命）を用いること。状況が変化するにつれて、戦略と戦術を変えることができるようになるでしょう。

戦術

　①状況に合わせて戦略を変更せよ

　②現状維持を打破せよ

　③全体像を見極めよう

　④建設的な明日に向かって、今日は状況に合わせよう

　⑤シャトル外交を実践せよ

⑥多くの人々の状況対応の知恵を取り込もう

⑦ボトムラインを忘れずに軽やかに歩もう

⑧全体の利益に焦点を当てて、直接的方法と間接的方法を組み合わせよう

⑨状況対応力向上のためのチームを作ろう

⑩新しい状況対応ハイブリッド戦略を創造しよう

スキル習得チェックリスト

　すでに身につけたスキルをチェックします。成功するために身につけたい、より効果的なスキルについて信頼している人物と話し合いましょう。

☐ **私は柔軟です。** 状況についての考え方やさまざまな社会的状況に対するアプローチを変更することができます。自分の考えにとらわれたり、関係性に固執することはめったにありません。

☐ **私は集中力を維持できます。** 正しいか、賢いか、上位に立ちたいという気持ちにとらわれることなく、目的を見失うことなく自分を律することができます。

☐ **物事の肯定的な面を見ることができます。** 私の特技の1つは、不快な状況ややっかいなコンフリクトの最中でも、意図的に価値を探すことです。私は否定的な気持ちを乗り越えて、先を考えることができます。

☐ **感情をうまくコントロールできます。** 自分自身を落ち着かせ、自分の感情に向き合い、敵意の増幅を抑え、感情を乗り越えて話し合うことができます。その結果、ストレスに過剰反応したり、コンフリクトを悪化させたりすることはありません。

☐ **私は、多様な人々で構成される信頼できる助言者グループを作る能力があります。**仕事の技術的な課題だけでなく、難しい人々や状況にどのように対処するかについても、助言や知恵を求めることができます。1人か2人の限られた情報には頼りません。チーム、組織、または私にとって良いことであれば、特に好きでもない人たちからもアドバイスを求めることができます。

☐ **会議と会議の合間に出来事を振り返ります。**相手との交渉や、やり取りの前後に自分の行動をよく考える時間を取ります。それによって、計画を立て、戦略を立て、困難なコンフリクトに適用する戦術を選ぶことができます。また、成功と失敗から学ぶ内省力が私にはあります。

☐ **いろいろな視点を理解することができます。**どのような対立であれ、自分の見解にとらわれて、代替案を考えられないようなことは決してありません。相手に対して心を開くことを意図的に選択できます。

☐ **必要に応じて、交互に態度を変えることができます。**目的達成のために、非常に独立的にもなれるし、非常に相互依存的にもなれます。私には場の空気の変化を見極めて行動を切り替える能力があります。

☐ **私は、ある状況では非常に協調的であり、他の状況では非常に競合的であることができます。**変化する文脈を読み取ることができます。

☐ **自分がどういう人物であり、どんな信念を持っているかを自覚しています。**状況に合わせる能力と意志には限界があります。私は、一貫した価値観、原則、倫理観を持ち、コンフリクトに適応する能力の限界を理解しています。私は誠実です。

話し合ってみよう！

　コンフリクト時のリーダーシップスキルの向上のために、信頼できる人物と以下の質問について話し合ってください。職場における複雑なコンフリクトや進行中のコンフリクトについて考え、以下について話し合いましょう。

- この状況において正式な権力があるのは誰ですか。言い換えれば、誰が肩書に基づく権限を担っているのでしょうか。このコンフリクトの解決に対して、正式な権限に加えて、私はどのような非公式のパワーを持っているのでしょうか。
- このコンフリクトの経緯を見てみましょう。各担当者またはグループの主要なインタレストは何ですか。組織にとって何が最善ですか。それは、関与するグループまたは個人にとって異なりますか。この対立をできるだけ協調的に捉えるにはどうすればよいのでしょうか。状況はどのように変化しているのでしょうか。コンフリクトの進行に伴い、権力、関心、物事の順番は、どのように変化してきたのか、そして、近い将来どのように変化する可能性が高いのでしょうか。
- どのような結果を得たいのでしょうか。7つの戦略（あるいは、その組合せ）のうち、現時点で私が望む結果をもたらす可能性が最も高いのはどれでしょうか。

Chapter **10**
道義的反乱

> **目的に向かって努力する……**
> • 権力者に要求を突きつける
> • 倫理、モラル、公平さに最大限の価値を置く
> • 権力者に本年を語るリスクを取る
> • 組織変革のために人々と団結し、上層部や要人からの権威を借りる

道義的反乱

意見が合わないときは「対抗」

この戦略は、極端な不正、不道徳がはびこる非常にブラックな職場で、使われやすいものです。道義的反乱の能力としては、①高い倫理観、②非暴力戦術の習得、③難しいコンフリクトに対する忍耐力、④適切な自己主張（アサーティブネス）を必要とします。

状況	人間関係の維持	双方の目的共有度	相手に対する自分の権力
我慢できないほどの不幸な忍耐	重要	競合	弱い

1 | はじめに

　北京では、医薬品工場閉鎖の噂が広まり、労働者100人が給与未払いに怒り、「公正あるいは妥当な」賠償を求めて、米国人重役を人質に取りました。

　ギリシャでは、接着剤やタイル洗浄剤を製造していたVio.Me.社の半数のスタッフが、倒産前に自ら問題を解決しようと、環境にやさしい洗剤や柔軟剤を生産する工場に転換することに賛成票を投じました。

　北米のアパラチア地方において、貧困層に対しての育児支援プログラムを実施していたNPOがありました。そこでは職員の高給を維持しながら、ミルクの補助や障害児の言語療法などのプログラムを縮小し、予算削減をしました。そのとき、1人の職員が警鐘を鳴らし、解雇されました。

　1980年代半ばにアップル・コンピュータを追放されたスティーブ・ジョブズは、1997年にカリフォルニア州パロアルト市での取締役会で最後通告をしました。現在、経営悪化しつつある会社の再建を彼が引き受けるのであれば、すべての役員は辞任しなければならないというものでした。取締役たちは、そのとおりにしました。

　劇作家のジョージ・バーナード・ショーは、「合理的な人間は世界に適応する。非合理的な人間は世界を自分に適応させようとしつこく努力する。それゆえ、すべての進歩は非合理的な人間にかかっている」と語りました。だから、非合理的になりましょう。

　本章では、状況対応ではうまく乗り越えられない状況について考えたいと思います。それは状況に合わせる戦略がかえって、倫理的、道徳的、法的および現実的にも不可能、あるいは間違っている場合です。稀なケースかもしれませんが、そんなとき、従業員、マネジャー、経営幹部や他のリーダーが何ができるかを解説していきます。

　また、コンフリクトのゲーム構造を変えるための代替戦略を説明し、ゲームの変化が起こりやすくなるための条件を提示します。

2つの物語をお話しします。1つは悲劇です。もう1つには希望があります。どちらの物語にも道義的反乱の状態が示されています。

　2010年4月20日の午後9時47分に海底石油掘削施設（ディープウォーター・ホライズン）が爆発しました。メキシコ湾原油流出事故のことです。

　事故の前日に、ブリティッシュ・ペトロリアム（BP社）では、マネジャーと技術者との間で安全に関するミーティングが行われました。双方は激しく対立し、採掘施設担当のBP社のマネジャーが地位を笠に着て、意見を押し通しました。

　爆発から最後に逃れた従業員のマイク・ウィリアムスは、BP社のマネジャーが掘削ペースの速度を上げるように指示した、と報道番組の『60ミニッツ』[1]で語りました。

　採掘を請け負っているトランスオーシャン社のマネジャーは、安全マニュアルの手順に従って原油の採掘井戸を閉鎖する方法を説明していました。そのとき、BP社のマネジャーが横槍を入れてきたのです。

　「私はBP社の社員の横に座っていました。そこで、BP社のマネジャーは立ち上がり、『君らの言うことは私の手順とは違う。われわれのやり方でやるんだ』と言ったのです」とウィリアムスは証言しました。

　ミーティングの参加者であった整備士ダグラス・ブラウンも同様の話をしました。ブラウンは、連邦捜査当局に対し、爆発当日の昼頃にBP社の「社の人間」とトランスオーシャン社の従業員3名との間に、「意見の相違」と「小さな衝突」があったと語りました。

　BP社の人は、「これがすべきやり方だ」と基本的に言っており、トランスオーシャン社の石油採掘現場の労働者は、「不本意ながらも合意した」のでした。[2]

　安全上の懸念があるにもかかわらず、現場で最高の地位にあるマネジャーは危険な行動を命じ、部下は従いました。

　これを権力の濫用と呼ぶか、権力に対抗することへの失敗と呼ぶか、

どちらにせよ、死者11名、負傷者17名、そして、1億7600万ガロン（80万キロリットル）の石油がメキシコ湾に流出する事故が起きてしまったのです。[3]

1966年、マービン・ミラーがメジャーリーグ・ベースボール選手会（MLBPA）の会長に選出される前は、球団のオーナーが資金と選手のキャリアを管理しており、選手は文句を言うことはありませんでした。メジャーリーグでは、富は権力の源泉で、みんなに十分に行き渡るものではありませんでした。

しかし、ミラーは権力とお金を別の角度から見ていました。彼は、みんなが権力とお金の両方をより多く手に入れる方法があると考えました。選手がより多くを手に入れれば、オーナーも、より多くを手に入れられると考えていたのです。

当時、メジャーリーグには球団に保留制度があり、選手は球団移籍の自由を制限されていました。それが選手の給与を低く抑え、キャリア形成に何の権利も持てない原因だということをミラーは選手たちに確信させました。

1974年、ミラーはアンディ・メッサースミス投手とデーブ・マクナリー投手に契約書にサインをしないままで1年間プレーするように説得しました。同年末には両選手が大リーグ側（MLB）に苦情の申し立てをするようにさせました。仲裁を経て、2人の選手は球団に対するすべての法的義務を免除されました。これがフリーエージェント制度の始まりです。

ミラーは、メジャーリーグ野球選手会の会長を務めた17年間（1966〜83年）に、選手会を弱体組織から米国で最強の労働組合に転換させ、平均的な選手の給与を12倍以上に（年間1万9000ドルから24万1000ドルへ）引き上げることに成功しました。

ミラーのビジョンとリーダーシップは、球団オーナーを含むメジャーリーグ全体の富を増大させました。メジャーリーグを大規模なエンター

テインメント産業へ進化させたのです。そして、低賃金の選手を多くの
ファンと収入をもたらすスタープレイヤーに変えたのです。

　メジャーリーグのコミッショナーのボウイ・クーン氏は、「権力の固
定理論」[A] に基づくマインドセットにとらわれ、フリーエージェント制
度がメジャーリーグを倒産させると考えていました。

　しかし、フリーエージェント制度導入後は、年間70億ドルの事業と
なりました。ミラーは野球界のビジネスモデルとゲームの構造を変えま
した。それによって、球団オーナーは自分たちがリーダーシップを取る
よりも、はるかに多くの利益を上げられるようになりました。そして、
それは選手たちも同様でした。

　多くの経営者層は「反乱」や「革命」といった言葉を恐れているので、
まず、私たちの用語を定義することから始めましょう。

　反乱には、英語では、軽微な抗議から全面的な動乱までのさまざまな
意味があります。本書では、反乱とは、「コンフリクトに非調和的な方
法あるいは破壊的な方法で対応する積極的あるいは慎重な選択」と定義
します。これは、コンフリクトのゲームのルールに挑戦する直接的な試
みです。

　革命は異なります。それは、比較的短期間で起こる権力や組織構造の
根本的な変化と関係しています。

　ほとんどの選挙は、たとえ権力の交代を伴うとしても、革命ではあり
ません。なぜなら、選挙には長い時間がかかり、それに伴う変化が根本
的なものであることは稀だからです。

　スティーブ・ジョブズが1997年にアップル社のCEOへ復帰したこと
は、同社の権力、人事、方針を突然に抜本的に変えたため、革命的と見
なすことができます。

A　権力の固定理論（fixed-pie theory）とは、権力や権限を限られたリソースとして捉え、一
　　方が何かを得れば、他方は何かを失うというWin-Loseの視点。第1章を参照のこと。

私たちにとって、反乱とは、コンフリクトに乱暴な方法で対処する選択を意味します。それは、権力関係や構造に革命的な変化をもたらすかもしれないし、もたらさないかもしれません。反乱と革命はどちらも、関係するすべての人々（たいていは権力者）に不安やストレスを生じさせる傾向があります。なぜなら、それらは現状の均衡を崩し、深刻な結果をもたらす可能性があるからです。

反乱と革命という手段は、思慮深く、戦略的な検討の後にタイミングを見計らって使用されるべきです。それにもかかわらず、どちらの方法も職業人生のどこかの時点で必要になるかもしれません。ですから、反乱を「小さな最終兵器」、革命を「大きな最終兵器」という2つの選択肢と考えて、コンフリクト解決のツールとして使えるように頭に入れておきましょう。

2 ｜ 反乱の原因となるものは何か？

生まれつきの革命家もいます。

カリフォルニア大学バークレー校のフランク・サロウェイ教授は著書で、歴史的に長男・長女よりも後から生まれた子のほうが、現状に挑戦する可能性が高いと主張しています。[4]

彼の研究によれば、兄弟姉妹は出生順序によって、両親からの関心を勝ち取るための戦略が劇的に異なることを示唆しています。

サロウェイ教授によれば、年上の子どもは親や社会的な権威を身近に感じ、家庭内で相対的に特権のある地位を占める傾向にあります。そのため、彼らは社会の現状を支持します。これに対して、伝統的な家族の序列で相対的に不利な年下の子どもたちは、それに反抗することが多く、その後の人生では反体制的になる傾向があります。社会ではなく家族が、歴史的変化を引き起こす大きな革命の萌芽を育成する場であることを示唆する証拠を提供しています。

それにもかかわらず、職場でのコンフリクトで革命が起きる主たる原因は、上司や会社の違法性のある行為であることがわかっています。正統なリーダーと安定した階層構造では、権力がある者がリードし、権力が弱い者が従う協力関係が構築されています。[5] しかし、権力が弱い人々がリーダーは法を犯している、コンプライアンス違反していると見なす場合、リーダーからの指示が受け入れられる可能性が低くなります。また、権力が弱い人々が状況を一方的に変えようとする可能性が高まります。

　違法性は、不安定さと変化の発端になります。権力の弱い人はコンフリクトを通じて得られるだろう利益に関心を持ち始めるでしょう。反対に、権力の強い者は損失を回避するために、焦点をシフトさせるかもしれません。[6]

　IT業界において、かつてはトップクラスで機能していたが現在は生産性の低下とコンフリクトに直面している会社の研究開発チームに、あなたがコンサルタントとして呼ばれたと仮定してみましょう。

　最初の調査で、チームは長年にわたって非常に有能だが横暴なチームリーダーによって運営されてきたことがわかりました。そのリーダーは普段からチームのメンバーやスタッフを厳しく叱責し、あからさまに部下の面子を失わせるような態度を取っていました。

　これは、チームにとって、そしてある程度、IT業界にとって「当たり前」でした。この研究開発チームは、社内でも非常に優秀なチームとして定評があったので、IT業界では長年にわたって、こうしたリーダーシップが疑問に思われなかったのです。そのため、これがこのチームの習慣となっていました。

　そして、事件が起こりました。

　インターンの1人が、チームリーダーからセクシャル・ハラスメントを受けたと報告しました。その後、この類いの行動が何年も続いていることが明らかになりました。ハラスメントを受けていた女性たちは、大きな恐怖心とチーム内での地位を失うことが不安で、公に非難すること

ができませんでした。しかし、一度インターンの告発が公になると、すべてが変わりました。

　より上位の管理職がチームリーダーを非難し、メンバーたちはリーダーの横暴な振る舞いを受け入れなくなり、会議ではリーダーの行動を非難し始めたのです。チームミーティングでは論争が多くなり、生産性は急激に低下しました。

　この会社の出来事を理解する方法は数多くあります。しかし、心理的な観点からいえば、横暴なリーダーはチームが正当と認識する閾値を超えてしまったのです。それまではチーム全体が、通常ではブラックとされるような職場の規範と空気に慣れ親しんでいました。そこでは権力の濫用と恐怖は普通のことだったのです。

　しかし、若いインターンに対する逸脱行為（セクハラ）は、その職場での「普通」という境界線を越え、チーム全体を不安定にし、チームが空中分解してしまいました。

　相対的剥奪に関する研究は、革命をもたらす別の条件を示唆しています。

　相対的剥奪とは、人々が（現実に）所有しているものと権利として所有すべきものとの間に認識されたギャップと定義されます。周囲の状況と比較し、他よりも自分が満たされていないことを自覚したときに感じる不満のことを指します。一般に、個人や集団間のコンフリクトや暴力の主要な原因の1つと考えられています。[7]

　集団のメンバー全体が受けるに値するものを剥奪されていると感じているとき、とりわけ、資源への正当なアクセスの手段が限られる場合、メンバーは、より過激な方法を選択する可能性が非常に高まります。[8]

　反乱に影響を及ぼしうる国家や組織の文化的側面は、オランダの社会心理学者ヘールト・ホフステードが名づけた権力格差（power distance）という概念と関係しています。権力格差とは、より権力の弱い人々が、それぞれの組織や文化の中でどれだけ権力の不平等を受け入れているかの程度のことです。それは、国家または組織が不平等を受け

入れている全体的な指標でもあります。権力の格差指数は、以下のとおりです（指数が100点に近いほど、権力の不平等を受容している）。

アラブ諸国　80

日本　54

米国　40

オーストリア　11

権力格差が低い国で働く従業員は、権力者の行動に対する危惧を表明し、彼らの逸脱行動を正すように発言する傾向があることがわかっています。[9]

3 ｜ 自己診断——あなたは生まれつきの反乱者ですか

以下の質問は、あなたが「反乱」することに違和感がないかを理解することに役立つでしょう。文章を読んで、あなたの答えに近い数字を記入してください。

1＝非常に反対　　2＝反対　　3＝中立

4＝賛成　　　　5＝非常に賛成

1　私にはチャンスを認識する能力があります。☐

2　もし私がこれを正しいと信じるならば、私の行動を止められるものはありません。☐

3　気に入らないことがあれば、私は必ず解決策を見つけます。☐

4　私は権力者に向かって恐れずに、真実を語ることができ☐

ます。

5 私はいつでも準備ができています。 □

6 人生を改善するための革新的な方法を、私は常に模索し □
ています。

7 人々に考えてもらうために、私は会話を始めます。 □

8 私は他人に先んじて良いチャンスに気づきます。 □

9 私はいつも物事の改善方法を探しています。 □

10 私は細部に注意します。 □

11 可能性がどうであろうと、私はそれを信じ、実現させる □
つもりです。

12 どこであろうと、私は建設的な変化に大きな影響を与え □
てきました。

13 人々の注目を引くことを私は気にしません。 □

14 自分のアイディアを実現することほど、ワクワクするこ □
とはありません。

15 他人に妨害されても、私は先頭に立って自分の考えを主 □
張することが大好きです。

〈採点〉

　記入した数字を合計し、表を参照してください。高得点であれば、
あなたはこの戦略を使いすぎている可能性があります。しかし、得
点が低くても心配の種になることもあります。

得点	意味	自分に問いかけてみましょう
40点未満	あなたが反乱を起こすことは、めったにありません	この戦略が環境に合っていないのか、それとも、あなたがこれを使おうとしていないのでしょうか
40〜49点	この戦略に魅かれています	適切な状況で十分に使っていますか
50〜59点	かなりこの戦略を使っています	不適切な状況で使いすぎていませんか
60点以上	ほとんどの場合、この戦略を使っています	反乱戦略を使いすぎている可能性があります。適切な状況で効果的に使っていますか。他のスキルを使ったほうがよいと判断する能力を高める必要がありますか

4 | 組織診断──あなたの組織は反乱を必要としますか

　あなたは反乱を必要とする職場環境にいるのかを測定してみましょう。以下の質問に回答してください。

　　1＝非常に反対　　2＝反対　　3＝中立
　　4＝賛成　　　　　5＝非常に賛成

1　一般的に、私は職場について否定的な見解を持っています。　□

2　職場では、経営陣の意思決定に異議を唱えることが、非常にはばかられます。　□

3　職場では、管理職は部下を扱う際に、職権を強制的に使うのが習慣になっています。　□

4　私の職場は、倫理的とはいえません。☐

5　従業員が懸念を表明する正当な場が私の組織にはないと感じます。☐

6　職場では、管理職は部下と話し合うことなく、ほとんどの決断を下すことが求められています。☐

7　私は不誠実な職場で働いていると思います。☐

8　私の職場は、政府の規制に従わないことがよくあると考えられます。☐

9　私が勤務する組織では、管理職が部下に意見を求めることはめったにありません。☐

10　職場の上司たちは、規則や方針をほとんど無視していると思います。☐

11　特定の民族グループがひいきされている職場だと私は感じます。☐

12　私の職場は、とても不公平です。☐

13　職場では、上司が部下に責任ある重要な仕事を任せてくれることは、ほとんどありません。☐

14　汚職が私の組織に広がっています。☐

15　全体として、私の組織では良い点より、問題点のほうが上回っています。☐

〈採点〉

　回答を合計してください。15点から75点の間になります。数字が高ければ高いほど、「反乱戦略」を取る必要がある組織といえます。次に、自己診断の点数と組織診断の点数を比較してください。

自己診断	点
組織診断	点

　一般的に、両方の点数が近いほど、あなたは適切な判断力を持ってこの戦略を用いているといえます。もちろん、さまざまなコンフリクトの状況のニュアンスに応じて、いつ、誰に、この戦略を使うかを判断する必要があります。

5 ｜ 職場で反乱を起こすべき6つの理由

　結果にかかわらず、現状に異議を申し立てるような方法で、上司に対して意図的に論争する理由は数多くあります。以下は、その理由の中でも非常に明白な根拠となるものです。

①**詐欺または不正を行っている人がいる**……あなたは、上司や目上の人がごまかしたり、法律を破ったりした十分な証拠を繰り返し見てきました。上司の言うことが信じられなくなってきました。それは、もはや例外的なことではなくなっています。

②**あなたや他の従業員に何らかのハラスメントをしている人がいる**……職場において尊厳や敬意といった基本的な人権に反するような処遇がなされていることをあなたは知っています。不利な立場に置かれたメンバーを利用する上司たちの事例をあなたは繰り返し見てきました。

③**不必要に労働者や消費者を損害の危険にさらす**……あなたや他の従業員が、合意された業務範囲を超える危険な状況に置かれている事

例を何度も見聞きしてきました。

④**苦情を表明する公正な機会が職場にない**……会社の方針、慣行、労働条件について正当な懸念があるときに、労働基準局、オンブズマン[B]や調停センターなどで問題を共有し、タイムリーに対応してもらえる適切な場がありません。

⑤**違法または不道徳な活動を奨励する職場である**……上司の法律違反を目撃したことはありませんが、従業員に不道徳な行為や違法行為をさせていることは明らかです。

⑥**不正行為を隠し、黙っていることを従業員に要求する**……会社は、情報を隠蔽したり破棄したりすることによって、評判を守ったり、監督機関の懲罰的措置から逃れようと、常識をはるかに超えたことをしています。

言い換えれば、これらの状況は、適切に対応することが適切でないと感じる状況なのです。

6 | 反乱を誤って使ったらどうなるか

私たちは誰もが、何の原因もないのに反乱者になった同僚の話を知っています。生まれつきの反乱者とは、いつも職場に対して（ときには人生についても）批判的で、不満を抱いているものです。

このような性格の人でも、職場で重要な役割を果たすことができます。彼らは悪魔の代弁者となり、意思決定プロセスをチェックする役割をします。しかし、破壊的な力になってしまいがちです。

B　オンブズマンは、スウェーデン語で「代理人」を意味する。行政機関による国民の権利と利益の侵害に対する調査および救済の勧告を諮る第三者機関で、北欧などでは制度化されている。日本では民間団体が中心となり、官官接待やカラ出張の追及などで名を上げた。

筆者の大学のトーマス教授は、この症状に苦しみ、その苦しみを共有してくれました。10年前、彼はコロンビア大学の権威ある研究所で上級管理職を務めました。しかしながら、同研究所の知名度を上げるために新しいカリスマ所長が招聘され、所長は人員を整理し、トーマスの役職を別の人に交代させました。

　この交代は彼にとっては屈辱的で不当な扱いに思われましたが、まだコロンビア大学の教授陣のメンバーではあったので、状況を甘受し、辞職するところまでには至りませんでした。

　トーマスの苦々しい気持ちはみんなに伝わりました。教授会や各委員会の会議で、彼は非常に批判的になりました。彼はよく教授陣の前で未決事案について多くの懸念を提起しました。彼の分析はだいたい正しいのですが、皮肉いっぱいで研究所のリーダーシップを明らかに軽蔑しているため、彼の意見には通常関心は払われず、完全に無視されたりもしました。

　上層部の失敗を明らかにし、自らの能力をひけらかそうとするトーマスの絶え間ない取組みに賛同する教授陣はなく、かえってトーマス自身を孤立させることになりました。彼は味方のいない反乱者だったのです。

7 ｜ 効果的な反乱の実践はどのようなものか

　職場のコンフリクトで反乱を選ぶ場合、慎重に検討し、戦略[C]を練る

C　幸いなことに、コミュニティの組織化と政治的アクティビズムの世界は、この戦略を真剣に考えた。以下の古典的な著作は、このアプローチを多くの戦術に分けて説明している。ソウル・アリンスキーの『市民運動の組織論 (Reveille for Radicals)』、ジーン・シャープの *The Politics of Nonviolent Action, Part2*、リンク・センの *Stir It Up*、モートン・ドイッチの *A Framework for Thinking About Oppression and Its Change* など。これらの著作物で説明されている方法の多くは、組織またはさまざまな産業にかかわるコンフリクトにおいて有効である。

べきです。本書で取り上げたすべての戦略のうち、この戦略は最も危険で、深刻な波及効果をもたらすものです。

　管理職のほとんどは、逸脱と反抗的態度に難色を示し、たいていの組織は混乱よりも秩序を好みます。ゆえに、職場で反乱を起こすことは犠牲が伴いそうです。特にあなたの職位が低い場合は。以下に、職場に関連する戦術をさらに詳しく述べます。

8 ｜ 反乱と革命のための10の戦術

①説得戦術1：相手の利益に訴えろ

　職場で道徳的、倫理的、法的な壁にぶつかった場合、まずは各関係者の利益に訴えるべきです。彼らは、自分たちが求めていることの意味合いに無自覚かもしれません。そこで、彼らの立場や要求に疑問を投げかけ、彼らにとっての潜在的な代償と波及効果という点を考えてもらいましょう。そのうえで、彼らの本気度に探りを入れましょう。

　これはまた、彼らの提案に対して自分が不快感を持っていることを知らせることにもなります。面目を失わせずに、彼らに要求を静かに撤回してもらう方法でもあります。

　農薬を輸入した小企業の営業担当者が、気づかずに不良品100万ガロン（約380万リットル）以上を大手流通業者に売っていたことを知ったとき、彼は上司のもとに行きました。

　営業担当者が語ったことによると、「上司は、最初は放置しておくべきだと言いました。『サプライチェーンはとても長い。中国の複数の生産者から当社へ、そして米国の複数の流通業者、各地域の複数の流通業者、そして多くの農家に至るまで、サプライチェーンは非常に長い。だから、責任回避できるし、責任を広く浅く拡げればいいんだ』と言ったのです」

しかし、営業担当者は上司に強く反対しました。

「それはギャンブルです。もしあなたが負けたら、私たちは他の製品も販売することはできなくなるでしょう」

「この製品を回収するには何百万ドルもの費用がかかる」と上司は警告しました。

「そのとおりでしょう。しかし、もしそうしなければ、長期的にはもっとコストがかかるでしょう。失った信頼を取り戻せることはないでしょう」

やがて営業担当者は上司に、倫理を別にしても、わが社はすべての卸売り業者、農家に対して、問題を解決する責任があり、さもなければ事業の存続の危機に陥ることを説得したのです。

心臓に毛が生えた現実主義者の上司は、不本意ながら同意しました。

もし、あなたの上司がこの戦略を受け入れない場合は、「説得戦術2」に進んでください。

②説得戦術2：道徳的な価値に対してアピールせよ

大半の人は、ポジティブな自己イメージを好み、自分のことを本質的に善人と信じています。

自分の行動が自身の肯定的なイメージと矛盾している事実に気づいたときに感じる不協和音を私たちは嫌います。特に、陳腐で卑劣な意図や行動を合理化しようとするコンフリクトの文脈において、人々のより公正で謙虚で道徳的な側面を強調することは、不協和音のギャップを際立たせることに役立ちます。

2013年4月24日、バングラデシュで、8階建てのラナプラザが倒壊し1000人以上が死亡しました。その大半は中にある縫製工場で働く若い女性たちでした。[10]

地球の裏側では、ダレンは衣料輸入会社のマネジャーとして勤務して

いました。この会社は小規模な会社で、ベネトン、ウォルマート、ボンマルシェのような大企業が直面するメディアからの追求を受けることはまずありえませんでした。

ダレンは会社のリベラル派であることをネタにからかわれていたので、同僚と語り合えば、終わりのない議論になることを予想しました。そこで彼は数日待ち、CEOが出席した経営会議で懸案事項を冷静に提起しました。最も効果的なタイミングを見計らっていたのです。

「バングラデシュで行っている事業を見た人はいますか。ラナプラザと何か関連がありますか」とダレンは尋ねました。

品質管理者は、彼にラナプラザとは関係がないことを保証しました。

「ああ、良かった。報道発表を心配する必要はありません。しかし、ニュースによれば、バングラデシュの環境では、もう一度そのような事件が起こりそうだとのことです。サプライヤーが責任を持って行動できるよう、あるいはバングラデシュから完全に撤退できるよう、さらなる措置を講じる計画は？」

CEOは静かに耳を傾けて座っていました。

品質・サプライチェーン担当マネジャーは、企業の社会的責任監査（social audit）[D] を行っていない工場との契約はしないよう細心の注意を払っていると説明しました。

「ありがとうございました。サプライヤーを注意深く監視しなければ、私たちは知らないうちに本質的な共犯者になりかねないのです」とダレンは述べました。

最後にCEOが語りました。

「取引相手をもっとよく見てほしい。世界の反対側にある工場労働者

D　社会的責任監査とは、企業の社会的責任（CSR）の実施状況を監査することである。社会的責任監査は企業が社会と環境に与える影響を評価するために、当該企業の慈善活動、ボランティア活動、エネルギー消費、透明性、労働環境、給与および福利厚生を監査する。この監査の実施と結果の公表は任意である（www.investopedia.com より）。

の命は、この経営会議に参加している人たちと同じくらい大切にしてもらいたいと思います」

　もちろん、誰もがこのCEOほどオープンマインドというわけではありません。場合によっては、この戦術は、当事者を怒らせたり、防御的にさせたりするにすぎないかもしれません。

　相手はあなたが状況を操作し、独善的であると感じたり、彼らの行動を否定的に誇張していると感じたりするでしょう。この場合、③に進みます。

③ただNOと言う

　あなた自身が正当化できないような形でコンフリクトに対処するように指示されたとします。しかし、あなたはその対処方法にはリスクがあると感じ、説得しようとしても無視された場合、ただ単に拒否することが最善です。

　もし、要求されていることが違法、不道徳、あるいは非倫理的であれば、あなたは渋々従うことを拒否し、その後に沈黙しましょう。すると、論争相手は自分たちの要求を引っ込めたり、再検討しなければならないと不安になったり、おびえたりします。

　営業担当者が顧客に嘘をつくように依頼されたり、会計担当者がスプレッドシートに虚偽の数字を入力するように命令されたり、研究所の技術者がデータを改ざんするように言われたり、官僚が公文書の一部を削除するように命じられたり、製造部門の社員が安全規則を無視するように指示されたりした、と想像してみてください。

　これらのケースにおいて、シンプルに「NO」と断固として表明することは、自分自身や関係者を危険にさらしているというメッセージを権力者に送ることになります。

④大きい声でNOと言う

　NOと言っても効果がないときは、ボリュームを上げて周囲に知らせるときです。

　もし、あなたが相手の主張を自力で揺さぶることができないなら、応援してくれる人を連れてきましょう。友人や同僚とコンフリクトについて話し合い、相談し、彼らの助言を得ることによって、現場から始めることができます。あなたの大義のために同僚を集めることさえ可能かもしれません。何かを実現するために、他の人を危険にさらさなければならないことが起きているなら、組織内部で警鐘を鳴らすタイミングかもしれません。

　これは、あなたの上司に話してみることでもあり、もし上司がコンフリクトの相手であれば、その上の上司に必然的に話を持っていくことになります。あるいは、もしあなたの組織にコンフリクト解決のメカニズムがあるならば、オンブズマン、あるいは人事部の組織的に中立で助言可能な担当者と話し合う必要もあるでしょう。

　この段階で肝心なことは、組織内の人々を動員して正しい行動を取らせ、コンフリクトを終結させることです。この戦術は、官僚的な組織ほど機能する傾向がありますが、内部通報を奨励する正式なシステムが存在する場合に限られます。[11]

　一般的に、内部告発者として、苦情や反乱行為を孤立して表明することは、無視されるか、単純に握りつぶされることが少なくありません。ですから、長期にわたって繰り返し行動を起こすための準備を整えるべきです。証拠を集め、自分自身への信頼を確立させておくことは、成功の可能性を高めます。また、正式な苦情処理ルートがほとんど機能しないときのために、常に代替案を用意する必要があります。[12]

　トーヤは郊外の病院で看護師として勤務していました。彼女のユニットの事務員メレディスは、このユニットのサービスを調整する役割を担っていました。メレディスは用務員と看護師に、患者のトイレ介助、薬

物療法やその他の必要な介助を行うように伝えていました。このユニットの主なコンフリクトは、メレディス自身でした。彼女はいじめの加害者だったのです。

メレディスがターゲットを決めたら、彼女はその人の仕事を増やして疲労困憊させ、厳しく批判し、バカにして笑う対象にします。ユニットマネジャーは意気地なしでした。好意的で協調的な人物ですが、メレディスを恐れていました。

ときどきマネジャーは、メレディスと「彼女のやり方」について話すつもりだと言いますが、成果を出したことはありません。

メレディスのいじめがトーヤに向かうようになったとき、トーヤは立ち向かう自信がありませんでした。トーヤはコンフリクトが大嫌いでした。彼女はメレディスを軽くなだめる感じで避けようとしましたが、事態を悪化させただけでした。

トーヤが自分の好きな仕事を辞めようと思っていたとき、友人がアドバイスをくれました。「メレディスの行動は意地悪なだけではない、非倫理的だ。倫理・コンプライアンス部門に相談に行くべきだ」と友人は言いました。

トーヤはタフではなくても、正直であらねばなりませんでした。倫理・コンプライアンス部門と何度もミーティングを重ね、文書作成を繰り返した後、ユニットマネジャーはトーヤに、メレディスを別の部門に異動させるつもりだとおじけづいたまま伝えました。しかし、他部門のユニットマネジャーは意気地なしではありませんでした。2週間後、メレディスは人事部から解雇を通達する電話を受けました。

⑤ NOを拡散する

ステップ①～④の戦術がうまくいかない場合、外部から警鐘を鳴らすことを考えるときです。これは大きな問題であり、たとえそれがどのように行われても、あなたや関係者にとってより深刻でマイナスの結果をもたらす可能性は低くはありません。

インディアナ州立大学とオハイオ州立大学の学生は、効果的な内部告発に資する条件の概要をまとめ、[13)] 以下のような場合に内部告発が成功する可能性が高いと結論づけました。

- 不正を行った者とは対照的に、通報者が組織内で高い信頼性や地位を有している場合
- 匿名性を放棄し、手続きの最初に自ら名乗り出る場合
- 苦情相談の担当者が十分な対応力や信頼性を有している場合（そして、通報者をサポートする場合）
- 組織が不正行為に大きく依存していない場合
- 不正行為の証拠に説得力があり、かつ疑いようがない違法行為である場合

　もちろん、どのような職場でも、これらの条件がすべて満たされることは稀です。しかし、リストをチェックすれば、成功の可能性は高くなります。また、早い段階で以下の要件を充足することで、あなた自身のパワーが強まります。

- 自ら名乗り出ること
- 十分な権力や権限を有する者と共同で不服を申し立てること
- 有力で明確な証拠を提示すること

　インディアナ州エルクハート郡にはピザハットのフランチャイズ店がありました。オーナーは店長のトニー・ローアに、感謝祭の祝日に開店するように言いました。
　「待ってください。今年の感謝祭のことは話し合う必要があります。祝日営業は正しいこととは思えません。私はみんなを働かせるつもりはありません」と店長は答えました。[14)] 米国では、感謝祭は家族が集まる最大の祝日なのです。

店のオーナーは、他店との競争が始まるので、店を休みにする余裕がないと言いました。店長は、「従業員を大切にし、家族と休日を過ごすことができる会社にはなれないものでしょうか」と言い返しました。すると、オーナーから辞表を書くように指示されました。

　店長は静かに辞職することを拒否し、その代わり、感謝祭の祝日に開店すべきでない理由を説明した手紙を書きました。現地のCNN系列の会社が噂を聞きつけ、店長のトニーにインタビューしました。彼は、家族と一緒に過ごす休日があるべきだとメディアに訴えました。[15]

　結局、ピザハットの本社は、フランチャイズ店のオーナーが「重大な判断ミスを犯した」ことを認め、オーナーはトニーを雇い続けることに同意したのです。[16]

⑥権力戦術1：自分自身のパワーを強める

　前述の戦術と並行して取り組めるもう1つの戦術は、自分自身のパワーを強化することによって、相手との権力関係を変えることです。

　南アフリカ共和国のロベン島の刑務所に27年間収監されていたネルソン・マンデラの行為は、権力強化戦術の素晴らしい実例です。

　ボクサーの経験を積んでいたマンデラは、毎朝警備員が囚人を起こすよりも1時間早い4時30分に目を覚まし、身体トレーニングをしていました。彼は、健康を管理維持することは、刑務所内での自分のパワーとコントロールの維持にきわめて重要であると考えました。加えて、マンデラは刑務所の規則を徹底的に学び、囚人の権利や特権、制約や限界についての完全な知識を得て、必要に応じて使えるようにしました。マンデラは、道徳性と品位を備えた自己概念を堅持し、刑務官が彼の自己イメージを傷つける行為に負けませんでした。こうしてマンデラは、悲惨な状況においても自分の身体的、法的、心理的なパワーを維持強化することができました。

⑦権力戦術2：仲間を集める

　反乱や革命においては、同盟が重要です。

　アパルトヘイトとの闘いにおいて、マンデラとアフリカ民族会議（ANC）のリーダーたちは、国際的な協会や国際社会の主要なメンバーとの関係を構築し発展させるために、相当な努力を払いました。

　国際社会のメンバーが課した経済的、法的、道徳的な圧力は、南アフリカ政府の究極の意思決定に重大な影響を与えました。結果、マンデラは刑務所から解放され、政府はANCと交渉することになったのです。この強力な同盟ネットワークがなければ、アパルトヘイトは今日でも南アフリカで存続していたかもしれません。

　この戦術の職場への応用例は、部署のメンバー数人と一緒に条件や待遇についての苦情を上司に話しに行くレベルから、大規模な人数を動員するものまで多岐にわたります。

　世界最大のスーパーマーケットチェーンであるウォルマートには労働組合がありません。しかし、労働条件改善の声を上げた労働者たちに報復した会社側に抗議するために、12州28の店舗の労働者がデモとストライキを組織しました。[17]

⑧権力戦術3：相手の力を利用せよ——柔術の実行

　著名なコミュニティ・オーガナイザーのソウル・アリンスキーは以下のように述べています。

　「持てる者（富裕層）は責任、道徳、法律、正義を守る者として公には見せかけている（責任、道徳、法律、正義は互いに関係がないことがよくあるが）。持てる者は常に自分たちの道徳やルールブックに従うように強要されている。しかし、宗教を含むいかなる組織の人々も、自分のルールブックの文言どおりの行動はできない」[18]

　言い換えれば、抑圧された人々は、抑圧する者の規則、方針、権力を利用して彼らを抑圧することができるのです。

　実際、アリンスキーは著書『市民運動の組織論（*Rules for Radicals*）』

の中で、コミュニティのメンバーが、官僚的組織の持つルールや規制を利用して、そのお役所仕事にダメージを与えるさまざまな戦術を概説しています。

たとえば、差別的な貸付慣行で告訴されている地方銀行に近隣コミュニティの住民たちが現れ、1ドルで預金口座を開設する行列を作り、その後、開設したばかりの口座を解約するために列の後ろに並び直したという事例を挙げています。同様の手法は、抗議の一形態として、空港や駅などの公共施設のトイレの使用を妨害することにも応用されました。

これらの行為はすべて組織の方針の範囲内に関することですが、組織の秩序に混乱をもたらすことができます。

ペンシルベニア州立大学が非組合員の職員に、「オンライン健康プロファイルを完成させ、予防的身体検査を受ける」ことを義務づける通達をしたところ、マシュー・ウースナー教授は異議を唱えました。[19]

ウースナー教授は、同大学の最低賃金の従業員にもそれを義務づけ、遵守しなければ、月額100ドルを給料から天引きするのは不当な強制だと思いました。さらに、男性に「毎月の精巣検査」を実行しているか、女性なら「定期的な乳房検査」を行っているかについてオンラインでの開示を義務づけることは、プライバシーの侵害にあたると感じました。

そこで教授は、全従業員に公開書簡で柔術[E]（相手の権力を利用すること）を推奨しました。彼は、従業員がオンラインにアクセスし、健康調査に偽の情報を入力するよう奨励したのです。

「たとえば、身長112cm、体重23kg（ウェブサイトで許容される最低値）で、最終コレステロール検査は生後6カ月のときに実施」と教授は指示しました。

E　アリンスキーの著書の中で柔術（Jujitsu）という言葉は、権力者の力を利用して、彼らの権力をチェックしたり、権力を弱めたりするアプローチとして紹介されている。このアプローチは、非暴力的な地域活動家によって頻繁に使われている。

オンライン調査で入力された情報の正確さについて検証方法がないことを、ウースナー教授は大学人事部にも確認しました。大学はコンプライアンスを義務づけてはいましたが、回答者がバカバカしい情報を入力したことを理由に罰することはできませんでした。

　このような抗議行動や米国内の風当たりの強い報道に対し、[20] ロドニー・エリクソン学長は、数カ月後に給料の天引きの停止と不遵守による処罰はないことを発表しました。[21]

⑨権力戦術4：組織化された非協力

　非協力の代表例の1つは市民的不服従[F] でしょう。それは非暴力的手段で、良心に基づく自覚的な違反行為です。

　今は人事問題のスペシャリストとして働くキャロルは、かつて伝統を重んじる保守的なカトリック教会系の学校に通っていました。彼女が市民的不服従に参加したのは12歳のときでした。[22]

　当時、キャロルの担任はリベラルなコステロ先生でした。コステロ先生は子どもたちにマハトマ・ガンジーとキング牧師を紹介し、主体的に物事を考えろと教えました。また、コステロ先生は生徒たちに、教師の授業のやり方やカリキュラムに影響を与える方法を教えました。

　たとえば、机の配置一つにしても、コステロ先生の教室は違いました。普通の学校のように机を直列させ、生徒たちが先生を見つめるレイアウトは、あくまで先生が生徒に講義し、解答を与えるという教授法が前提です。しかし、机を取り払い、椅子だけで円陣を組めば、生徒同士の対話が活発になります。創造的な教授法と創造的な教室のレイアウトは関

F　市民的不服従（civil disobedience）は、自分の良心に基づいて、非暴力的手段で特定の法律や命令に自覚的に違反する行為のこと。宗主国に対する独立運動の戦術としてガンジーが行い、米国で公民権運動の指導者キング牧師が取った戦術。日本では良心的兵役拒否、良心的納税拒否などの例がある。個人的になされることも、集団的になされることもある。

連しています。それを子どもたちは自然に理解していたのです。

　校長のシスター・ベルナデットは、いつもと異なる教室を見て、コステロ先生に机を並べ直し、通常のクラス運営をしなさいと警告しました。

　その夜、クラスの生徒たちは電話で連絡を取り合いました。リーダー格の生徒たちが、活動家のように、「今こそ、キング牧師からのインスピレーションに従おう！」とクラス全員を説得しました。

　翌日、クラス全員が1週間の沈黙を始めました。授業中、教師の質問にすら声を発する生徒はいませんでした。校長は「こんなバカなことはやめて言われたとおりにすることが大切だってわかったでしょう」と叱責しました。

　しかし、生徒は自分たちの主張を貫きました。そして、ベルナデット校長はついに、生徒たちとの交渉テーブルに着いたのです。

　私たちは、市民的不服従が自分の身近な組織内で起きるとは考えにくいものです。

　このような行動は、米国における公民権運動や、女性の自動車運転禁止令を無視するサウジアラビアの女性たちのように、通常、不道徳な法律に抗議するための行為と見なされます。[23] しかし、中学1年生でもできるのなら、大人の労働者でもできるし、誰でもできます。

　カナダのブリティッシュコロンビア州の州都ビクトリアの図書館員は、他の自治体労働者との給料の不公平に抗議して、延滞した本の罰金の徴収をやめました。[24]

　シアトル市のある高校の教師たちは、標準テストに協力しないと発表する記者会見を行いました。標準テストへの非協力はシアトル市全域の学校に広がりました。[25]

　非協力は、非暴力的な抗議または反乱の1つの形態です。効果的に行うためには、戦略的に実行しなければなりません。非協力戦術は、状況対応を視野に入れた全面的な作戦が展開、実施されない限り、裏目に出る可能性が非常に高いのです。

私たちの歴史には、非暴力的な抗議行動が失敗した事例もたくさんありますが、成功して社会に飛躍的進歩をもたらした抗議行動や社会運動の事例もたくさんあるのです。

⑩権力戦術5：権力の奪取

　すべての戦術が失敗した場合、直接の行動に切り換えるときが来たのかもしれません。

　それが、北京の医薬品工場での、怒った労働者が米国人幹部を人質に取った事件でした。

　ギリシャの倒産直前のVio.Me.社では、社員の半数が設備を引き継ぎ、改造して、環境にやさしい洗剤や柔軟剤の生産を始めました。

　また、スティーブ・ジョブズがアップルの取締役会において最後通牒を突きつけたことでもあります。

　もし、メキシコ湾での海底石油掘削施設のエンジニアたちが反乱を起こしたならば、何が起こったかを想像してみましょう。

　権力奪取は、明らかに最もリスクが高い戦術です。しかし、バックアップ計画がすべて失敗した場合、常に最終の最も望ましいBATNA（代替案）と考えておくべきです。

9 ｜ 道義的反乱をマスターする方法

　反乱あるいは革命は危険で、声を上げる以上の結末に至ります。反乱を行う者は、道徳と倫理的思考を必要とします。倫理違反が相当深刻な場合、非暴力の戦略と戦術の訓練が不可欠になります。

　職場における「革命家」は、時として長引く、難易度の高いレベルのコンフリクトを予測し、忍耐する必要があります。適切な自己主張と変革をもたらそうとする仲間たちとの協力もとりわけ重要です。

　これらの要素と粘り強さによって、コンフリクトは、仁愛、サポート、

支配、譲歩、自立、状況対応を使用せずに解決できることがあります。

10 ｜ 道義的反乱のまとめ

不幸な忍耐状態が耐えられなくなった状況

　この状況に置かれていると、自分の力は弱く、もはや良心の呵責に耐えられないと悟ります。そして、死さえも選ぶ人もいます。リスクや犠牲を伴うかもしれませんが、汚職、不正、不道徳を防ぐために何らかの措置を講じなければなりません。

戦略

　合法、公正、倫理や権利に沿って相手を正すために、告発すること、名誉を棄損すること、必要に応じて中傷すること。この戦略は、極端な不正や非常に心を蝕む職場環境の場合に利用される可能性が高いです。

求められる能力

- 高い道徳性、倫理観を備えていること
- 非暴力の戦略と戦術があること
- 難易度の高いレベルのコンフリクトに対する忍耐力があること
- 適切な自己主張力（アサーティブネス）が使えること

戦術

①相手の利益に訴えろ
②道徳的な価値に対してアピールせよ
③ただNOと言う
④大きい声でNOと言う
⑤NOを拡散する
⑥自分自身のパワーを強める

⑦仲間を集める

⑧相手の力を利用せよ（柔術の実行）

⑨組織化された非協力

⑩権力の奪取

スキル習得チェックリスト

すでに習得しているスキルをチェックしましょう。あなたの回答について誰かと話し合ってみましょう。

☐ **私には権力者に疑問を投げかける能力があります。** 倫理的に考慮すべきことを持ち出し、人々に考えさせるための質問を投げかけることができます。他人に公正さについて考えるように働きかける能力を持っています。

☐ **私は意識的な区別を実践しています。** 多くの状況は単純に白黒に割り切れるものではなく、灰色や複数の色合いがあることを認識し、過剰に反応しないように配慮しています。微妙な差異や複雑さを考える余裕を持つコツもわかっています。抗議に値しない不快なもの、不公平なものも世の中にはあります。

☐ **私は行動する前によく考えます。** 議論を呼び起こすような行動を取る前に、自分の行動の目的、変化をもたらす可能性が最も高い方法、そして直面しているリスクについて考えます。単に感情や正義感から反応するのではなく、有意義な目的と健全な計画を持っています。

☐ **私は信じたことを貫きます。** 徹底的に考え抜いたことなので、人に嫌がられてもぶれることはありません。何か間違っていると思うときは、タフな質問をする勇気があります。

☐ **はっきり声をあげて主張し、その後は耐えられます。** 態度を明確にするだけでなく、自分の声を自分自身で聞き、世間に発信して騒ぎを起こし、権力者に逆らった際に起こる監視や反撃に耐えることができます。

☐ **私は自分の感情を自覚し、調整し、行動することができます。** 説得するにあたって、情熱的に自己表現をすることが効果的ならば、私はそうします。状況に応じて、感情を抑制することもできます。

☐ **私は難易度の高いコンフリクトに直面しても大丈夫です。** 権力者と対立したり、個人、グループまたは組織の方針に異議を唱える際に伴う激しい感情に対応することができます。そして、私に対して激怒する人をうまく扱えます。

☐ **私は多くの支援を得ることができます。** コンフリクトが継続し、またエスカレートしたときに、助けてくれる人々にコンタクトを取る手段があります。彼らから、助言、心理的なサポート、フィードバックを得ることができます。また、抗議行動に参加してほしいと頼むこともできます。単独で行ったり、自分を孤立させたりするよりも、うまく物事が運ぶことを理解しています。

☐ **私は回復力（レジリエンス）があります。** 私は逆境から立ち直ります。挫折にうまく対処できます。私は何かを変えようとしてうまくいかないときでも、仕事や生活の他の面を楽しむことができます。

☐ **私は忍耐強いです。** 大事なことなら、あきらめません。努力し続けます。何度でもやり直します。戦う価値があることなら、何度でも戦います。

話し合ってみよう！

　何かが正しくないとき、あなたの組織やあなたの発信力を秘密裏に思慮深く評価することができる人と、以下の質問について話し合ってください。

　反乱と革命が、7つの戦略の中で最もリスクがあることを思い出してください。反乱と革命は権力のある人々に影響を与えるために十分な思考と協議を必要とします。

- 私の組織はどんな価値観を持っているでしょうか。上層部が支持するだけでなく、より強化すべき価値観は何でしょうか。私の組織の最も明確な倫理的特性は何ですか。
- もし組織が自ら掲げている価値観や規則を守っていないならば、それはどんな点でしょうか。もし、間違っている点があるとしたら、組織が人を傷つけ、不当に扱っているということなのでしょうか。それとも、人間が本来持っている弱みからきているのでしょうか。基本的な人権に反しているとしたら、組織の評判と組織の成功はどうなるでしょうか。
- 公正、安全、平等など、私が組織に期待する価値観を代表するロールモデルは誰ですか。具体的にその人物のどこが尊敬できるのでしょうか（あなたの国の有名人などではなく、あなたのよく知っている身近で実在する人について語ってみましょう）。

本書のまとめ

　本書は、組織における権力の階段を上り下りしながら、コンフリクトをうまく機能させるための7つの戦略、70の戦術、そして多くの科学的情報を提供しました。

　コンフリクト・インテリジェンスを高め、その結果、職場におけるコンフリクトや人間関係に対する満足感を高めるための次のステップは何でしょうか。

　ここでは、どんな状況においても、実践できるコンフリクト・マネジメントのために使える簡単なステップと行動について説明します。

Step **1**
コンフリクトの状況での自分の状態をよく知る

　コンフリクトを体験したらすぐに、自分の感情、思考、行動を振り返って、自分の傾向、陥りやすい罠、感情的な地雷について自覚するようにしましょう。[1]

　そのためには、以下のようなことができます。たとえば、内省したり、それを書き留めたり、さらに友人や信頼できる同僚と話し合ったり、コンフリクト・マネジメントに関するワークショップやコーチング・セッションに出席したりすることです。

　本書の各戦略の章にある質問に答えることで、コンフリクトのときにあなたがどの戦略を選ぶ傾向があるかを意識できるでしょう。

　以下のうち、どの罠にあなたは陥りやすいでしょうか。

①あなたの肯定感情に対して、溜め込んでいる否定感情の割合の大き
　さの罠
②自分だけは大丈夫と感じ、規則を破り、常に支配し、過剰な行動を
　取るような権力者がコンフリクトのときに陥りやすい罠
③交渉時に不必要なほど目標設定を低くしたり、自分自身に対する期
　待値が低かったり、激しい怒りにとらわれていたり、仲間との争い
　では自分の地位の維持に固執するなどの、権力の弱い者が陥りやす
　い罠

上記の罠に、どのようにあなたは対応していますか。

①協調的かつ支援的な方法で責任を引き受ける
②力のある人からの支援を求める
③勝つために他者に命令し、支配する
④何も言わずに我慢する
⑤他人と距離を置いて、自分自身でやる
⑥是が非でも相手に勝つために、粘り強く競争する
⑦共通基盤を見出し、コンフリクトを相手との共通の課題と位置づけ
　る努力をする
⑧権力に抵抗し、戦う
⑨状況に応じて、上記のすべてを行う

　コンフリクトにおけるあなたの状況対応についての習慣的な考え方や
能力について、より厳密な評価を望むならば、筆者たちのウェブサイト
「makingconflictwork.com」にアクセスしてみてください。そこには、
コンフリクト・インテリジェンス・アセスメント（CIA）[A]のリンク先
とCIAのやり方の簡単な説明があります。
　私たちの多くは、キャリアやさまざまなコンフリクトの経験を通じて
コンフリクト・マネジメントに対する好みや傾向を変化させることがよ

くあります。

たとえば、第7章「戦略的譲歩」のクリスティンの話に戻ってみましょう。

彼女は目的を達成しました。故郷の同じ会社での新しい仕事は、最初は楽しいものでした。彼女は自分のアイディアや意見を聞きたいと思っている仁愛ある上司にいろいろと伝えました。しかし、会社がこの上司の後任にすべての見解の相違を支配しようとするマイクロマネジャー（元上司のハンク以上にひどい）を据えたとき、クリスティンは戦略的譲歩戦術にすぐに戻りました。

しかし、今回はさらに多くの負担がかかりました。ある日、クリスティンは新しい上司に自分の不満を告げました。その結果、90日間の業績向上計画を課せられましたが、なんとか耐え抜きました。そして、彼女の新たな目標は、就職先が決まるまで、戦略的に譲歩し続けることになりました。

Step 2
コンフリクトの状況を読み解くための能力を強化する

コンフリクト・インテリジェンスを高めるための次のステップは、あなたが経験するコンフリクトでの人間関係や状況の重要な側面を正確に読むためのコンピテンシーを高めることです。

時には、何の予告もなく突然コンフリクトの真っただ中に放り込まれている自分自身に気づくことがあります。そんなとき、時間をかけて自

A　CIAは、コロンビア大学チームによって開発され、職場の状況を横断した異なるタイプのコンフリクトを方向づける傾向を分析するものである。CIAを受けると、個別のフィードバック・プロファイルが送られる。フィードバック・プロファイルは、あなたの強みとコンフリクト・インテリジェンス指数（CIQ）を改善するために取り組むべき領域の基本情報を伝え、強化すべき練習問題を提供する。また、すでにCIAを受けた大勢の従業員、管理職、役員のスコアと比較することができる。

分に問いかける習慣を身につける必要があります。

- このコンフリクトや人間関係に関与しなければならないのだろうか？
- 他の人たちは私に賛成、反対、あるいはその両方なのか？
- より強いパワーを持っているのは誰か？

そして、上記の質問の回答に応じて行動します。

たとえば、職場の雰囲気が張りつめている、上司や人事課に呼ばれたなど、私たちはコンフリクトが起きそうだと事前に察知できるときがあります。そんなときに、私たちは、交渉やコンフリクト・マネジメントの準備ができます。巻末付録として「コンフリクト・インテリジェンス事前準備ワークシート」を収録しましたので、ご活用ください。これはコンフリクトの状況の種類、戦略、戦術の予備的診断をするのに役立ちます。

もちろん、コンフリクトの渦中にいるあなたの分析は間違っているかもしれないし、他の人の見解とは異なるかもしれません。また、話し合いが進むにつれて変化するかもしれません。そうであっても、事前に分析することは価値があります。そうすることによって、あなたが利用できるさまざまな戦略や戦術についての感覚を新たにでき、必要に応じて、より良く状況に対応するための準備となるからです。

Step **3**
戦略と戦術を実践する

どのような戦略や戦術が実行可能で、さまざまな状況で利用できるかに細心の注意を払ってください。そして、以下の質問を自分に問いかけましょう。

- それぞれの戦略を効果的に実行する上で、どのくらいのスキルを私は身につけているだろうか？
- コンフリクトの強度を低め、より協調的なプロセス、あるいは、より明白なプロセスへと持っていくには、どのような手段、レバレッジが利用できるだろうか？
- この状況で権力を行使する私の能力とスキルはどの程度だろうか？

幸いなことに、人生はコンフリクトを経験し、新しい戦略を実践する多くの機会を私たちに与えてくれるものです。

Step **4**
自分の選択結果を内省する能力を強化する

コンフリクトの際、時間をかけて交渉場面がどのように展開するかを考えるようにします。

- あなたが選択した行動の短期的な影響と結果とは何か？
- 長期的な影響は何であろうか？

建設的な戦略（現実的な仁愛、協調、そして賢明なサポート）は、通常は長い目で見ると、損失は少なく、関係者全員に満足のいく成果をもたらす可能性が高いことを忘れないでください。

Step **5**
ボトムラインを常に考えておく

最終的には、コンフリクトでの自分のボトムライン（譲歩できる最低条件）を考慮することがきわめて重要です。

- より協調的で融和的な戦略から、より競合的、あるいは、論争的な戦略へと移行しなければならないタイミングを考える。
- 状況に「適合」する方法でいつ対処すべきか、また、「いつ対処すべきでないか」を考える。
- 論争している相手があなたの守りたい一線を越えたら、どのようなことになるかを想像する。
- 抵抗し、反乱を起こすタイミングを考える。

　日常生活で直面する多くのコンフリクトは、罠と可能性の両方を与えてくれます。コンフリクトは、自分自身や他人について学び、成長し、パワーを感じる機会をもたらします。コンフリクトは、壊されたものを修復し、あなたの人間関係とあなたの世界を変化させ、変革をもたらし、物事をより良く公正にするビジョンを提供します。人が本当にあなたの声に耳を傾け、あなたにとって大切なことを認識する機会にもなります。また、生活上の困難に苦しむ人々の偽りのない現実をあなたが見聞きする機会でもあります。

　そして、コンフリクトはあなたを人間らしい最善の存在へと導いてくれるのです。

　コンフリクトでは、あなたの人間性が表れます。最善の存在をめざすか、最悪なままに終わるのかは、あなた次第なのです。

謝辞

　本書を執筆するにあたって、コミュニティ全体の協力が必要でした。

　私たちの兄弟姉妹（Bob、Cookie、Michelle、Patrick、Genine、Scott、Bonnie、Laurie、Lynn、Brian）に感謝します。彼らは私たちに権力とコンフリクトについて最初の体験授業を提供してくれました。

　両親（Adelyn、Bob、Harvey、Marilyn）は私たちに最初に仁愛と支配を教えてくれたボスであり、仲裁人でした。私たちの妻（LeahとSandy）は本書の執筆をサポートし、根気よくつき合ってくれました。そして、子どもたち（Cam、Ella、Hannah、Adlai）は素晴らしい大人に成長する過程で、私たちのコンフリクトと状況対応の家庭教師であり続けました。

　私たちは、本書の理論的バックボーンを提供してくれた同僚のKatharina Kuglerに感謝します。また、アイディア、ストーリー(時には痛みを伴うもの)、会話、意見、信頼を共有してくださった多くの同僚や友人に感謝します。編集に協力してくれた学生たち、特にKyong MazzaroとRegina Kimに感謝しています。そして、本書の出版を担当してくださったエージェントのJessica Papinと優秀な編集者のCourtney Youngに心から感謝します。

　最後に、私たちはネルソン・マンデラの人生と遺産に敬意を表します。マンデラは、コンフリクト・インテリジェンスの基準を示してくれました。2013年のマンデラの追悼式でオバマ元大統領が語ったように、「彼の成し遂げたことはいずれも必然ではなかった（すべてが彼の信念、抜け目のなさ、粘り強さがあってこそ、勝ち取られたものであった）」ことを忘れないでください。[1]

コンフリクト・インテリジェンス
事前準備ワークシート

1 このコンフリクトにおける私の目標（ゴール）は何でしょうか。
（たとえば、相手に反対すること、意見の相違を知ること、新しい
見方を知ることなど）

短期的目標（ゴール）: _____

_____

_____

長期的目標（ゴール）: _____

_____

_____

2 私の望む成果はどのくらい重要ですか。
- ☐ あまり重要ではない　☐ やや重要である
- ☐ 非常に重要である　☐ きわめて重要である

3 この成果が私にとって重要なのはなぜでしょうか。

_____

_____

_____

4 私の目標達成を妨げるものは何でしょうか。

_____

_____

_____

5 コンフリクトのとき、誰が私と対立しているのでしょうか。

個人名：_____

_____

_____

集団名：_____

_____

_____

6 私の目標を達成するために、この人間関係をどの程度必要としていますか。

☐ 全然必要ではない　☐ あまり必要ではない　☐ やや必要
☐ 非常に必要　　　　☐ きわめて必要

7 相手側は私の味方なのか、敵なのでしょうか。

☐ 味方（私たちの意見の相違に対して協調的なWin-Winの解決策をめざしている）

☐ 敵（意見の相違に対して競合的なWin-Loseの解決策をめざしている）

☐ 両方（よくあることだが、意見の相違に対して協調的と競合的の入り混じった解決策をめざしている）

8 正式な権威という意味で、相手側は私より強いでしょうか。

☐ 私より強力である　　☐ 私より弱い

9 私は、この意見の不一致の結果に影響を与えるインフォーマルなパワーを使う方法やリソースを持っているでしょうか。インフォーマルなパワーには、正式な権威、地位、公的な肩書以外に次に列挙し

た方法が含まれます。詳しくは、各戦略の章末にある「スキル習得チェックリスト」をご覧ください。

	〈**傾聴する**〉否定的な感情をエスカレートさせないために
	〈**異なる視点を見る**〉柔軟性に欠く頑固な態度だと相手に思われると、競合的側面を増やしてしまう
	〈**相手側のインタレストに関心を示す**〉そうすれば、相手もあなたのインタレストへ関心を示す
	〈**協調する**〉そうすれば相手側をあなたとのギブ・アンド・テイクに向かわせる動機づけになる
	〈**コンサルティングする**〉相手が目標に到達するための方法を熱心に提案し、その見返りにあなたを手助けする意欲を引き出す
	〈**明るく前向きであること**〉肯定的な感情を持ち、人当たりがいいと、相手はあなたと一緒に何かをしたいと思うようになる
	〈**相互関係を深める**〉相手のために何かをすると自然に相手もその厚意に応えようとする、コンフリクトのときでさえも
	〈**理性的に説得する**〉知ったかぶりに思われることなく
	〈**ネットワークを構築し、連携する**〉組織内にあなたをサポートしてくれる味方を作っておく
	〈**依存関係を構築する**〉相手が必要とする専門知識や特別な強みをあなたが持っていれば、相手は激論や支配よりもむしろ交渉しようという気持ちになる
	〈**同調することを求める**〉集団の規範や組織文化を意識させることで相手方に影響を与えられる
	〈**方針と規則を知る**〉知っていれば、相手の権利と正当性を逆手にとって、コンフリクトの解決に使うことができる

　コンフリクト・インテリジェンス　事前準備ワークシート

10 私の目標が完全に達成できないなら、交渉を続ける代わりに、どんな代替案があるでしょうか。

☐ 不満ながら受け入れる。具体的に記述してみましょう。

_____

_____

_____

☐ 緊急ではないので、別の機会を待ちます。具体的に記述してみましょう。

_____

_____

_____

☐ 相手のインタレストに訴えられる創造的な代替案を持っているので、ある程度私の目標を達成することができます。具体的に記述してみましょう。

_____

_____

_____

☐ 相手がいなくても、自分自身、あるいは他の手段で、目標達成することができます。その方法を記述してください。

_____

_____

_____

☐ 他の手段で自分の目標を達成することができるので、交渉相手との関係を断ち切っても差し支えありません。説明してください。

_____

_____

_____

☐ 自分の目標達成ができないのなら、チームや組織から完全に離れても問題はありません。生活にも支障がありません。それを説明してください。

_____

_____

_____

11 上記の10の答えをふまえて、以下の戦略のうち、どの戦略（あるいは複数の組合せ）を使うことで、私の望む成果を得られるでしょうか。

	現実的な仁愛
	賢明なサポート
	建設的な支配
	戦略的譲歩
	選択的自立
	協調
	競合
	効果的な状況対応
	道義的反乱

訳者あとがき

　本書は、コロンビア大学でコンフリクト・マネジメントを学び、その教育方法の開発を得意とする鈴木有香、異文化コミュニケーションを専門にする八代京子、多国籍企業で人材開発と人事部長を歴任してきた鈴木桂子の3人が協力し合って翻訳したものです。

　言語は文化と密接に関連しているため、安易な直訳は危険です。できるだけ、著者の意図するところが日本の読者にもわかりやすくなるように努めて翻訳してまいりましたが、それでも、なんだかすっきりしない気分になっている読者のために、少々異文化コミュニケーション的観点から解説させていただきます。

　著者のコールマン氏もファーガソン氏もアメリカ人です。特定の宗教を信仰しているわけではないのですが、彼らもキリスト教的文化圏の影響から無関係な存在ではありえません。それは、私たちが長年の歴史の中で形成された日本文化の影響を受けていることと同じです。

　イエス・キリストは庶民の子どもとして生まれ、ローマ帝国に逆らった罪で磔にされました。新約聖書では、神の下では人間は平等な存在であるという前提があります。一方、孔子の唱える儒教では、上下の秩序の弁別を重要視しています。

　日本語で「権力」というと、多くの人が地位や序列によって個人が持つ影響力をイメージする傾向があるのは、私たちの生活の中に儒教的考え方が深く根差しているからとも考えられます。

　しかし、英語の"power"は「権力」よりも幅広い意味を持っていることに本書の読者はお気づきになったと思います。シンプルに「力」という言葉がその意味に近いのですが、本書では文脈に合わせて「力」「パ

ワー」「権力」「能力」というような訳語を置くことにしました。

　組織と個人のあり方はドラマや映画によく反映されています。『ダイ・ハード』のジョン・マクレーン刑事しかり、『ミッション：インポッシブル』のイーサン・ハントしかり、組織の命令に従わずに最終的には個人の自己決定で問題を解決していこうとするヒーローがアメリカ映画にはよく登場します。組織の建前に挑戦することを良しとするドラマがそこにはあります。

　一方で、『鬼平犯科帳』『大岡越前』『剣客商売』には、主人公を理解する権力者の庇護が必ずあります。この系譜が『サラリーマン金太郎』や『特命係長只野仁』になります。さもなくば、圧倒的な実力で勝負する『ドクターＸ』でなければ、組織の中では思ったことも発言できないシーンが繰り返し画面に登場します。不幸な忍耐状況を耐えに耐え、最終的に道義的反乱を起こすのが『半沢直樹』でしょう。

　これら日米の映画やドラマの共通点は、必ず敵と対立し、勝負することがテーマになっていることです。しかし、対決姿勢だけでは限界があることをコンフリクト・マネジメントは教えてくれます。

　ディベートのように論理で相手をやり込めるだけでは遺恨を残してしまいます。「倍返し」の後の物語はどうなるのでしょうか。長期的な人間関係や共通の目的達成のためには創発的な対話（ダイアログ）ができる能力と、それを支えるマインドセットが必要です。

　コンフリクトの解決で、協調的であることの重要性を提唱してきた故モートン・ドイッチ名誉教授は「人間関係は思いやりに基づく相互作用である」と述べていますが、この「思いやり」というものはどの文化圏でも大切にされています。

　ただし、その表現がキリスト教文化圏では「己の欲するところを人に施せ」になり、儒教文化圏では「己の欲せざるところは人に施すことなかれ」になります。つまり、めざすものが同じであっても表現形式が異なるのです。

　キリストや孔子が生きていた時代は、交通手段も限られ、遠方の異文

化の人々と協働作業をするような場面はほとんどありませんでした。しかし、異なる文化的背景を持つ人々が協働することが普通となってきた今日では、「自分の持つ基準」と「相手の持つ基準」が異なることを前提とした「思いやり」が求められます。

そのためには「以心伝心」や「阿吽の呼吸」を期待してはいけません。とりあえず、自分の意見を開示し、相手の意見も聞いてみましょう。それは情報を共有することでもあります。そうして、初めて意見の相違がお互いで見えたところから、話し合いを始めましょう。

お互いの意見の違いを理解することから、一緒に問題解決に取り組むことができます。そして、なぜ意見が違うのか、相手がどういう価値観や基準を持っているのかを質問を通じて、さらに情報共有していきましょう。

そのプロセスの中でさまざまなことが可視化されます。そして、自分と相手の認識も変わっていき、共通点が見えたり、選択肢が増えたりします。そうした能動的な話し合いのプロセスが皆さんの「交渉」であり、「ミディエーション」になっていくことを心から願うばかりです。

私たちはなぜ話し合うのでしょうか。それは意見が違うからです。ですから、意見が違うことを悪いと思わずに、「話し合いのきっかけ」ができたと考えて、コンフリクト・マネジメントを実践してください。

本書では、絶えず変化する「力（パワー）」と「感情」の問題を正面から解説しながら、職場における7つの交渉戦略を紹介しています。皆さんの置かれた状況に合わせて、ご自身で最適化させ、実践していっていただければ嬉しく思います。

［原注］

Introduction

1) E. K. Wayne, "It Pays to Find the Hidden but High Costs of Conflict," *Washington Business Journal*, afternoon edition newsletter, May 9, 2005.

2) I. W. Zartman and J. Z. Rubin, *Power and Negotiation* (Ann Arbor, MI: University of Michigan Press, 2002); J. C. Magee and A. D. Galinsky, "Social Hierarchy: The Self-Reinforcing Nature of Power and Status," *Academy of Management Annals* 2, no.1 (2008): 351-398; J. C. Magee, A. D. Galinsky, and D. H. Gruenfeld, "Power, Propensity to Negotiate, and Moving First in Competitive Interactions," *Personality and Social Psychology Bulletin* 33, no. 2 (2007): 200-212; J Z. Rubin and B. R. Brown, *The Social Psychology of Bargaining and Negotiation* (New York): Academic Press, 1975.

3) 日本語では，鈴木有香『人と組織を強くする交渉力（第3版）』（自由国民社，2017年）などもある.

4) D. Tjosvold, "Unequal Power Relationships Within a Cooperative or Competitive Context," *Journal of Applied Social Psychology* 11 (1981): 137-150; D. Tjosvold, "Power and Social Context in Superior-Subordinate Interaction," *Organizational Behavior and Human Decision Processes* 35 (1985a): 281-293; D. Tjosvold, "Effects of Attribution and Social Context on Superiors' Influence and Interaction with Low-Performing Subordinates," *Personnel Psychology* 38 (1985b): 361-376; D. Tjosvold, "Interdependence and Power between Managers and Employees: A Study of the Leadership Relationship," *Journal of Management* 15 (1989): 49-64; D. Tjosvold, *The Conflict Positive Organization* (Reading, MA: Addison-Wesley, 1991); D. Tjosvold, "The Leadership Relationship in Hong Kong: Power, Interdependence, and Controversy," in *Progress in Asian Social Psychology*, ed. K. Leung, U. Kim, S. Yamaguchi, and Y. Kashima, vol. 1 (New York: Wiley, 1997); D. Tjosvold and B. Wisse, *Power and Interdependence in Organizations* (New York: Cambridge University Press, 2009).

Chapter 1

1) C. K. W. De Dreu and M. J. Gelfand, "Conflict in the Workplace: Sources, Dynamics and Functions Across Multiple Levels of Analysis," in *The Psychology of Conflict and Conflict Management in Organizations*, ed. C. K. W. De Dreu and M. J. Gelfand (New York: Lawrence Earlbaum, 2008).

2) T. Parker-Pope, "Is Marriage Good for Your Health?" *New York Times Magazine*, April 4, 2010.

3) 著者たちは，ミディエーター194名に対して，結果にかかわらず，直近のミディエーションについて彼らの行動とその理由，もたらされた結果を含む詳細な記述

を依頼し，調査した．

4) M. P. Follett, "Power," in *Dynamic Administration: The Collected Papers of Mary Parker Follett*, ed. E. M. Fox and L. Urwick (London: Pitman, 1973); original work published in 1925 ［米田清貴・三戸公訳『組織行動の原理――動態的管理（新装版）』未來社，1997年］．

5) D. Tjosvold, *The Conflict-Positive Organization* (Reading, MA: Addison-Wesley, 1991).

6) D. Tjosvold, "The Leadership Relationship in Hong Kong: Power, Interdependence, and Controversy, in *Progress in Asian Social Psychology*, ed. K. Leung, U. Kim, S. Yamaguchi, and Y. Kashima, vol. 1 (New York: Wiley, 1997).

7) 協調の病状についての詳細な議論は，M. Deutsch, *Distributive Justice: A Social-Psychological Perspective* (New Haven, CT: Yale University Press, 1985)を参照のこと．

8) R. M. Emerson, "Power-Dependence Relations," *American Sociological Review* 27, no. 1 (1962): 31-41.

9) BATNAの概念は，Fisher, and W. Ury of the Harvard Program on Negotiation, authors of *Getting to Yes* (Boston: Houghton Mifflin, 1981) ［金山宣夫・浅井和子訳『ハーバード流交渉術――イエスを言わせる方法』知的生きかた文庫，1989年］によって明確化された．

10) R. L. Pinkley, M. A. Neale, and R. J. Bennett, "The Impact of Alternatives to Settlement in Dyadic Negotiation," *Organizational Behavior and Human Decision Making Processes* 57, no. 1 (1994): 97-116; P. H. Kim, "Strategic Timing in Group Negotiations: The Implications of Forced Entry and Forced Exit for Negotiators with Unequal Power," *Organizational and Human Behavior Processes* 71, no. 3 (1997): 263-286; P. H. Kim and A. R. Fragale, "Choosing the Path to Bargaining Power: An Empirical Comparison of BATNAs and Contributions in Negotiations," *Journal of Applied Psychology* 90, no. 2 (2005): 373-381; P. H. Kim, R. L. Pinkley, and A. R. Fragale, "Power Dynamics in Negotiation," *Academy of Management Review* 30, no. 4 (2005): 799-822; E. A. Mannix, "The Influence of Power, Distribution Norms, and Task Meeting Structure on Resource Allocation in Small Group Negotiation," *International Journal of Conflict Management* 4, no. 1 (1993): 5-23.

11) D. C. McClelland, Power: *The Inner Experience* (New York: Irvington, 1975)を参照のこと．

12) M. Sashkin, "Participative Management Is an Ethical Imperative," *Organizational Dynamics* 12, no. 4 (1984): 5-22; R. M. Kanter, "Some Effects of Proportions on Group Life: Skewed Sex Ratios and Responses to Token Women," *American Journal of Sociology* 82, no. 5 (1977): 965-983.

13) J. S. Nye, Jr., "Soft Power," *Foreign Policy* 80 (1990): 153-171.

14) Ibid.

15) C. A. Crocker, F. O. Hampson, and P. R. Aall, *Leashing the Dogs of War: Conflict Management in a Divided World* (Washington, DC: US Institute of Peace Press, 2007), p.13.

16) P. T. Coleman and M. Voronov, "Power in Groups and Organizations," in *The International Handbook of Organizational Teamwork and Cooperative Working*, ed. M. West, D. Tjosvold, and K. G. Smith, pp. 229-254 (New York: John Wiley & Sons, 2003).

17) M. Deutsch, *The Resolution of Conflict: Constructive and Destructive Processes* (New Haven, CT: Yale University Press, 1973).

Chapter 2

1) J. R. Curhan, H. Anger Elfenbein, and H. Xu, "What Do People Value When They Negotiate? Mapping the Domain of Subjective Value in Negotiation," *Journal of Personality and Social Psychology* 91, no. 3 (2007), 493-512.

2) マサチューセッツ工科大学スローンスクールのジャレド・カーハンの研究グループとカリフォルニア州立大学バークレー校の研究グループによるもの.

3) B. E. Wexler, *Brain and Culture: Neurobiology, Ideology, and Social Change* (Boston: MIT Press/Bradford, 2008).

4) A. Bechara, "The Role of Emotion in Decision-Making: Evidence from Neurological Patients with Orbitofrontal Damage," *Brain and Cognition 55* (2004), 30-40.

5) M. Losada, "The Complex Dynamics of High Performance Teams," *Mathematical and Computer Modeling* 30, no. 9-10 (1999): 179-192; M. Losada and E. Heaphy, "The Role of Positivity and Connectivity in the Performance of Business Teams: A Nonlinear Dynamics Model," *American Behavioral Scientist* 47, no. 6 (2004): 740-765.

6) J. M. Gottman, "The Roles of Conflict Engagement, Escalation, and Avoidance in Marital Interaction: A Longitudinal View of Five Types of Couples," *Journal of Consulting and Clinical Psychology* 61, no. 1 (1993): 6-15; J. M. Gottman et al., *The Mathematics of Marriage: Dynamic Nonlinear Models* (Cambridge, MA: MIT Press, 2002).

7) J. C. Magee, A. D. Galinsky, and D. H. Gruenfeld, "Power, Propensity to Negotiate, and Moving First in Competitive Interactions," *Personality and Social Psychology Bulletin* 33, no. 2 (2007): 200-212.

8) Andy J. Yap, Malia F. Mason, and Daniel R. Ames, "The Powerful Size Others Down: The Link Between Power and Estimates of Others' Size," *Journal of Experimental Social Psychology* 49, no. 3 (May 2013): 591-594.

9) S. T. Fiske and J. Berdahl, "Social power," in *Social Psychology: Handbook of*

Basic Principles, ed. A. W. Kruglanski and E. T. Higgins, 2nd ed. (New York: Guilford, 2007).

10) Ibid.

11) I. W. Zartman and J. Z. Rubin, *Power and Negotiation* (Ann Arbor. MI: University of Michigan Press, 2002).

12) P. K. Piff, D. M. Stancato, S. Côté, R. Mendoza-Denton, and D. Keltner, "Higher Social Class Predicts Increased Unethical Behavior," *Proceedings of the National Academy of Sciences 109* (2012), 4086-4091.

13) P. Brown and S. C. Levinson, *Politeness: Some Universals in Language Usage* (New York: Cambridge University Press, 1987); B. M. DePaulo and H. S. Friedman, "Nonverbal communication," in *The Handbook of Social Psychology*, ed. D. T. Gilbert, S. T. Fiske, and L. Gardner, 4th ed., vol. 2, pp. 3-40 (New York: McGraw-Hill, 1998).

14) C. Anderson and J. L. Berdahl, "The Experience of Power: Examining the Effects of Power on Approach and Inhibition Tendencies," *Journal of Personality and Social Psychology* 83 (2002), 1362-1377.

15) Zartman and Rubin, *Power and Negotiation.*

16) C. Anderson and A. D. Galinsky, "Power, Optimism, and the Proclivity for Risk," *European Journal of Social Psychology* 36 (2006): 511-536; J. K. Maner, M. T. Gailliot, D. Butz, and B. M. Peruche, "Power, Risk, and the Status Quo: Does Power Promote Riskier or More Conservative Decision-Making? *Personality and Social Psychology Bulletin 33* (2007), 451-462.

17) Magee and Galinsky, "Social Hierarchy."

18) Ibid.

19) L. Babcock and S. Laschever, *Women Don't Ask: Negotiation and the Gender Divide* (Princeton, NJ: Princeton University Press, 2003).

20) R. Rosenthal and L. Jacobson, *Pygmalion in the Classroom* (New York: Holt, Rinehart and Winston, 1968).

21) R. Humphrey, "How Work Roles Influence Perception: Structural-Cognitive Processes and Organizational Behavior," *American Sociological Review* 50 (1985), 242-252.

22) P. G. Zimbardo, *The Lucifer Effect: Understanding How Good People Turn Evil* (New York: Random House, 2007).

23) R. M. Kanter, "Powerlessness Corrupts" H*arvard Business Review*, 2009.

24) N. Mandela, *Long Walk to Freedom* (Dubuque, IA: Little Brown, 1995) ［東江一紀訳『自由への長い道──ネルソン・マンデラ自伝　上・下』NHK出版, 1996年］.

25) Magee and Galinsky, "Social Hierarchy."

26) C. K. W. De Dreu, "Coercive Power and Concession Making in Bilateral Negotiation," *Journal of Conflict Resolution* 39, no. 4 (1995): 646-670.

27) Zartman and Rubin, *Power and Negotiation.*

28) Ibid.

29) Ibid.

Chapter 3

1) R. Kim, P. T. Coleman, C. Chung, and K. Kugler, "Culture and Conflict Landscapes in Organizations," working paper.

2) M. Deutsch, *The Resolution of Conflict: Constructive and Destructive Processe*s (New Haven, CT: Yale University Press, 1973).

3) R. Fisher and W. Ury, *Getting to Yes* (Boston: Houghton Mifflin, 1981)［金山宣夫・浅井和子訳『ハーバード流交渉術──イエスを言わせる方法』知的生きかた文庫，1989年］；W. Ury, *Getting Past No* (New York: Bantam Books, 1991).

4) T. C. Schelling, *The Strategy of Conflict* (Cambridge, MA: Harvard University Press, 1960)［河野勝訳『紛争の戦略──ゲーム理論のエッセンス』勁草書房，2008年］.

5) R. J. Lewicki, B. Barry, D. M. Saunders, and J. W. Minton, *Negotiation*, 4th ed. (New York: McGraw Hill, 2003)を参照のこと．

6) より詳細な診断は，本書のアプリ（https://www.makingconflictwork.com/app-iphone-android/）で受けることができる（英語版のみ）．

7) 金谷治訳注『新訂 孫子』（岩波文庫，2000年）p.33.

Chapter 4

1) G. L. Graham, "If You Want Honesty, Break Some Rules," *Harvard Business Review*, repr. R0204B (2002): 42-47.

2) M・P・フォレットが「パワー」について論述したのは1925年のことであり，*Dynamic Administration: The Collected Papers of Mary Parker Follett*, ed. E. M. Fox and L. Urwick (London: Pitman, 1973)［米田清貴・三戸公訳『組織行動の原理──動態的管理（新装版）』未来社，1997年］に収められている．

3) R. M. Kanter, preface to *Mary Parker Follett: Prophet of Management: A Celebration of Writings from the 1920s*, ed. Pauline Graham (London: Pitman, 1973).

4) D. W. Johnson and R. T. Johnson, *Cooperation and Competition: Theory and Research* (Edina, MN: Interaction Books, 1989); D. W. Johnson, and R. T. Johnson, "New Developments in Social Interdependence Theory," *Psychology Monograph* 131, no. 4 (2005): 285-360.

5) F. Karakas and E. Sarigollu, "Benevolent Leadership: Conceptualization and Construct Development," *Journal of Business Ethics* 108, no. 4 (2011): 537-553.

6) V. H. Vroom and A. G. Jago, "The Role of the Situation in Leadership," *American Psychologist* 62, no. 1 (Jan. 2007): 17-24.

7) S. H. Appelbaum, D. Hebert, and S. Leroux, "Empowerment: Power, Culture and Leadership —— A Strategy or Fad for the Millennium?" *Journal of Workplace Learning: Employee Counseling Today* 11, no. 7 (1999): 233-254; M. Beirne, *Empowerment and Innovation: Managers, Principles and Reflective Practice* (Northampton, MA: Edward Elgar Publishing, 2006).

8) W. C. Bogner, "Robert H. Waterman, Jr., on Being Smart and Lucky," *Academy of Management Executive* 16, no. 1 (2002): 45-50; J. O'Toole, Leading Change (San Francisco: Jossey-Bass, 1995).

9) D. Tjosvold, *The Conflict Positive Organization* (Reading, MA: Addison-Wesley, 1991); D. Tjosvold, "The Leadership Relationship in Hong Kong: Power, Interdependence, and Controversy," in *Progress in Asian Social Psychology*, ed. K. Leung, U. Kim, S. Yamaguchi, and Y. Kashima, vol. 1 (New York: Wiley, 1997).

10) Karakas and Sarigollu, "Benevolent Leadership."

11) D. C. McClelland, *Power: The Inner Experience* (New York: Irvington, 1975), p. 20.

12) Vroom and Jago, "The Role of the Situation in Leadership," *American Psychologist* 62 (2007).

13) これらは1898年から行われた750の研究をジョンソンとジョンソンが1989年にメタ分析した結果である.

14) Karakas and Sarigollu, "Benevolent Leadership."

15) ある研究によると,非常に有能な管理職の90％は自分自身のキャリア以上に,もしくは同程度に部下のキャリアのことを気にかけていることが明らかになった.自分自身のキャリアのみに関心がある者は4％にすぎなかった (*Ibid.*, pp.537-553).中国のある製造業の会社における686組の上司と部下の関係の研究では「仁愛ある」リーダーシップは業務の成功と強い相関関係があることがわかった.
D. Tjosvold, "The Leadership Relationship in Hong Kong: Power, Interdependence, and Controversy," in *Progress in Asian Social Psychology*, ed. K. Leung, U. Kim, S. Yamaguchi, and Y. Kashima, vol. 1 (New York: Wiley, 1997).

16) Karakas and Sarigollu, "Benevolent Leadership."

17) Ibid.

18) D. Kearns Goodwin, *Team of Rivals: The Political Genius of Abraham Lincoln* (New York: Simon and Schuster, 2005) [平岡緑訳『リンカーン 上・中・下』中公文庫,2013年].

19) Ibid.

20) Vroom and Jago, "Role of the Situation in Leadership."

21) Ibid.

22) Ibid.

23) F. Karakas and E. Sarigollu, "The Role of Leadership in Creating Virtuous and

Compassionate Organizations: Narratives of Benevolent Leadership in an Anatolian Tiger," *Journal of Business Ethics* 113, no. 4 (2013): 663-678.

24) L. W. Fry, "Toward a Theory of Spiritual Leadership," *Leadership Quarterly* 14 (2003): 693-727; L. W. Fry and M. S. Nisiewicz, *Maximizing the Triple Bottom Line Through Spiritual Leadership* (Stanford, CA: Stanford University Press, 2013).

Chapter 5

1) B. Thomas, *Building a Company: Roy O. Disney and the Creation of an Entertainment Empire* (New York: Hyperion, 1998), p. 3.

2) Ibid., p. 2.

3) Ibid., p. 3.

4) I. W. Zartman and J. Z. Rubin, *Power and Negotiation* (Ann Arbor, MI: University of Michigan Press, 2002), p. 277.

5) M. D. Ainsworth, *Infancy in Uganda* (Baltimore, MD: Johns Hopkins Press, 1967); J. Mercer, *Understanding Attachment: Parenting, Child Care, and Emotional Development* (Westport, CT: Praeger Publishers, 2006).

6) M. Losada and E. Heaphy, "The Role of Positivity and Connectivity in the Performance of Business Teams: A Nonlinear Dynamics Model," *American Behavioral Scientist* 47 (2004): 740-765.

7) J. M. Gottman and N. Silver, *The Seven Principles for Making Marriage Work* (New York: Three Rivers Press, 1999) ［松浦秀明訳『結婚生活を成功させる7つの原則』第三文明社, 2007年］; J. M. Gottman, C. Swanson, and K. Swanson, "A General Systems Theory of Marriage: Nonlinear Difference Equation Modeling of Marital Interaction," *Personality and Social Psychology Review* 6, no. 4 (2002): 326-340.

8) Gottman and Silver, *Seven Principles;* Losada and Heaphy, "Role of Positivity and Connectivity."

9) M. E Turner and A. R. Pratkanis, "Twenty-Five Years of Groupthink Theory and Research: Lessons from the Evaluation of a Theory," *Organizational Behavior and Human Decision Processes* 73 (1998): 105-115; D. W. Johnson, R. T. Johnson, and D. Tjosvold, "Constructive Controversy: The Value of Intellectual Opposition," in *The Handbook of Conflict Resolution: Theory and Practice*, ed. P. T. Coleman, M. Deutsch, and E. C. Marcus, 3rd ed. (San Francisco: Jossey-Bass, 2014) を参照のこと.

10) D. Tjosvold, *The Conflict Positive Organization* (Reading, MA: Addison-Wesley, 1991).

11) D. Tjosvold, "The Leadership Relationship in Hong Kong: Power, Interdependence, and Controversy," in *Progress in Asian Social Psychology*, ed. K. Leung, U. Kim, S. Yamaguchi, and Y. Kashima, vol. 1 (New York:

Wiley, 1997); D. Tjosvold and B. Wisse, *Power and Interdependence in Organizations* (New York: Cambridge University Press, 2009).

12) これはドイッチの提唱する「社会関係についての自然な法則」として知られている。M. Deutsch, *The Resolution of Conflict* (New Haven, CT: Yale University Press, 1973) を参照のこと。

Chapter 6

1) M. Siebert and A. L. Ball, *Changing the Rules: Adventures of a Wall Street Maverick* (New York: Free Press, 2002).

2) http://www.seniorwomen.com/articles/mchugh/articlesMcHughIntSiebert.html

3) M. H. Bazerman and M. A. Neale, *Negotiating Rationally* (New York: Free Press, 1992) [奥村哲史訳『マネジャーのための交渉の認知心理学——戦略的思考の処方箋』白桃書房，1997年]; L. Thompson and R. Hastie, "Judgment Tasks and Biases in Negotiations," in *Research in Negotiation in Organizations*, ed. B. H. Sheppard, M. H. Bazerman, and R. J. Lewicki, vol. 2, pp. 31-54 (Greenwich, CT: JAI Press, 1990).

4) D. R. Carney, A. J. C. Cuddy, and A. J. Yap, "Power Posing: Brief Nonverbal Displays Affect Neuroendocrine Levels and Risk Tolerance," *Psychological Science* (2011), 1363-1368.

5) J. Hogan, H. Hogan, and R. B. Kaiser, "Management Derailment: Personality Assessment and Mitigation," chap. 15 of *APA Handbook of Industrial and Organizational Psychology*, vol. 3 (Washington, DC: American Psychological Association, 2010).

6) K. Lewin, R. Lippitt, and R. White, "Patterns of Aggressive Behaviour in Experimentally Created 'Social Climates,' " *Journal of Social Psychology* 10, no. 2 (1939): 271-299.

7) http://www.businessweek.com/stories/2006-11-26/mistakes-made-on-the-road-to-innovation

8) Ibid.

9) D. Reina and M. Reina, *Trust and Betrayal in the Workplace: Building Effective Relationships in Your Organization* (San Francisco: Barrett-Koehler Publishers, 2006).

10) W. Isaacson, *Steve Jobs* (New York: Simon & Schuster, 2011) [井口耕二訳『スティーブ・ジョブズⅠ・Ⅱ』講談社＋α文庫，2015年]。

11) Ibid., p. 359.

12) Ibid., pp. 119, 122, 123, 146, 178.

13) D. G. Pruitt and S. H. Kim, *Social Conflict: Escalation, Stalemate, and Settlement*, 3rd ed. (New York: McGraw-Hill, 2004) を参照のこと。

Chapter 7

1) Y. Ogasawara, *Office Ladies and Salaried Men: Power, Gender, and Work in Japanese Companies* (Los Angeles: University of California Press, 1998).

Chapter 8

1) J. Gleick, *Genius*: *The Life and Science of Richard Feynman* (New York: Pantheon Books, 1992).

2) R. L. Pinkley, M. A. Neale, and R. J. Bennett, "The Impact of Alternatives to Settlement in Dyadic Negotiation," *Organizational Behavior and Human Decision Making Processes* 57, no. 1 (1994): 97-116; P. H. Kim, "Strategic Timing in Group Negotiations: The Implications of Forced Entry and Forced Exit for Negotiators with Unequal Power," *Organizational and Human Behavior Processes* 71, no. 3 (1997): 263-286; P. H. Kim and A. R. Fragale, "Choosing the Path to Bargaining Power: An Empirical Comparison of BATNAs and Contributions in Negotiations," *Journal of Applied Psychology* 90, no. 2 (2005): 373-381; E. A. Mannix, "The Influence of Power, Distribution Norms, and Task Meeting Structure on Resource Allocation in Small Group Negotiation," *International Journal of Conflict Management* 4, no. 1 (1993): 5-23.

3) H. R. Markus, and S. Kitayama, "Culture, Self, and the Reality of the Social," *Psychological Inquiry* 14, no. 3 (2003): 277-283.

Chapter 9

1) N. Doidge, *The Brain That Changes Itself: Stories of Personal Triumph from the Frontiers of Brain Science* (New York: Penguin Books, 2007); A. Pascual-Leone, N. Dang, L. G. Cohen, J. P. Brasil-Neto, A. Cammarota, and M. Hallett, "Modulation of Muscle Responses Evoked by Transcranial Magnetic Stimulation During the Acquisition of New Fine Motor Skills," *Journal of Neurophysiology* 74 (1995): 1037-1045.

2) C. S. Burke, K. C. Stagl, E. Salas, L. Pierce, and D. Kendall, "Understanding Team Adaptation: A Conceptual Analysis and Model," *Journal of Applied Psychology* 91 (2006): 1189-1207.

3) D. Hicks, "How Functional Aspects of Identity Become Dysfunctional in Protracted Conflict" (paper presented at the Annual Conference of the International Association for Conflict Management, San Sebastian, Spain, July 1999); R. Kegan, *In Over Our Heads: The Mental Demands of Modern Life* (Cambridge, MA: Harvard University Press, 1995); J. Piaget, *The Construction of Reality in the Child* (New York: Ballantine, 1937); E. H. Schein, "How Can Organizations Learn Faster? The Challenge of Entering the Green Room," *Sloan Management Review* 34 (1993): 85-92.

4) D. Druckman and C. Mitchell, "Flexibility in Negotiation and Mediation," *The ANNALS of the American Academy of Political and Social Science* 542, no. 1 (1995): 10-23; S. M. Farmer and J. Roth, "Conflict handling behavior in work groups: Effects of group structure, decision processes, and time," *Small Group Research* 29 (1998): 669-713; R. Fisher and W. Ury, *Getting to Yes: Negotiating Agreement Without Giving In* (Boston: Houghton Mifflin, 1981)〔金山宣夫・浅井和子訳『ハーバード流交渉術――イエスを言わせる方法』知的生きかた文庫，1989年〕.

5) D. G. Pruitt and J. Z. Rubin, *Social Conflict: Escalation, Stalemate, and Settlement* (New York: Random House, 1986); E. Van de Vliert, M. C. Euwema, and S. E. Huismans, "Managing Conflict with a Subordinate or a Superior: Effectiveness of Conglomerated Behavior," *Journal of Applied Psychology* 80, no. 2 (1995): 271-281; E. Van de Vliert, A. Nauta, M. C. Euwema, and O. Janssen, "The Effectiveness of Mixing Problem Solving and Forcing," in *Using Conflict in Organizations*, ed. C. K. W. De Dreu and E. Van de Vliert, pp. 38-52 (London: SAGE Publications, 1997).

6) C. Chung, P. T. Coleman, and M. Gelfand, "Conflict, Culture and Complexity: The Effects of Simple Versus Complex Rules in Negotiation" (working paper, Columbia University, 2014).

7) R. E. Ployhart and P. D. Bliese, "Individual Adaptability Theory," in *Understanding Adaptability*, ed. S. Burke, L. Pierce, and E. Salas, pp. 3-39 (Oxford: Elsevier, 2006).

8) C. S. Burke, K. C. Stagl, E. Salas, L. Pierce, and D. Kendall, "Understanding Team Adaptation: A Conceptual Analysis and Model," *Journal of Applied Psychology* 91 (2006): 1189-1207.

9) E. H. Schein and W. Bennis, *Personal and Organizational Change through Group Methods* (New York: Wiley, 1965).

10) I. W. Zartman and J. Z. Rubin, *Power and Negotiation* (Ann Arbor. MI: University of Michigan Press, 2002)を参照のこと.

11) Van de Vliert, Euwema, and Huismans, "Managing Conflict"; Van de Vliert, Nauta, Euwema, and Janssen, "Effectiveness of Mixing Problem Solving and Forcing."

12) G. R. Williams, *Legal Negotiation and Settlement* (St. Paul, MN: West, 1983); G. R. Williams, "Style and Effectiveness in Negotiation," in *Negotiation: Strategies for Mutual Gain*, ed. L. Hall, pp. 151-174 (Newbury Park, CA: SAGE, 1993).

13) P. T. Coleman and K. G. Kugler, "Tracking Adaptivity: Introducing a Dynamic Measure of Adaptive Conflict Orientations in Organizations" (working paper).

14) Ibid.

15) R. Hooijberg and M. Schneider, "Behavioral Complexity and Social

Intelligence: How Executive Leaders Use Stakeholders to Form a Systems Perspective," in *The Nature of Organizational Leadership*, ed. S. Zaccaro and R. J. Klimoski (San Francisco, CA: Jossey-Bass, 2001); R. Hooijberg and R. E. Quinn, "Behavioral Complexity and the Development of Effective Managerial Leaders," in *Strategic Management*, ed. R. L. Phillips and J. G. Hunt (New York: Quorum Books/Greenwood Publishing, 1992).

16) G. Morgan, *Images of Organization* (Thousand Oaks, CA: SAGE Publications, 1997).

17) M. LeBaron, "The Alchemy of Change: Cultural Fluency in Conflict Resolution," in *The Handbook of Conflict Resolution: Theory and Practice*, ed. P. Coleman, M. Deutsch, and C. Marcus (San Francisco: Jossey-Bass, 2014).

18) Ibid.

19) K. W. Thomas, "Conflict and Conflict Management: Reflections and Update," *Journal of Organizational Behavior* 13, no. 3 (1992): 265-274.

20) G. Lenczowski, *American Presidents and the Middle East* (Durham, NC: Duke University Press, 1990), p. 131.

21) B. Bush and J. Folger, *The Promise of Mediation* (San Francisco: Jossey-Bass, 1994).

Chapter 10

1) "Blowout: The Deepwater Horizon Disaster," *60 Minutes*, CBS News, May 16, 2010.

2) MSNBC: http://www.msnbc.msn.com/id/37363106/#

3) E. K. Wilson, "Oil Spill's Size Swells," *Chemical and Engineering News* 88, no. 39 (Sept. 27, 2010), http://pubs.acs.org/cen/news/88/i39/8839notw7.html; http://articles.latimes.com/2010/aug/03/nation/la-na-oil-spill-20100803; http://hosted.ap.org/dynamic/stories/U/US_GULF_OIL_SPILL?SITE= FLTAM&SECTION=HOME

4) F. Sulloway, *Born to Rebel: Birth Order, Family Dynamics, and Creative Lives* (New York: Vintage Books, 1997).

5) J. Lammers, A. D. Galinsky, E. H. Gordijin, and S. Otten, "Illegitimacy Moderates the Effects of Power on Approach," *Psychological Science* 19 (2008): 558-564.

6) Ibid.

7) R. K. Merton, "Social Structure and Anomie," *American Sociological Review* 3 (1938): 672-682; T. R. Gurr, *Why Men Rebel* (Princeton, NJ: Princeton University Press, 1970).

8) I. Walker and H. J. Smith, *Relative Deprivation: Specification, Development, and Integration* (Cambridge, UK: Cambridge University Press, 2001).

9) G. Hofstede, *Culture's Consequences: International Differences in Work-Related Values*, 2nd ed. (Beverly Hills CA: SAGE Publications, 1984); G. Hofstede, G. J. Hofstede, and M. Minkov, *Cultures and Organizations: Software of the Mind*, 3rd ed. (New York: McGraw-Hill, 2010).

10) http://theworldoutline.com/2013/05/the-rana-plaza-collapse-while-death-toll-rises-pressure-on-western-retailers-and-bangladeshi-government-grows/

11) J. P. Near and M. P. Miceli, "Effective Whistle-Blowing," *Academy of Management Review* 20, no. 3 (July 1995): 679–708.

12) Ibid.

13) Ibid.

14) http://www.nydailynews.com/news/national/pizza-hut-manager-refuses-open-thanksgiving-forced-resign-article-1.1531530?

15) http://www.ibtimes.com/pizza-hut-manager-tony-rohr-fired-refusing-open-restaurant-thanksgiving-day-1488698

16) http://www.cnn.com/2013/11/28/us/pizza-store-thanksgiving-firing/

17) http://truth-out.org/video/item/12066-wal-mart-workers-in-12-states-stage-historic-strikes-protests-against-workplace-retaliation

18) Alinsky, S. *Rules for Radicals*, 1971, p. 152.

19) http://pa-aaup.com/2013/07/30/the-penn-state-healthcare-mandate-and-a-call-for-civil-disobedience/

20) http://blogs.hbr.org/2013/08/attention-human-resources-exec/
http://www.npr.org/blogs/health/2013/08/02/208167230/penn-state-to-penalize-workers-who-refuse-health-screenings

21) http://gantdaily.com/2013/09/19/penn-state-suspends-fee-for-employees-who-dont-take-health-care-survey/

22) 2013年11月18日のC・ハーネット氏へのインタビューに基づく.

23) http://www.cnn.com/2013/10/26/world/meast/saudi-arabia-women-drivers/

24) http://www.canada.com/vancouversun/news/story.html?id=c40c507f-19a0-4bbd-a465-48245151076d&k=3577

25) http://www.good.is/posts/how-mass-civil-disobedience-at-a-seattle-high-school-catalyzed-the-education-spring

本書のまとめ

1) 感情的な「地雷」についてのリストと議論については, C. Runde and T. Flanagan, *Building Conflict Competent Teams* (San Francisco: Jossey-Bass, 2008)を参照のこと.

謝辞

1) http://www.cbsnews.com/news/obama-mandelas-struggle-woke-me-up-to-my-responsibilities

【訳者紹介】

鈴木有香（すずき　ゆか）

コロンビア大学ティーチャーズ・カレッジ国際教育開発プログラムにて修士号を取得。上智大学大学院文学研究科教育学専攻博士後期課程単位取得満期退学。ヴァンダービルト大学講師、カリフォルニア州立大学サンタバーバラ校講師を経て、現在、早稲田大学紛争交渉研究所招聘研究員、NPO法人日本交渉協会顧問。大学、大学院で「協調的交渉論」「ミディエーション」を担当。企業、公益団体などで、コンフリクト・マネジメント、ダイバーシティ、リーダーシップ研修などを行う。主な著書に『人と組織を強くする交渉力』（自由国民社）、『交渉とミディエーション』（三修社）など。2016年度日本プロジェクトマネジメント協会優秀講演賞受賞。

八代京子（やしろ　きょうこ）

国際基督教大学大学院教育学研究科博士課程後期単位取得後中退。教育学修士。国際基督教大学教養学部助手、筑波大学現代語・現代文化学系講師、麗澤大学国際経済学部教授などを歴任。1995～99年異文化コミュニケーション学会（SIETAR JAPAN）会長。現在、麗澤大学名誉教授、株式会社グローヴァ多様性対応コミュニケーション研修顧問、異文化コミュニケーション学会シニアフェロー。企業や公益団体などで異文化コミュニケーション研修、トランジションやレジリエンスのセミナーを行っている。主な著書に『異文化トレーニング』『異文化コミュニケーション・ワークブック』『多文化社会のコミュニケーション』（いずれも共著、三修社）などがある。

鈴木桂子（すずき　けいこ）

米国ウェストチェスター大学大学院にて英語教授法（TESOL）修士号取得。プロセスワーク研究所・葛藤解決・組織変革大学院修士課程修了。ペンシルベニア大学ウォートンスクールでのプログラム・コーディネーターなどを経て、JPモルガンの日本法人にて人材教育部門を立ち上げ、バイスプレジデントに就任。その後、エスティ ローダー グループ、ゼネラル・エレクトリックの各日本法人の人事部長を歴任。現在、グローバル人事・コンサルティング会社のフットステップスを創設し、代表取締役。熊本大学大学院の交渉紛争解決・組織経営専門職コースでの非常勤講師も務める。国際オンブズマン協会会員。

【著者紹介】
ピーター・T・コールマン（Peter T. Coleman）
コロンビア大学ティーチャーズ・カレッジとアース・インスティテュートで心理学と教育学の教授を務める。「モートン・ドイッチ記念協調的コンフリクト解決国際センター」と「複雑系と協働のための先進コンソーシアム」の所長を兼務。コロンビア大学ティーチャーズ・カレッジでは、『紛争解決の心理学』の著者であり、コンフリクト解決の大家である故モートン・ドイッチ名誉教授に師事。コンフリクト・マネジメントの分野では国際的に認められた専門家である。また、経験豊かなミディエーターであり、IBM、シティバンク、国際連合、世界銀行、米国国務省などへのコンサルティング活動も行っている。本書（*Making Conflict Work*）は、2016年に国際コンフリクト・マネジメント協会から最優秀図書賞を受賞した。

ロバート・ファーガソン（Robert Ferguson）
心理学者、エグゼクティブコーチ、コンサルタントとして米国の主要な企業にコンサルティング、コンフリクト・マネジメント、ミディエーション、リーダーシップの研修プログラムを提供している。主なクライアントとして、クレディ・スイス米国支社、バンク・オブ・アメリカ（旧メリルリンチ）、エイゴン保険などがある。

コンフリクト・マネジメントの教科書
職場での対立を創造的に解決する

2020 年 9 月 10 日発行

著　者──ピーター・T・コールマン／ロバート・ファーガソン
訳　者──鈴木有香／八代京子／鈴木桂子
発行者──駒橋憲一
発行所──東洋経済新報社
　　　　　〒103-8345　東京都中央区日本橋本石町 1-2-1
　　　　　電話＝東洋経済コールセンター　03(6386)1040
　　　　　https://toyokeizai.net/

装　丁……………竹内雄二
本文デザイン・DTP……坂　重輝（グランドグルーヴ）
イラスト……………あしはらたいじ
翻訳協力…………大田勝久
印　刷……………東港出版印刷
製　本……………積信堂
編集担当…………佐藤　敬
Printed in Japan　　　ISBN 978-4-492-55795-2